Waltraud Anton/Norbert Anton/Regina Bischof

Mein Lesezoo

Ein Leselehrgang zur Vorbeugung von Störungen beim Schriftspracherwerb

Illustriert von Violetta Żużalek

AV Auer Verlag GmbH

Dieser Leselehrgang wurde an der Dr. Albert-Liebmann-Schule in Hösbach entwickelt

Gedruckt auf umweltbewusst gefertigtem, chlorfrei gebleichtem
und alterungsbeständigem Papier.

2. Auflage. 1999
Nach der Neuregelung der deutschen Rechtschreibung

Gesamtherstellung: Ludwig Auer GmbH, Donauwörth
ISBN 3-403-0**2591**-8

Inhalt

Vorwort

Wir möchten mit diesem Material eine *„Mitmachfibel"* vorlegen. Sie kann als eigenständiger Leselehrgang, aber auch zur Differenzierung, Einzelförderung und Erweiterung bei allen Leseanfängern verwendet werden.

Am Schuljahresende verfügt jedes Kind über seine eigene Fibel, die es dann als Tierbilderbuch selbst gestaltet und zusammengestellt hat. Darüber hinaus wird jedes Kind seine eigenen Lesespiele basteln können und damit seine Hausaufgaben vielleicht etwas lieber erledigen.

Dieser Leselehrgang empfiehlt sich für den Einsatz in jeder Grundschulklasse, besonders aber in Klassen mit erhöhtem Aussiedler- und Ausländeranteil sowie in Schulen zur Sprachförderung (Sprachheilschule), in Diagnose- und Förderklassen bzw. Eingangsklassen der Förderschulen und berücksichtigt neben den lesedidaktischen auch psycholinguistische und sprachtherapeutische Zielstellungen.

Da immer mehr Kinder in Grundschulklassen sprachliche Defizite haben und dadurch nicht über alle notwendigen Voraussetzungen zum Schriftspracherwerb verfügen, setzt die Mitmachfibel bei der Schulung basaler Funktionen wie der auditiven Diskriminationsfähigkeit und der sprachlichen Gliederungsfähigkeit an, ohne übergeordnete Funktionen des Schriftspracherwerbs wie Analyse/Synthesefähigkeit und Sinnerfassung zu vernachlässigen. Sie berücksichtigt insbesondere auch die speziellen Förderbedürfnisse entwicklungsverzögerter und sprachauffälliger Kinder und kommt Kindern mit nichtdeutscher Muttersprache entgegen, indem sie ihnen den Zugang zu den Sprachstrukturen erleichtert.

Im Begleittext für Lehrerinnen und Lehrer finden sich neben grundlegenden Ausführungen zur Konzeption Hinweise zum Gebrauch der Arbeitsblätter, Ausführungen über die phonetisch richtige Bildung bestimmter Laute, deren Abgrenzung zu anderen Phonemen und genaue Anleitung zu spezifischen Arbeitstechniken.

Das Material wurde an der Schule zur individuellen Sprachförderung Aschaffenburg/Hösbach über Jahre hinweg erprobt. Allen beteiligten Lehrerinnen und Lehrern, die uns wertvolle Tipps zur Optimierung gegeben und aktive Zuarbeit geleistet haben, möchten wir an dieser Stelle für ihre konstruktive Mitarbeit herzlich danken.

Die Verfasser

0. Anmerkungen zur Handreichung

Die grundlegenden theoretischen Vorgaben und übergreifenden Arbeitstechniken werden in diesem vorangestellten Text erläutert. Im Begleittext zu den einzelnen Sequenzen wird das konkrete Vorgehen dann ausführlicher beschrieben. Bei einer Auswahl schwieriger Sprachlaute, die von Schulanfängern häufig noch gestammelt werden, beschreiben wir in Kurzform die korrekte Lautbildung und geben diejenigen Laute an, von denen sie auditiv unterschieden werden müssen. Immer wiederkehrende Arbeitsformen werden einmal ausführlich, dann noch stichpunktartig und später überhaupt nicht mehr erklärt. Manchmal wird es nur einen Hinweis auf eine exemplarische Erläuterung an anderer Stelle geben, oder es wird versucht, einen neuen Aspekt einfließen zu lassen. Im Übrigen vertrauen wir auf Ihre Kreativität und Erfahrung. Es ist nicht beabsichtigt, eine lückenlose Rezeptsammlung zum Unterrichten zu liefern, sondern eine Handreichung, die keinen Vollkommenheitsanspruch erhebt. Der Unterricht mit diesem didaktischen Material zum Schriftspracherwerb soll vielmehr durch individuelle Ausgestaltung einen ganz persönlichen Charakter erhalten, ohne aber wichtige Grundsätze des hier dargelegten Ansatzes zu vernachlässigen.

Im Begleittext wird nur die weibliche Berufsbezeichnung verwendet. Dies ist realitätsnäher als die Verwendung der männlichen Form, umfasst aber, hoffentlich ohne Schaden für das Selbstverständnis der Lehrer, auch die wenigen männlichen Kollegen, die Erstunterricht erteilen.

1. Empfehlungen zur Planung

Der Leselehrgang ist für die Dauer eines Schuljahres angelegt. Er umfasst 39 Sequenzen (Vorkurs und Lautzeichen). Zu Beginn kann pro Sequenz (= Laut/Buchstabe) eine Schulwoche eingeplant werden. Da die Sequenzen im Durchschnitt fünf Arbeitsblätter enthalten, kann an jedem Schultag ein Abschnitt bearbeitet werden. Die Zielstellung ergibt sich aus dem jeweiligen Arbeitsblatt. Wir empfehlen, je nach den Erfordernissen der Klasse, Wiederholungs- und Festigungsphasen einzuschieben. Im zweiten Schulhalbjahr kann das Tempo erhöht werden, sodass der Leselehrgang am Schuljahresende abgeschlossen sein kann.

In den Eingangsklassen der Förderschulen (Diagnose- und Förderklasse) steht mehr Zeit zur Verfügung. Entsprechend kann der Lehrgang, vor allem in der Anfangsphase, zeitlich ausgedehnt und mit weiterem Arbeitsmaterial angereichert werden.

2. Struktur und Aufbau

Die Reihenfolge der zu erarbeitenden Buchstaben ist festgelegt. Der Aufbau folgt dem Prinzip „Vom Leichten zum Schweren". Dafür wurden vor allem phonetisch-phonologische Schwierigkeiten sprachentwicklungsverzögerter Kinder sowie deren Wahrnehmungsprobleme zugrunde gelegt. Sehr häufig kann man bei stammelnden Kindern nach einer gründlichen Lauterarbeitung mit Hilfe dieses Materials als nützlichen Nebeneffekt spürbare Fortschritte bei der Artikulation und in der Wahrnehmung vorher gestörter Laute beobachten.

Die Buchstaben werden nach der Anlautmethode erarbeitet.

Zunächst werden im *Vorkurs* anhand der beiden Ganzwörter *„Oma"* und *„Mama"* Begriffe wie *Wort, Laut und Buchstabe* erarbeitet, Fähigkeiten wie *Erkennen der Lautfolge im Wort und Analyse/Synthese* angebahnt und Arbeitstechniken vorgestellt, die grundlegend für den Schriftspracherwerb sind. Deshalb sollte der *Vorkurs* so lange ausgedehnt werden, bis alle Kinder diese Voraussetzungen im Ansatz erworben haben.

Ferner wurden auch einige Probleme, die üblicherweise erst im Rechtschreibunterricht angesprochen werden (z. B. lange – kurze Vokale und ihre unterschiedliche Lautqualität, ch1-ch2, ng-nk, ie, häufige Wortendungen -en, -el, -er) berücksichtigt. Ihre Behandlung soll zum besseren *Verständnis des Lautzeichensystems beitragen und Lese-Rechtschreibstörungen vorbeugen* helfen.

Hauptziel der einzelnen Sequenzen ist das Erlernen der korrekten Lautbildung, die Fähigkeit, den erlernten Laut über das Gehör wahrzunehmen und die visuelle und psychomotorische Speicherung der dazugehörenden Schriftzeichen.

In der folgenden Übersicht finden Sie in der Spalte „Sprachförderung/Bemerkungen" weitere Arbeitstechniken und Lernziele, die vor allem im *Sinne von Sprachförderung und Prävention von Rechtschreibschwierigkeiten* genauso wichtig sind wie die eigentliche Buchstabenerarbeitung. Sie stellen ebenfalls Schwerpunkte der jeweiligen Sequenz dar und sollten zum angegebenen Zeitpunkt genauso sorgfältig erarbeitet werden wie die Buchstaben selbst, damit dann immer wieder darauf zurückgegriffen werden kann. *In diesen zusätzlichen Zielstellungen liegt die spezifische Bedeutung dieses Leselehrgangs.*

2.1 Reihenfolge der Erarbeitung mit zusätzlicher Zielstellung (Übersicht)

Nr.	Zeichen	Motiv	A-blätter	Zusätzliche Zielstellung, Sprachförderung, Bemerkungen
4.1	(Vorkurs)	Oma/Mama	5	Voraussetzungen für den Leselehrgang schaffen, Ganzwörter „Oma" und „Mama"
4.2.1	O/o	Oma	5	Anlaut, Auslaut, Inlaut / Begriffe Anfang, Ende, Mitte, Mundbild
4.2.2	M/m	Maus	5	Übung der Lautlokalisation, Oberbegriff Lebensmittel Wortabbau und -aufbau
4.2.3	A/a	Ameise	5	Differenzierung /a/–/o/ Lesepfeil (...maus) als Synthesehilfe, Wortaufbau, Verschmelzen zweier Laute, Mundbild
4.2.4	I/i	Igel	5	Syntheseübungen, Leerzeichen im Satz mit Worten füllen, Mundbild Analyse gleicher Wortanteile (Begriff *Silben* gebrauchen)
4.2.5	L/l	Löwe	5	Einführung des „Leselöwen", Gebrauch von *am* und *im,* Mundbild
4.2.6	U/u	Uhu	5	Übung im Gebrauch von *um,* Wortfelder *schreien, tanzen,* Mundbild
4.2.7	E/e	Esel	5	Einführung: kurze/lange Geräusche bzw. Vokale, Mundbild
4.2.8	N/n	Nashorn	5	Unterscheiden ähnlicher Laute */m/–/n/,* Sätze mit *„schreibt"*
4.2.9	Ei/ei	Eichhörnchen	5	Bogen unter zweigliedrige Schriftzeichen als Lesehilfe Possessivpronomen und unbestimmte Artikel
4.2.10	S/s	Seehund	5	Lautbildung /s/, Wortab- und -aufbau mit „Zaubermühle"
4.2.11	H/h	Hase	5	Minimalpaare, Reime: Klang wahrnehmen und selbst reimen
4.2.12	F/f	Fisch	5	Blasübungen, Oberbegriff *Tiere,* Reimwörter
4.2.13	T/t	Tiger	5	Merkmale von Verschlusslauten (Stimmgebung und Luftstrom), Handzeichen
4.2.14	W/w	Wolf	5	Lautdifferenzierung */f/–/w/,* Spiegelschrift, Begriff *Satz* (Frage/Antwort)
4.2.15	Au/au	Auerhahn	5	Zweigliedrige Schriftzeichen als Einheit / Gegensatz *laut-leise*
4.2.16	R/r	Rabe	5	Lautbildung */r/,* Erarbeiten von *-el, -en, -er* als Endungen
4.2.17	P/p	Pinguin	5	Mitlautverdopplungen als ein Baustein beim Lautieren, Silbenbogen als Lesehilfe bei langen Wörtern
4.2.18	Pf/pf	Pferd	5	Unsinnsätze, Begriff *Pfeife (Tabaks-/Trillerpfeife)* Differenzierung */pf/ – /f/*
4.2.19	Sch/sch	Schaf	5	Dreigliedriges Zeichen, Differenzierung */sch/–/s/,* Bildergeschichte
4.2.20	K/k	Kamel	5	Einführung *ck,* Differenzierung *k-t,* Reimwörter, Handzeichen
4.2.21	ie	Biene	5	Lange und kurze Vokale */ie/–/ei/,* Gegensatzpaar *laut-leise*
4.2.22	D/d	Delfin	5	Silbenbögen als Lesehilfe, Artikel *der, die, das*
4.2.23	Ä/ä – Ö/ö – Ü/ü		5	Pluralbildung
4.2.24	B/b	Bär	5	Visuelle Differenzierung: *b-d,* auditive Differenzierung */b/–/p/,* eine Bildergeschichte fertig erzählen
4.2.25	G/g	Giraffe	5	Silbenbögen bei langen Wörtern, Vorsilbe *ge-,* Oberbegriffe
4.2.26	Z/z	Zebra	5	Einführung *tz,* Differenzierung */ts/–/s/*
4.2.27	ch	Kaninchen/Drache	7	*ich*-Laut, *ach*-Laut, phon. Differenzierung, Diminutiv mit *-chen*
4.2.28	ß	Strauß	3	„ß" gibt es nur als Kleinbuchstabe nach langen Vokalen und Diphtongen, Märchen
4.2.29	J/j	Jaguar	5	Wortbildung *Johannisbeer-,* Monatsnamen
4.2.30	ng/nk	Schmetterling	5	Laut */ng/* – Lautverbindung */nk/:* Unterschied bewusst hören
4.2.31	V/v	Vogel	5	Gebrauch und Bedeutungsunterschied der Vorsilben *vor-, ver-*
4.2.32	St/st	Storch	2	St am Wortanfang: *„Ich sehe s-t, lese aber /scht/"*
4.2.33	Sp/sp	Spinne	3	Sp am Wortanfang *„Ich sehe s-p, lese aber /schp/"*
4.2.34	Eu/eu–Äu/äu	Eule	5	*Eu/Äu* für denselben Laut, Pluralbildung: Aus *au* wird *äu*
4.2.35	Qu/qu	Qualle	5	Verschiedene Konsonantenverbindungen des K im Anlaut
4.2.36	Y/y	Yak	2	Unterschiedliche Aussprache bei Y/y
4.2.37	C/Ch	Chamäleon	3	Unterschiedliche Aussprache bei C/Ch
4.2.38	X/x	Max und Moritz	5	Kinderbuch Max und Moritz kennen lernen

2.2 Konzeption und Inhalt der Arbeitsblätter

2.2.1 Arbeitsblatt 1 (Deckblatt)

▷ Es enthält Umrissformen zum Nachspuren des jeweiligen großen und kleinen Druckbuchstaben.
▷ Ein Tierbild dient als Assoziationshilfe, das zunächst symbolisch für einen Laut steht und später von den Kindern als Erinnerungsstütze herangezogen werden kann. In der ersten Sequenz dient die OMA als Erinnerungsstütze: Ein Tier, dessen Name mit langem /o/ beginnt, war nicht zu finden. Den Kindern wird erklärt: *Die OMA begleitet uns durch den Lesezoo und lernt mit uns alle Tiere kennen.* Sie ist damit gewissermaßen die Leitfigur durch den gesamten Lehrgang.
▷ Es werden Buchstaben und andere Zeichen zur visuellen Unterscheidung vorgegeben. Seitenverkehrte und kopfstehende Buchstaben sollen Kinder mit Raum-Lage-Labilität zum bewussten Vergleich mit jeweiliger Vorlage anregen.
▷ Das Deckblatt enthält zudem Bilder zur auditiven Differenzierung.

2.2.2 Arbeitsblatt 2 (auditive/phonematische Differenzierung)

▷ Illustrationen dienen als Arbeitsgrundlage.
▷ Es erfolgt die auditive und sprechmotorische Sicherung des Übungslautes (Lauterkennung, normgerechte Artikulation, Lautlokalisation, Unterscheidung von ähnlichen und unähnlichen Lauten, phonematische Differenzierung).
▷ Eine Steigerung des Schwierigkeitsgrades der Wörter hinsichtlich der Klangqualität und der Stellung des Übungslautes ist gegeben.
▷ Es wird zwischen kurz und lang gesprochenen Vokalen unterschieden.
▷ Es herrscht die Reihenfolge Anlaut-Auslaut-Inlaut vor (Auslaut wird leichter wahrgenommen als Inlaut!).
▷ Zunächst werden nur Wörter mit dem reinen Laut vorgegeben, später erst Wörter mit Lautverbindungen.

2.2.3 Arbeitsblatt 3 (Syntheseübungen/neues Wortmaterial)

▷ Illustration dienen als Sprechanlass.
▷ Die im nachfolgenden Lesetext benötigten Wörter werden erlernt.
▷ Der Wortauf- und -abbau (neue Wörter) wird geübt.
▷ Es erfolgen weitere Analyse- und Syntheseübungen.
▷ Abschreibübungen, Wortbildungsübungen werden angeboten.
▷ Lautfenster für Lauteinsetzübungen werden vorgegeben.

2.2.4 Arbeitsblatt 4 (Sprechanlass und Lesetext)

▷ Es findet sich eine Illustration, die ein freies oder ein gebundenes Gespräch ermöglicht und einen, dem Stand der Lesetechnik entsprechenden Text enthält.
▷ Es können Reihensätze „vorgelesen" und gesprochen werden, in denen Bilder und Leerzeichen als Platzhalter die noch nicht lesbaren Wörter ersetzen.

2.2.5 Arbeitsblatt 5 (freie Gestaltung)

▷ Variable Aufgaben, Zielstellungen und Übungen zur Schulung der visuellen Wahrnehmungsförderung stehen im Mittelpunkt.
Kriterien: Buchstabenform, Raumlage, Auge-Hand-Koordination, Figur-Grund-Wahrnehmung, Formkonstanz, spielerische Übungsformen, Freiarbeit, offener Unterricht, Selbstkontrolle.

Diese Struktur soll den Kindern helfen, sich nicht ständig auf neue Arbeitssituationen einstellen zu müssen. Wenn die grundlegenden Arbeitstechniken erlernt sind, gelingt es zunehmend, die Kinder eigenverantwortlich arbeiten zu lassen. Zudem können sie ihre ganze Aufmerksamkeit auf die Inhalte konzentrieren.

3. Arbeitsverfahren und Materialien

3.1 Allgemeine Hinweise

Dieser Leselehrgang ist *lautsprachorientiert.* Ausgangspunkt und Basis ist immer *die gesprochene Sprache.* Ihre Beherrschung ist Voraussetzung für ein störungsfreies Erlernen der Schriftsprache.
Die Ebene der Lautsprache und die Ebene der Schriftsprache müssen in der Begrifflichkeit voneinander getrennt werden. Deshalb wird von Anfang an im Unterricht zwischen den Begriffen *„Laut" und „Buchstabe" unterschieden.*

▷ *Laut/Phonem:* Ebene der gesprochenen Sprache: *Einen Laut kann ich hören und aussprechen.*
▷ *Buchstabe/Graphem:* Ebene der geschriebenen Sprache: *Einen Buchstaben kann ich sehen und niederschreiben.* Ein Graphem kann *mehrgliedrig* sein, repräsentiert aber dennoch nur *einen* eigenständigen *Laut:* ei, sch, nn, ng, (...).

Beim Lautieren und beim Wortaufbau müssen *Phoneme* angesagt werden. Sie dürfen nicht in ihre schriftlichen Bestandteile zerpflückt werden, zumal diese oftmals völlig andere Lautwerte haben, z. B. *Buchstabe e und i = Laut /ei/.*

Mit den Kindern muss dies erarbeitet und in der Übung ständig beachtet werden.
Das Wortmaterial kann aus der Systematik des Aufbaus heraus von den Kindern selbst erlesen werden. Von den zwei Ganzwörtern am Anfang (Oma, Mama) abgesehen, gibt es keine Wörter mit unbekannten Buchstaben. Eine Umstellung der Reihenfolge der Buchstabenerarbeitung würde diese Systematik durchbrechen und hätte den weiteren Nachteil, dass die vorgesehene, kontinuierliche Steigerung des Schwierigkeitsgrades nicht mehr gegeben wäre.

3.2 Förderung der auditiven Wahrnehmung

Ein differenziertes Gehör ist eine äußerst wichtige Schlüsselfähigkeit für den Schriftspracherwerb. Es ist notwendige Voraussetzung zum Verstehen von Sprache. Normalerweise sind auditive Grundleistungen beim Schulanfänger genügend entwickelt. Zunehmend gibt es aber Kinder, die noch nicht in ausreichendem Maße über die Fähigkeit zum Unterscheiden ähnlicher Laute oder andere sprachbezogene auditive Differenzierungsleistungen verfügen. Damit fehlen ihnen wichtige Vorbedingungen zum Lesen- und Schreibenlernen. Breitenbach (1989) beschreibt eine Reihe von Funktionsstörungen im Bereich der auditiven Wahrnehmung. Im sprachlichen Alltag fallen diese Störungen oft nicht auf, weil die Kinder aus dem Kontext den Inhalt einer Botschaft entnehmen und dann adäquat reagieren können. Wenn aber der Inhalt einer Botschaft nur durch differenziertes Hören entschlüsselt werden kann, so kann es zu Problemen kommen, weil die Feindifferenzierung des Gehörs noch nicht genügend entwickelt ist. Auch andere Autoren weisen in den letzten Jahren verstärkt auf die große Bedeutung auditiver Erziehung für den Erfolg beim Sprechenlernen und beim Schriftspracherwerb hin. Deshalb ist die Entwicklung verschiedener auditiver Teilleistungen immanenter Bestandteil dieses Leselehrgangs.

3.2.1 Laute erkennen und unterscheiden

Die Entwicklung der phonematischen Differenzierungsfähigkeit ist für den Schriftspracherwerb besonders wichtig. Die Kinder sollen im Differenzieren lautsprachbezogener Geräusche, der Phoneme, geschult werden. Dies kann nur durch aufmerksames Hören und den aktiven Gebrauch der Lautsprache erfolgen. Sprechmotorisch-kinästhetische Kontrolle ist dabei von Anfang an notwendig und wird über die Beobachtung der eigenen Sprechbewegungen beim bewussten Artikulieren eines Lautes realisiert. Ein Handspiegel gehört deshalb zur Schulausstattung eines jeden Kindes! Um die normgerechte Artikulation bewusst zu machen, sollen die Kinder ihre Eigenbeobachtung verbalisieren. Für eine gute Entwicklung der phonematischen Differenzierungsfähigkeit ist dieses mehrkanalige Vorgehen *(auditiv, visuell, sprechmotorisch-kinästhetisch, sprachlich)* von größter Bedeutung, und vom Grad der phonematischen Differenzierungsfähigkeit ist der Erfolg des Schriftspracherwerbs und damit der gesamte Schulerfolg maßgeblich abhängig.
Im systematischen Aufbau der Übungen sollen die Schüler zunächst einen bestimmten Laut aus einer Folge von angebotenen isolierten Sprachlauten erkennen. Der Vergleichslaut muss sich anfangs vom Ziellaut deutlich unterscheiden. Später wird der Schwierigkeitsgrad gesteigert, indem als Kontrastlaute immer ähnlichere Laute, Silben und Wortanfänge gesprochen werden, die die Kinder differenziert wahrnehmen sollen.
Ferner können im Unterricht auch Wörter mit einem bestimmten Anfangslaut angeboten werden, z. B. mit dem Laut der gerade erarbeitet wird. Die Lehrerin spricht eine Reihe von Wörtern. Wenn sie ein Wort mit dem richtigen Anfangslaut spricht, sollen die Kinder reagieren und eine bestimmte Aufgabe erfüllen (als Signal: einen roten Stift heben, auf den Stuhl steigen, in eine bestimmte Ecke des Klassenzimmers laufen) oder einfach den Anfangslaut nennen.
Um den Schwierigkeitsgrad zu steigern, werden den Kindern zunächst völlig unähnliche Laute zum Unterscheiden angeboten. So können in den ersten Sequenzen Vokale gegen Konsonanten abgegrenzt werden. Mit zunehmender Übung sind die Kinder dann in der Lage, auch diejenigen Laute voneinander zu unterscheiden, die in der jeweiligen Vorbemerkung zu den einzelnen Sequenzen als Abgrenzungslaute genannt werden und den erarbeiteten Lauten im Klang sehr ähnlich sind, z. B. /d/ von /t/ und /g/ oder /sch/ von /s/ und /f/. Diese Stoppkonsonanten, (Plosiva b/p, d/t, g/k), die als schnelle und flüchtige Stakkato-Laute im Sprechfluss vorkommen, bereiten häufig massive Differenzierungsprobleme, vor allem den sprachschwächeren Kindern. Speziell diese Problematik gilt als möglicher Anfang von Schriftsprachstörungen.

3.2.2 Laute lokalisieren

Für gute Rechtschreibleistungen ist es erforderlich, die Reihenfolge von Lauten in einem diktierten Wort wahrzunehmen (Breitenbach, 1989). Eine Voraussetzung dazu und deshalb ein wichtiges Ziel dieses Lehrgangs ist, dass die Kinder durch kontinuierliches Üben in die Lage versetzt werden, zu ermitteln, ob ein Laut Anlaut-, Inlaut- oder Auslautposition im Wort hat. Die genaue Vorgehensweise dazu ist in der Beschreibung zur Sequenz (O/o) enthalten.
Die ersten sprachlichen Gliederungsübungen werden durch die Verwendung des *Lautfensters* visuell, im Sinne der Wahrnehmungsintegration, unterstützt (Vorkurs). Die Kinder erlernen anhand des Wortes OMA und der Einordnung der gehörten Einzellaute O – M – A in das *Lautfenster*, dass es Laute gibt, die sich im An-

laut *(„am Anfang")*, im Auslaut *(„am Schluss")* oder im Inlaut *(„im Wort")* befinden. Bei längeren Wörtern ist ab der zweiten bis zur vorletzten Position alles „im Wort" oder „in der Mitte". Dies bezieht sich aber nur auf die *akustisch wahrnehmbaren Laute,* nicht auf die Buchstaben. So ist beispielsweise in dem Wort *Schule* der Laut /sch/ „am Anfang" zu hören. Die Position des s, c oder h spielt in diesem Zusammenhang keine Rolle, denn die Buchstaben verkörpern zusammen den Laut /sch/.

Die Kinder sollen das Grundprinzip der Lautschrift erkennen: Bestimmte Laute (Phoneme) werden durch bestimmte Buchstaben oder -gruppen (Grapheme) repräsentiert. Es soll auch bewusst werden, dass eine Umstellung in der Buchstabenfolge eine Änderung der Lautfolge nach sich zieht und umgekehrt.

Für die Arbeit in der Klasse wird ein solches *Lautfenster* auf Pappe gezeichnet und mit den notwendigen Buchstabenkärtchen vorbereitet, um daran in vielfältigen Übungen auch später noch die Laut-Buchstaben-Zuordnung zu visualisieren. Auch hier sei nochmals erwähnt, dass mehrgliedrige Schriftzeichen (sch, ng, ei, eu, ch) immer nur in einem Kästchen, nicht in zwei oder drei, untergebracht werden müssen.

3.2.3 Lange und kurze Vokale unterscheiden

Dies ist ebenfalls eine auditive Grundleistung, die vor allem im Rechtschreiben wichtig ist, wenn beispielsweise zu entscheiden ist, ob dem Vokal ein doppelter Mitlaut folgt. Die Klangqualität kurzer Vokale ist anders als die der langen Vokale (z. B. *E*sel – *E*lster / *A*meise – *A*ffe / *O*laf – *O*tto). So wird bei der Einführung zunächst nur mit langen Vokalen gearbeitet, weil diese auch dem isoliert gesprochenen Vokal entsprechen. Wenn die Kinder das /u/ lernen, so wird es ihnen als /u:/ (langgesprochen) vorgestellt. Sollen sie aber dann in dem Wort Mutter das /u/ heraushören, wird das nur wenigen Kindern gelingen, weil sie versuchen, ein langgesprochenes zu hören, das in dem Wort aber gar nicht vorkommt. Deshalb lernen die Kinder im Rahmen der Sequenz E/e, dass es lange und kurze /e/ gibt. Später bei /ie/ wird darauf nochmals eingegangen und es werden Differenzierungsübungen angeboten.

3.2.4 Phonematische Differenzierung in Minimalpaaren

Eine überaus wichtige sprachbezogene Leistung des menschlichen Gehörs ist die phonematische Differenzierungsfähigkeit, besonders bei Wörtern, die sich nur einem einzigen Phonem unterscheiden. Zur Übung dieser Fähigkeit eignen sich vor allen Reimwörter, die im Extremfall nur unterschiedliche Anfangslaute haben. Solche Wortpaare werden als Minimalpaare bezeichnet: *Tanne - Kanne, Tasse - Kasse, Kuh - Schuh, Maus - Haus, Hose - Rose, Tisch - Fisch.*

In der Arbeit mit solchen Minimalpaaren soll der Wortklang auf die Kinder wirken können. Es nützt hinsichtlich der *Hör*erziehung wenig, wenn sie anhand des *Schrift*bildes feststellen sollen, dass es sich bei einem Wortpaar um Reimwörter handelt. Deshalb ist der spielerische und lautmalende, aktive Umgang mit Sprache Unterrichtsprinzip.

3.3 Dehnsprechen

Die Lehrerin spricht ein Wort, z. B. *Mama,* sehr langsam und gedehnt, die Einzellaute bleiben aber akustisch miteinander verbunden. Die Kinder sprechen ebenso gedehnt nach und versuchen die Einzellaute zu nennen. Damit wenden sie die Technik des Lautierens schon vorab an.

Dann versuchen die Kinder, die Aufeinanderfolge der Laute zu bestimmen. In der Reihenfolge der genannten Laute werden die entsprechenden Buchstaben in das Viererfenster gelegt.

An dieser Stelle werden den Kindern die Begriffsinhalte von *„Laut" und „Buchstabe"* und vor allem deren grundlegender Unterschied bewusst gemacht. Es wird hier nochmals darauf hingewiesen, dass im Zusammenhang mit der *Lautsprachebene immer von Lauten* und im Zusammenhang mit der *Schriftsprachebene immer nur von Buchstaben* gesprochen wird.

3.4 Lautgewinnung/Buchstabenerarbeitung

3.4.1 Lautgewinnung

Durch die Struktur des Lehrgangs bedingt kommt vorwiegend die Anlautmethode zur Anwendung. Die Tierbilder provozieren den Gebrauch des zu erarbeitenden Lautes, der zunächst sprechmotorisch und akustisch in Zusammenhang mit dem Tierbild, einer passenden Tiergeschichte oder einem Poster isoliert wird. Auch Handpuppen und anderes Spielzeug (Nachbildungen der Tiere) sind einer erlebnisorientierten Buchstabenerarbeitung dienlich.

3.4.2 Buchstabenerarbeitung

1. Die Lehrerin erzählt eine Geschichte über das Tier auf der ersten Seite. Der Name des Tieres wird häufig genannt, so dass die Kinder den Anlaut bewusst wahrnehmen können (Anlautmethode). Später können im Sinne der analytisch-synthetischen Leselehrmethode die zu erarbeitenden Buchstaben aus einer Wortkarte (Tiernamen) ausgegliedert werden.
2. Oftmals finden die Kinder die Zielangabe selbst. („Wir lernen heute das..."). Die Schüler sollen hier die Gelegenheit zu weiteren spontanen Äußerungen erhalten.

3. Nachdem die Kinder den Anlaut isoliert haben, wird dieser mehrmals deutlich ausgesprochen. Der Luftstrom kann, falls die Spezifik des Lautes dies erfordert, durch Anhauchen des Spiegels sichtbar gemacht oder durch Abtasten mit dem Handrücken gespürt werden.
4. Im Unterrichtsgespräch wird die Stellung der Artikulationsorgane besprochen, von den Kindern ausprobiert und mit Hilfe des Taschenspiegels kontrolliert.
5. Die Kinder beobachten ihre Mundstellung gegenseitig.
6. Sie kontrollieren auditiv die normgerechte Artikulation des Partners, aber auch die eigene in Zusammenarbeit mit dem Partner.
7. Auf der Basis einer normgerechten Artikulation wird die Phonem-Graphem-Korrespondenz bereits in der ersten Stunde hergestellt. Auch das Handzeichen wird gegebenenfalls an passender Stelle eingeführt.
8. Die Buchstaben (groß und klein) stehen in Druckschrift an der Wandtafel, die Lehrerin erläutert: *Das ist der große Buchstabe für den Laut /.../ und das ist der kleine Buchstabe für den Laut /.../.* Später ist eine verkürzte Sprechweise möglich: *Das ist das große /.../ und das ist das kleine /.../.*
9. Die Buchstabenform wird visuell und grobmotorisch erarbeitet und gesichert.
10. Spiele, Lieder, Singspiele helfen bei der Festigung des erlernten Buchstaben.
11. Noch in der Erarbeitungsstunde soll jeder erlernte Buchstabe in das sinnvolle Sprachganze (Wörter, Sätze) eingegliedert werden.
12. Um dem Vergessen vorzubeugen, müssen tägliche Wiederholungsübungen der isolierten Buchstaben und Leseübungen mit diesen durchgeführt werden.

3.5 Lautieren

Beim Lautieren soll „der Schüler die Fähigkeit erwerben, alle Phoneme eines Wortes in der richtigen Reihenfolge ... anzusagen" (Weigt). Lautieren ist nicht mit Buchstabieren gleichzusetzen!
Da den Kindern zunächst nur die Lautsprache geläufig ist, auf deren Basis dann das Schriftsprachsystem aufgebaut wird, wird bei allen Betrachtungen das *gesprochene Wort* analysiert. Es wird in seine einzelnen Phoneme – nicht Grapheme!! – zerlegt. Im Anblick des Schriftbildes erkennen die Kinder die Phonem-Graphem-Zuordnung, erkennen aber auch Abweichungen von Wort und Schrift.
In den folgenden Beispielen für richtiges Lautieren wird auf eine Verwendung der phonetischen Umschrift verzichtet, weil dadurch diese Diskrepanz besser veranschaulicht werden kann.

Die phonetisch richtige Bildung einzelner, besonders schwieriger Laute ist im Begleittext zur jeweiligen Lautsequenz beschrieben, phonetische Grundfragen sind geklärt, charakteristische Unterschiede ähnlicher Laute werden aufgezeigt. Für spezielle Fragen und vertiefendes Studium sollte aber ein Lehrbuch der Phonetik herangezogen werden (Literaturverzeichnis).
Eine wichtige Tatsache darf hier nicht unerwähnt bleiben: Isolierte Sprachlaute in Reinform gibt es nicht. Jeder in den Sprechfluss eingebettete Sprachlaut ist von der Koartikulation abhängig. Das heißt, dass das Sprachganze den Klang des Einzellautes einfärbt. Beim Lautieren ist es nicht erforderlich, dass dieser „Individuallaut" genannt wird, es wird der reine isolierte Laut („Normallaut") angesagt. Folgende Prinzipien (nach Weigt) sind zu beachten:

3.5.1 Phoneme ansagen statt Buchstabieren

Beispiele: *Schule:*	*sch - u - l - e (nicht s-c-h-u-l-e)*
	Drachen:	*d- r - a - ch - en (nicht d-r-a-c-h-e-n)*
	fragt:	*f - r - a - k - t (nicht f-r-a-g-t)*
	sollen:	*s - o - l - en (nicht s-o-l-l-e-n)*

3.5.2 Immer im Anblick des Schriftbildes lautieren

Dadurch werden die Abweichungen zwischen Buchstabenstruktur und Lautstruktur von Wörtern deutlich, die oftmals Ursache für Schriftsprachstörungen sind, wenn die Kinder nicht in diese Problematik eingeführt werden. Die Kenntnis dieser Abweichungen stellt eine wichtige Basis zur Vorbeugung von Schwierigkeiten beim Lesen- und Schreibenlernen dar.

3.5.3 Wortmaterial auf Wortkarten schreiben

Die Wortkarten können nach Gebrauch für das Lautieren im Klassenzimmer ausgehängt und zur Weiterarbeit im Sinne der Wiederholung und Festigung verwendet werden. Im anschließenden Rechtschreiblehrgang werden diese Abweichungen systematisch behandelt und von den Kindern kommentiert. Darauf will auch unser Leselehrgang schon hinarbeiten, indem er beispielsweise ch1 - ch2, ei - ai, st/sp im Anlaut, -en, -el, -er u. a. als Sonderfälle aufgreift.

3.5.4 Lautieren nicht verselbstständigen

Bei längeren Wörtern hilft das Lautieren nicht mehr bei der Durchstrukturierung des Wortes. Auf das Lautieren von „Bandwurmwörtern" sollte deshalb verzichtet werden. Zusammengesetzte Wörter können in ihren Grundbestandteilen lautiert werden. Bei Unsicherheiten über die Lautstruktur eines Wortes sollte ebenfalls auf das Lautieren verzichtet werden.

3.5.5 Lautverbindungen -el, -en, -er

Diese Endungen werden im Leselehrgang als untrennbare Einheiten erarbeitet. Das ist darin begründet, dass das /e/ in den Nachsilben -el und -en seinen eigenständigen Lautwert verliert und nur noch sehr reduziert ausgesprochen wird, -er ist oft nur noch als kurzes, angedeutetes /a/ zu hören. Durch die Erarbeitung als Einheit mit /l/,/n/ und /r/ werden spätere Auslassungen des Schriftzeichens des hier fast nicht mehr wahrnehmbaren Phonems /e/ vermieden.

Beispiele: *Nadel n- a:-d-el Anker a- ng – k – er*

Wenn diese Lautkombinationen im Inlaut von Wörtern auftreten und das /e/ in seinem Lautwert reduziert ist, wird ebenfalls die ganze Einheit angesagt:

Beispiele: *Herbst h -er - p- s-t, Fenster f- en- s- t- er*

Wenn vor l/n/r/ ein lang gesprochenes /e/ steht oder die folgenden Konsonanten verdoppelt sind, wird das /e/ extra lautiert

Beispiele: *wer w - e:- r, hell h- e- l*

3.5.6 Lautieren der Sprenglaute (Plosiva)

Die Laute aus der Gruppe der Plosiva sind: */b/, /p/, /d/, /t/, /g/ und /k/.* Das hörbare Geräusch bei diesen Lauten resultiert aus einer Sprengung der Artikulationsorgane, die zuerst einen Verschluss bilden und dann durch einen Luftstoß gesprengt werden. Sie sind von sehr kurzer Dauer und deshalb auditiv nur sehr schwer wahrzunehmen. Sie müssen von der Lehrerin besonders korrekt, aber nicht übertrieben artikuliert bzw. lautiert werden. Wegen der schweren Wahrnehmbarkeit werden sie im Leselehrgang erst sehr spät behandelt. Die zwei wichtigsten Unterscheidungsmerkmale dieser flüchtigen Sprachlaute sind die Stimmgebung (Phonation) und der Luftstrom (Respiration).
Der häufigste Fehler, der beim Lautieren dieser Laute gemacht wird ist, dass die sogenannten „harten" Laute *(/p/t/k/),* die eigentlich stimmlos auszusprechen sind, mit Stimmeinsatz artikuliert werden. Das muss vermieden werden! Die Kinder müssen vielmehr *die Stimmhaftigkeit der „weichen" und den starken Luftstoß bei den „harten" Lauten* als wichtiges Unterscheidungskriterium kennenlernen, in immer wiederkehrenden Übungen wahrnehmen lernen und selbst korrekt anwenden. Ein gutes Lehrervorbild ist hierbei ganz besonders wichtig, deshalb sprechen Sie immer:

/b/d//g/: stimmhaft mit schwachem Luftstoß
/p/t//k/: stimmlos mit starkem Luftstoß

3.5.7 Auslautverhärtung der Plosiva

In Auslautstellung kommt es bei den „weichen" Lauten /p/t/k/ zur sogenannten Auslautverhärtung. Aber auch im Wort *Herbst* gibt es ein /b/, das durch seine Stellung „verhärtet" und als /p/ ausgesprochen wird. Dementsprechend sind alle Auslautverhärtungen in ihrem Lautwert anzusagen.

Beispiele: *und u - n- t Band b -a -n- t*
Kommentar: *„Ich höre /t/, schreibe aber d"*

Dieser Kommentar kann von den Kindern noch nicht gefordert werden. Er wird von der Lehrerin als Erläuterung gegeben, damit den Schülern die Möglichkeit der Abweichung von Wort und Schrift allmählich bewusst wird.

3.5.8 Mitlautverdopplung (mm, nn, pp, ll, tt, ss, aber auch ck und tz)

Verdoppelte Schriftzeichen für Konsonanten werden beim Lautieren als *ein Laut* angesagt, weil bei der Aussprache des Wortes *nur ein Laut zu hören* ist.

Beispiele:	*Sommer:*	*s- o- m -e -r*	*Keller:*	*k- e- l- er*
	Puppe:	*p- u- p- e*	*rennen:*	*r- e- n- en*
	Glück:	*g- l- ü- k*	*Katze:*	*k- a- ts- e*

3.5.9 Die Zeichenkombinationen ng und nk

„ng" steht für einen Laut mit eigenständigem Lautwert. Dieser Laut wird im Leselehrgang erarbeitet und muss beim Lautieren berücksichtigt werden.

Beispiele:

Zunge ts -u-ng -e drängen d - r -ä -ng -en

„nk" repräsentiert hingegen die Lautkombination /ng/ und /k/ zusammen (nicht /n/ und /k/!!).

Beispiele: *Anker a - ng- k - er (nicht a-n-k-er)*
trinken t -r -i - ng-k - en (nicht t-r-i-n-k-en)

3.5.10 Weitere Beispiele für richtiges Lautieren

wollen:	*w - o -l- en*	*(nicht w-o-l-l-e-n-)*
bei:	*b -ei*	*(nicht b-e - i)*
ab:	*a - p*	*(nicht a-b)*
lieben:	*l -i -b -en*	*(nicht l-i-e-b-e-n)*
Haus:	*h - au - s*	*(nicht h-a-u-s)*
ohne :	*o -n - e*	*(nicht o-h-n-e)*
Schuh:	*sch - u*	*(Dehnungs h ist ein stummes h und wird deshalb nicht gesprochen)*
bringen:	*b- r -i - ng - en*	*(nicht b-r-i-n-g-e-n-)*
backen:	*b-a - k- en*	*(nicht b-a-tse-ka-en)*
sitzen:	*s - i - ts- en*	*(nicht s-i-t-ts-en)*
stehen:	*sch - t - e - en*	*(nicht s-t-e-h-e-n; h = stummes h)*

3.6 Unterstützende Maßnahmen

3.6.1 Mundbilder (Seite 16–18)

Ein Mundbild ist eine bildliche Darstellung (Foto oder Zeichnung) einer Lautbildung. Jedoch kann diese nur *ein einziges* Merkmal der Lautbildung zeigen, nämlich die Stellung der äußeren Artikulationsorgane. Dyna-

mische Unterscheidungsmerkmale wie Stimmgebung, Stärke des Luftstromes und die Art der Lautbildung können durch diese Bilder nicht verdeutlicht werden.
Die Lippenstellungen sind bei einigen Lauten optisch nicht voneinander zu unterscheiden und deshalb bildlich nicht unterschiedlich darstellbar (z. B. /m/ - /p/ - /b/). Die wesentlichen Artikulationsmerkmale bleiben größtenteils verborgen. Dadurch können auch die zu Hilfe genommenen Mundbilder zur Erkennung und Unterscheidung der Phoneme oftmals nicht beitragen.
Laute der zweiten und dritten Artikulationszone, die durch die Zungenstellung am Zahnfleischrand oder am Gaumen bestimmt werden oder denen ein dynamischer Vorgang, wie eine Sprengung, zugrunde liegt, lassen sich durch ein statisches Bild überhaupt nicht darstellen. Eine Darstellung gelingt ebenfalls nicht bei Affrikaten und Diphtongen, solchen Lauten also, die eigentlich aus zwei eng miteinander verschmolzenen Lauten zusammengesetzt sind.
Insgesamt bieten Mundbilder nur begrenzte Möglichkeiten zur Unterstützung eines Leselehrgangs. Der Versuch, ein durchgängiges System von Mundbildern aufzustellen und dies als zusätzliches Zeichensystem einzuführen, erscheint uns daher nicht zweckmäßig. Der Mangel der nicht eindeutigen Darstellung führt eher zur Verunsicherung der Kinder.
Bei einigen wenigen Konsonanten und bei den Vokalen, die ganz am Anfang des Lehrgangs stehen, ist jedoch eine relativ klare Abbildung der Artikulation möglich. Die Lautbildung kann zunächst von den Kindern am Artikulationsspiegel beobachtet und dann mit dem entsprechenden Mundbild eingeführt werden, das dann eine zusätzliche Unterstützung bei der Buchstabenerkennung und der Synthese sein kann.
Aus den oben genannten Gründen haben wir uns auf die Verwendung der Mundbilder für /l/ und die Vokale /a/, /e/, /i/, /o/, /u/ beschränkt.

3.6.2 Handzeichen (Seite 19)

Handzeichen oder Manualsysteme sind (willkürlich) vereinbarte Zeichen, die Phoneme oder Grapheme darstellen können, aber nicht wie die Mundbilder die Lautbildung veranschaulichen sollen. Die in der Gehörlosenpädagogik gebräuchlichen Handzeichen sollen das Absehen des Sprechflusses bei Gehörlosen unterstützen. Solche Zeichen haben in verschiedenen Systemen auch Einzug in die Didaktik des Schriftspracherwerbs gefunden.
Jedoch haben auch in diesem Bereich zahlreiche Versuche verschiedener Autoren, ein durchgängig sinnvolles und praktikables System aufzustellen, gezeigt, dass Vorteile stets durch gravierende Nachteile erkauft werden müssen. Entscheidend ist hier das Problem, dass ein einheitliches System, das sowohl den Anforderungen der Laut- als auch denen der Schriftsprache gerecht wird und als Mittler zwischengeschaltet werden kann, nicht realisierbar ist.
Handzeichen halten wir deshalb nur *zur Differenzierung ähnlich klingender Laute* für sinnvoll. Entwicklungsverzögerten Kindern kann über die grobmotorische Komponente besser deutlich gemacht werden, dass es zwischen Lauten wie /n/ - /ng/, /d/ -/t/, /s/-/sch/ wesentliche Unterschiede gibt. Da sie diese aber zunächst auditiv noch nicht so deutlich wahrnehmen können, scheint das Begleiten der Artikulation des jeweiligen Lautes durch unterschiedliche Handzeichen eine nützliche Hilfe zu sein, die das auditive Differenzieren zunächst grobmotorisch unterstützt.
Insbesondere die Unterscheidung der Plosiva /g/k/d/t/b/p/ sollte mit Manualzeichen ausdrücklich gefördert werden, die die dynamische Komponente des starken und schwachen Luftstromes besonders veranschaulichen. Hierzu und zur Differenzierung einiger weiterer Laute empfiehlt sich die Auswahl der Zeichen von Kossow.
Eine weitere, spezifische Möglichkeit von Handzeichen liegt in der psychomotorischen Veranschaulichung der Länge von Vokalen: Durch Ziehen des Zeigefingers über den Tisch kann die Länge und durch ein kurzes Tippen auf die Tischplatte kann die Kürze eines Vokals, bei gleichzeitigem Sprechen *(auditives Wahrnehmen)* erfahrbar gemacht werden. Diese Zeichen können als *Strich für lange Vokale* und *Punkt für kurze Vokale* auch zu Papier gebracht werden und so für die Kinder visualisiert werden.

3.6.3 Rhythmisch-musikalische Begleitung (Lied S. 20)

Sprachschwache und entwicklungsverzögerte Kinder sind oft auch in ihren rhythmischen und melodischen Fähigkeiten beeinträchtigt. Diese sind aber zum Lesenlernen ebenso wichtig wie die visuelle, phonematische und sprechmotorisch-kinästhetische Differenzierungsfähigkeit (vgl. Breuer/Weuffen, 1993).
Oft entscheidet allein die Stimmführung, also die Sprechmelodie über den Inhalt. Für die Erfassung der Silbenstruktur und damit für die Silbentrennung ist Rhythmusempfinden notwendig. Deshalb ist das Trainieren der rhythmisch-melodischen Fähigkeiten ebenfalls wichtig für das Lesen- und Schreibenlernen.
Begriffe aus der Musik wie kurz - lang, hoch - tief, laut - leise werden auch in der Sprache benötigt: Es gibt kurze und lange Selbstlaute, lange und kurze Wörter, laute und leise oder stimmhafte und stimmlose Sprachlaute, hohe und tiefe Stimmlagen etc.
Einfache traditionelle und neue Spiellieder, Klanggeschichten, Verse und Abzählreime machen den Kindern viel Spaß, bringen sie sprachlich voran und unterstützen das Lesenlernen im Sinne der Förderung verbosensomotorischer Grundleistungen nach Breuer /Weuffen. Wenn die Spiellieder einmal erlernt sind, kann immer wieder darauf zurückgegriffen werden, um zwischendurch den Unterricht aufzulockern. Auch ihre sozialerzieherische Wirksamkeit ist nicht zu unterschätzen. Es ist sicherlich pädagogisch wertvoller, ein

erlerntes Lied über längere Zeit zu singen und zu spielen, kreativ zu verändern und zu erweitern, als jedes nur einmal kurz kennen zu lernen und dann wieder zu vergessen.
Jede Lehrerin hat ihre eigenen Vorlieben für bestimmte Lieder und sollte ein eigenes Repertoire aufbauen, um daraus schöpfen zu können.
Als Beispiele sollen hier zwei weitere Spiellieder genannt werden, die sich gut variieren lassen und während des Leselehrgangs immer wieder gespielt und gesungen werden können:

- *Affentanz* (aus „Frühling, Sommer, Herbst und Lieder") kann auch als *Mäuse-, Löwen- oder Giraffentanz* gestaltet werden.
- *Ein kleiner grauer Esel* (aus „Tanzkarussell") kann verändert werden in *Ein kleines weißes Schäfchen.*

3.7 Weiteres Arbeitsmaterial

3.7.1 Buchstabeneisenbahn (Seite 21/22)

Das Tierbild auf dem Deckblatt einer jeden Sequenz ist eine ideale Gedächtnisstütze zum Merken des Lautwertes des Buchstabens. Es hat gegenüber einem Handzeichen oder einem Mundbild den Vorteil, dass die Kinder durch das Aussprechen des Tiernamens sofort die Assoziation Laut–Buchstabe herstellen können. Sie wissen: Der Anlaut des Tiernamens ist der Laut, der durch das Schriftzeichen repräsentiert wird.
Zur Selbstmotivation, als zusammenfassende Übersicht und als Merkstütze ist die „Buchstabeneisenbahn" mit einer Lokomotive und 38 Wagen vorgesehen: Jedes Kind kann sie nach und nach in seinem Lesezoo-Ordner vervollständigen.
Vor Beginn des Lehrgangs werden die Kopiervorlagen für jedes Kind kopiert, verbleiben aber zunächst bei der Lehrerin. Die einzelnen Abschnitte – pro Buchstabe ein Wagen – werden von der Lehrerin selbst ausgeschnitten und sukzessive, nach Abschluss einer Sequenz an die Kinder ausgegeben. Die Kinder kleben dann ihren neuen Eisenbahnwagen auf, malen aus und spuren die Schriftzeichen nach. So hängen sie einen Wagen an den anderen, bis ihre Buchstabeneisenbahn fertig ist. Es empfiehlt sich, den Kindern als Orientierungshilfe zum Aufkleben der individuellen Buchstabeneisenbahn DIN-A4-Blätter zur Verfügung zu stellen, die in Kästchen in Größe der Wagenabschnitte eingeteilt sind. Diese Arbeitsblätter werden ganz vorn im Lesezoo-Ordner abgeheftet. Wegen der voraussichtlich sehr starken Beanspruchung sollten sie in Klarsichthüllen aufbewahrt werden. Dann brauchen sie nicht ständig aus- und wieder eingeheftet, sondern können einfach aus der Klarsichthülle gezogen werden. So hat jedes Kind einen Überblick, wie weit es im Lesenlernen vorangekommen ist.
Die Eisenbahn ist auch als „Nachschlagewerk" zu verstehen, wenn das Kind einmal einen Buchstaben vergessen hat.
Es ist sehr hilfreich, wenn die Buchstaben zusammen mit dem Tierbild auch im Klassenzimmer ausgehängt werden. Dem Vorbild der Kopiervorlage folgend, kann eine große Eisenbahn für das Klassenzimmer gestaltet werden. Der jeweilige Wagen wird schon in der Erarbeitungsstunde eingeführt und im Klassenzimmer an den Zug gehängt.
So entsteht im Lauf des Schuljahres eine große Buchstabeneisenbahn, auf die beim Wiederholen gelernter Buchstaben immer wieder zurückgegriffen werden kann.

3.7.2 Handspiegel

Bei der Lauterarbeitung und zur Eigenkontrolle verwendet jeder Schüler einen Handspiegel, der von Anfang an zu seiner Schulausstattung gehört. Die Beobachtung der Stellung der Artikulationsorgane, insbesondere auch der dynamischen Vorgänge bei der Lautbildung in der konkreten Erarbeitungssituation, ist unentbehrlich. Diese Vorgänge werden in der Erarbeitungsphase vom Kind selbst als Lautbildungshilfe genau beobachtet und verbalisiert.

3.7.3 Lesepfeil/Lesemaus (Seite 23)

Der Lesepfeil ist eine wirksame Hilfe für das aufbauende Lesen und das Strukturieren von Wörtern in Buchstabengruppen oder Silben. Der Lesepfeil wird von der Lehrerin für jedes Kind auf etwas stärkeres Papier oder farbigen Fotokarton übertragen und von den Kindern selbst ausgeschnitten. Er zeigt mit der nach rechts weisenden Spitze die Leserichtung an. Durch das langsame Weiterrücken in Leserichtung erscheint die gewünschte Buchstabengruppe im Ausschnitt. Das Kind liest aufbauend vor und rückt dann weiter. Er wird, dem Motto des Leselehrgangs entsprechend, als „Lesemaus" gestaltet.
Der Lesepfeil wird in der Sequenz A/a eingeführt. In der Anleitung dazu ist er genauer beschrieben. Er begleitet dann die Kinder durch das ganze Schuljahr als unentbehrliche Lesehilfe.

3.7.4 Leselöwe (Seite 24)

Der „Leselöwe" ist ein Arbeitsmittel für die Hand der Lehrerin. Er braucht deshalb nicht vervielfältigt, sondern nur in einer Ausführung ansprechend gestaltet zu werden. Etwas stärkerer Karton ist hierfür zu empfehlen. Er dient vor allem als Hilfsmittel zur Unterstützung des Wortaufbaus, also der Synthese und wird bei Klassen- oder Gruppenarbeit eingesetzt. Durch den Schlitz im Maul des Löwen schiebt die Lehrerin von hinten einen beschrifteten Pappstreifen von rechts nach links langsam durch. *„Der Löwe brüllt (ein Wort heraus)".* Die Kinder lesen aufbauend die erscheinenden Buchstaben vor. Zum Schluss wird das Wort noch einmal ganz vorgelesen. Der Leselöwe wird im Rahmen der Sequenz L1 (Löwe) eingeführt und dann als Klassenarbeitsgerät weiterverwendet.

3.7.5 Einlegemappe (Kärtchen, Seite 25)

Ein Setzkasten mit seinen vielen Buchstaben und Fächern ist für die Kinder sehr unübersichtlich und bei den ersten Syntheseübungen schwer zu handhaben. Deshalb empfiehlt sich das Herstellen von einfacheren Einlegemappen. Durch die begrenzte Anzahl von maximal 10 Buchstabenkärtchen behalten die Kinder jederzeit die Übersicht über ihr Arbeitsmaterial. Wir empfehlen, für die Syntheseübungen mit den ersten 5 Buchstaben für jedes Kind eine solche Mappe anzufertigen und erst danach auf einen Setzkasten zurückzugreifen.

Materialbedarf pro Kind: Eine Juris-Mappe A4, zwei Pappstreifen in der Länge eines DIN-A4-Bogens, je 3 cm breit, 10 Buchstabenkärtchen, 5 × 8 cm. Die Kärtchen werden in der Juris-Mappe aufbewahrt.

Herstellung: Die Pappstreifen auf die Rückseite der Juris-Mappe kleben, nach oben hin offen lassen (wie die Einsteckstreifen in einem Briefmarkenalbum), damit die Pappkärtchen eingeschoben werden können. Pappkärtchen mit je einem Buchstaben O, o, M, m, A, a, I, i L, l beschriften. Die unteren 3cm der Kärtchen als Einsteckrand frei lassen.

Zur Handhabung der Buchstabenkärtchen:

Anwendung: Zum Erlernen der Synthese mit 2 bis 4 Buchstaben die Kärtchen aus der Mappe nehmen. Die Juris-Mappe aufklappen und mit der Öffnung nach unten, wie ein Zelt, aufstellen. Die Öffnung der rückseitig aufgeklebten Pappstreifen zeigt nach oben. Dann können die Buchstabenkärtchen für Syntheseübungen in die Pappstreifentaschen eingesteckt, ganz unterschiedlich miteinander kombiniert und gelesen werden.

3.7.6 Kinderbücher

Lesenlernen soll beim Kind die Liebe zum Buch wecken. Zahlreiche Kinderbücher sind als Begleitmaterial zum Leselehrgang geeignet. Sie können zum Einstieg vorgelesen oder im Lauf der Sequenz in die Arbeit einbezogen werden. Wir können hier nur eine kleine Auswahl vorstellen. Es lohnt sich aber sicher, beim nächsten Gang durch eine Buchhandlung oder Bibliothek nach weiteren guten Kinderbüchern, die den Leselehrgang unterstützen können, Ausschau zu halten.

(Rückseite einer Juris-Mappe)

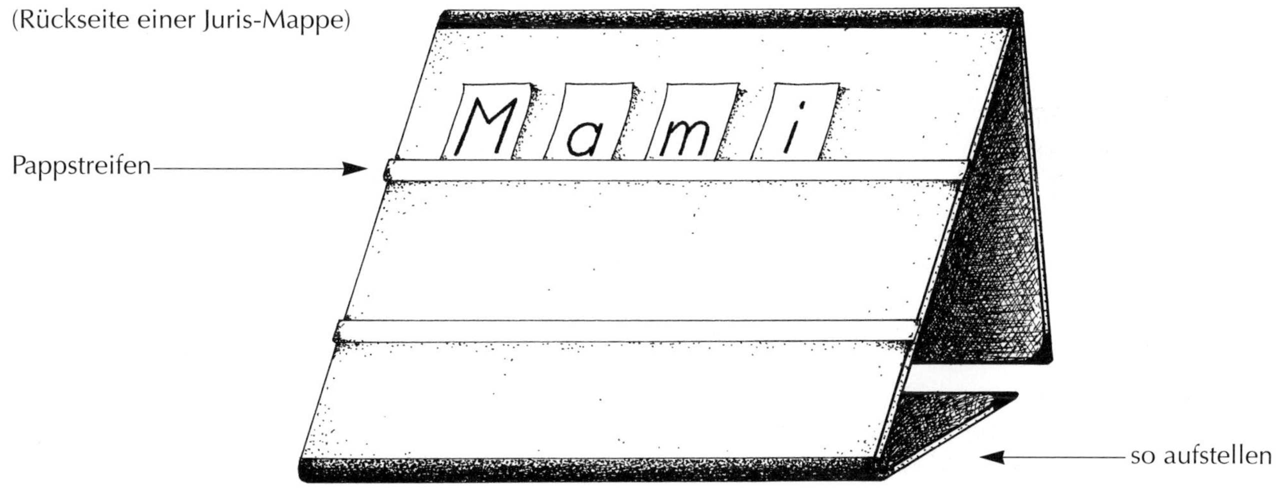

Folgende Bücher halten wir ohne Einschränkung zur Lauteinführung nutzbar:

Laut	Autor	Titel	Verlag
--	E. Carle	Eins, zwei, drei, ein Zug zum Zoo	Gerstenberg
B	H. Wilhelm	Der total gelangweilte Boris	Carlsen
B	Müller/Steiner	Der Bär, der ein Bär bleiben wollte	Sauerländer
B	Janosch	Ich mach dich gesund, sagte der Bär	Diogenes
ch	Craig/Holabird	Alexander und der Drache	Boje
C/Ch	E. Carle	Chamäleon Kunterbunt	Gerstenberg
F	L. Lionni	Fisch ist Fisch	Middelhauve
L	Michl/Wagener	Leo Löwe	Ellermann
L	David/Bartsch	Der Löwe mit der besonders langen Mähne	Kinderbuchverlag
P	M. Pfister	Pit und Pat	Nord-Süd
M	E. Carle	Die kleine Maus sucht einen Freund	Gerstenberg
U	Hahn/Vanetti	Der neugierige Uhu	Boje
T	Janosch	Post für den Tiger	Beltz
Sp	E. Carle	Die kleine Spinne spinnt und schweigt	Gerstenberg
R	E. Carle	Der Rabe Robert	Gerstenberg
X	W. Busch	Max und Moritz	Diogenes
E	D. MacKee	Elmar, der Elefant	Thienemann

3.8 Materialvorlagen

3.8.1 Mundbilder

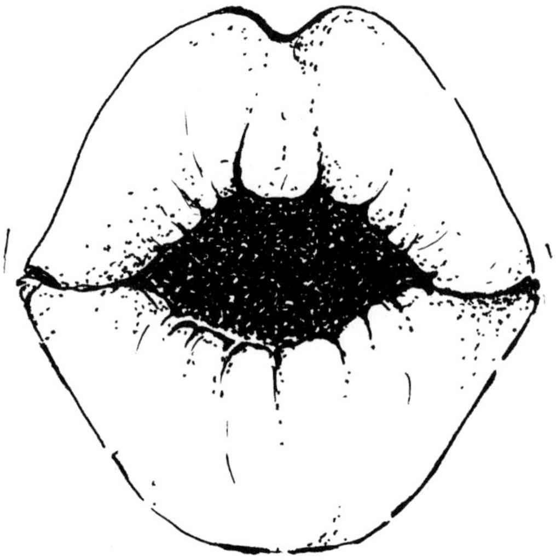

Mundbild für O

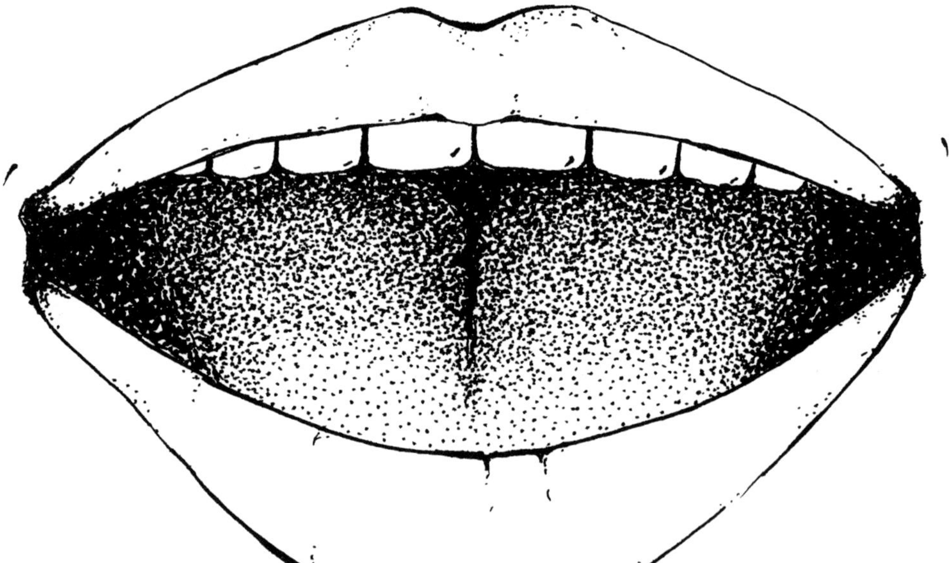

Mundbild für A

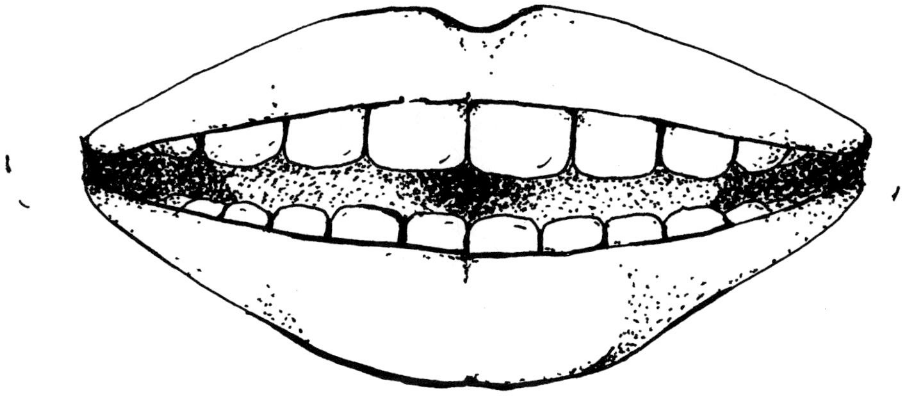

Mundbild für E

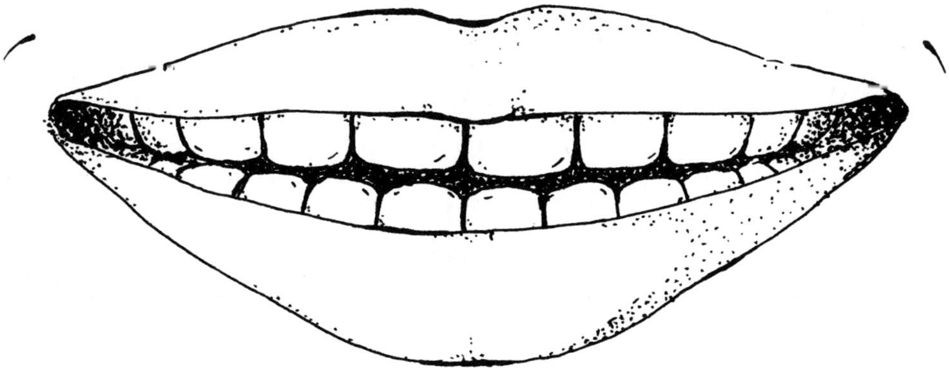

Mundbild für J

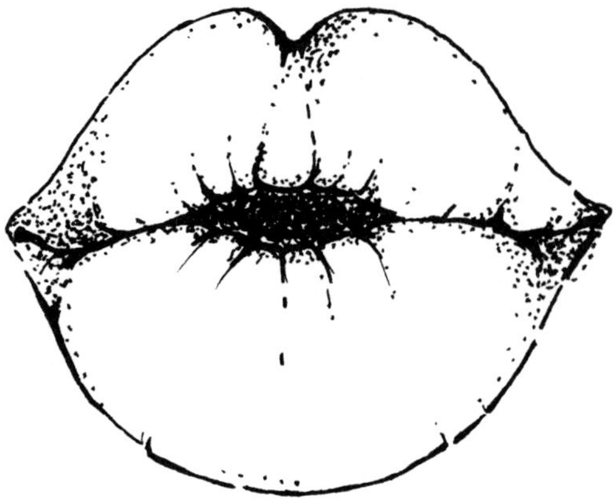

Mundbild für U

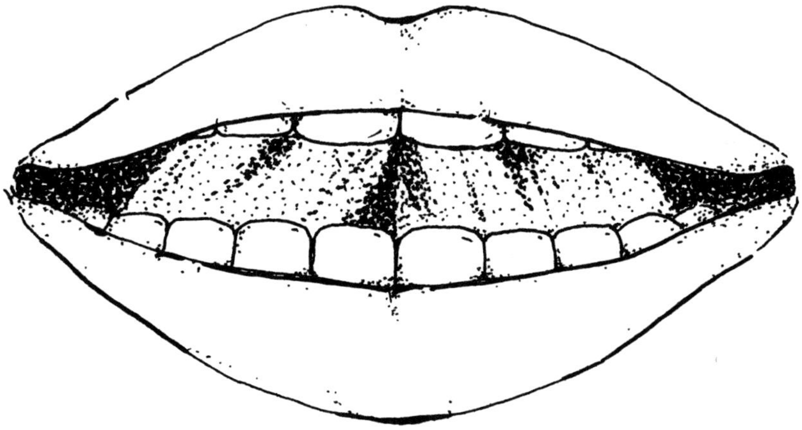

Mundbild für L

3.8.2 **Handzeichen** (nach Kossow)

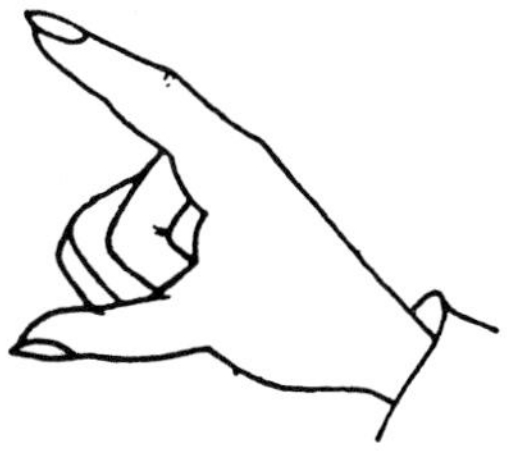

a

o

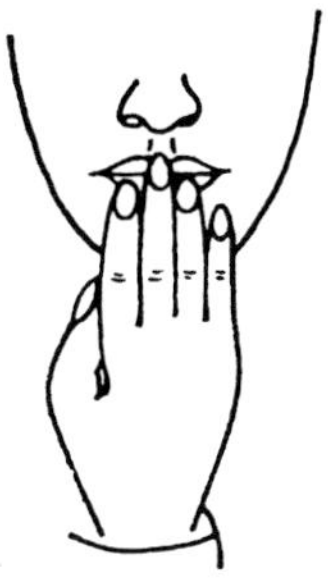

m

n

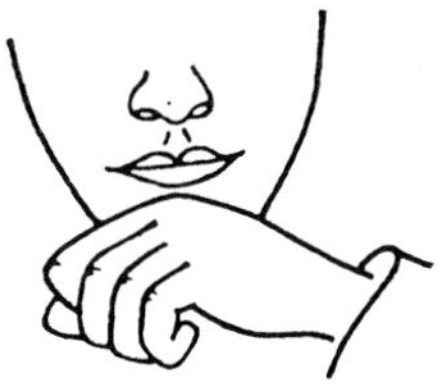

b

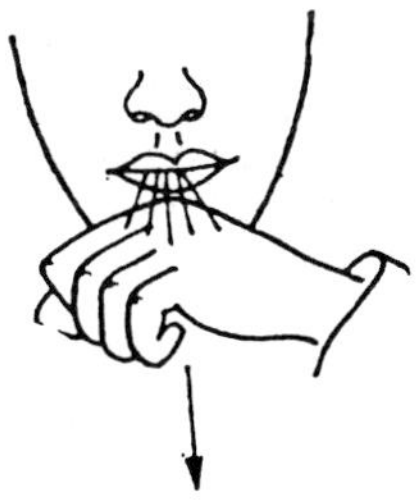

p

d

t

g

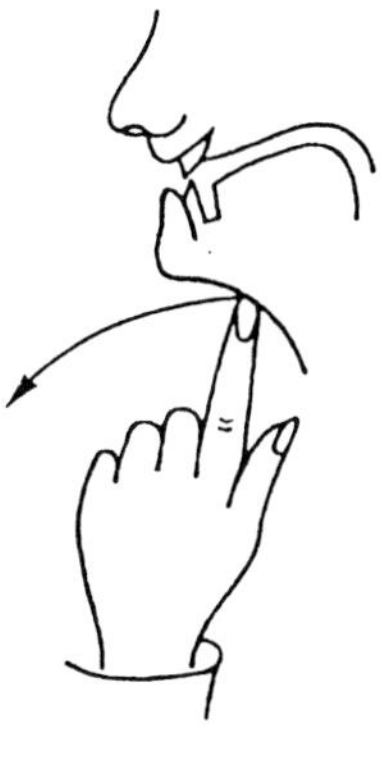

k

3.8.3 Lied

Spielbeschreibung

Die Kinder gehen im Kreis, ein Kind geht außerhalb des Kreises in Gegenrichtung. Den auf der Kreislinie gehenden Kindern wurden vor Spielbeginn durch einen Spielführer die Namen verschiedener Fische gegeben. Bei „der Goldfisch, der Goldfisch, der folge mir" singt das außen gehende Kind allein. Die Kinder mit dem genannten Fischnamen folgen ihm. Im weiteren Verlauf des Spiels werden andere Fischnamen genannt.

3.8.4 Buchstabeneisenbahn

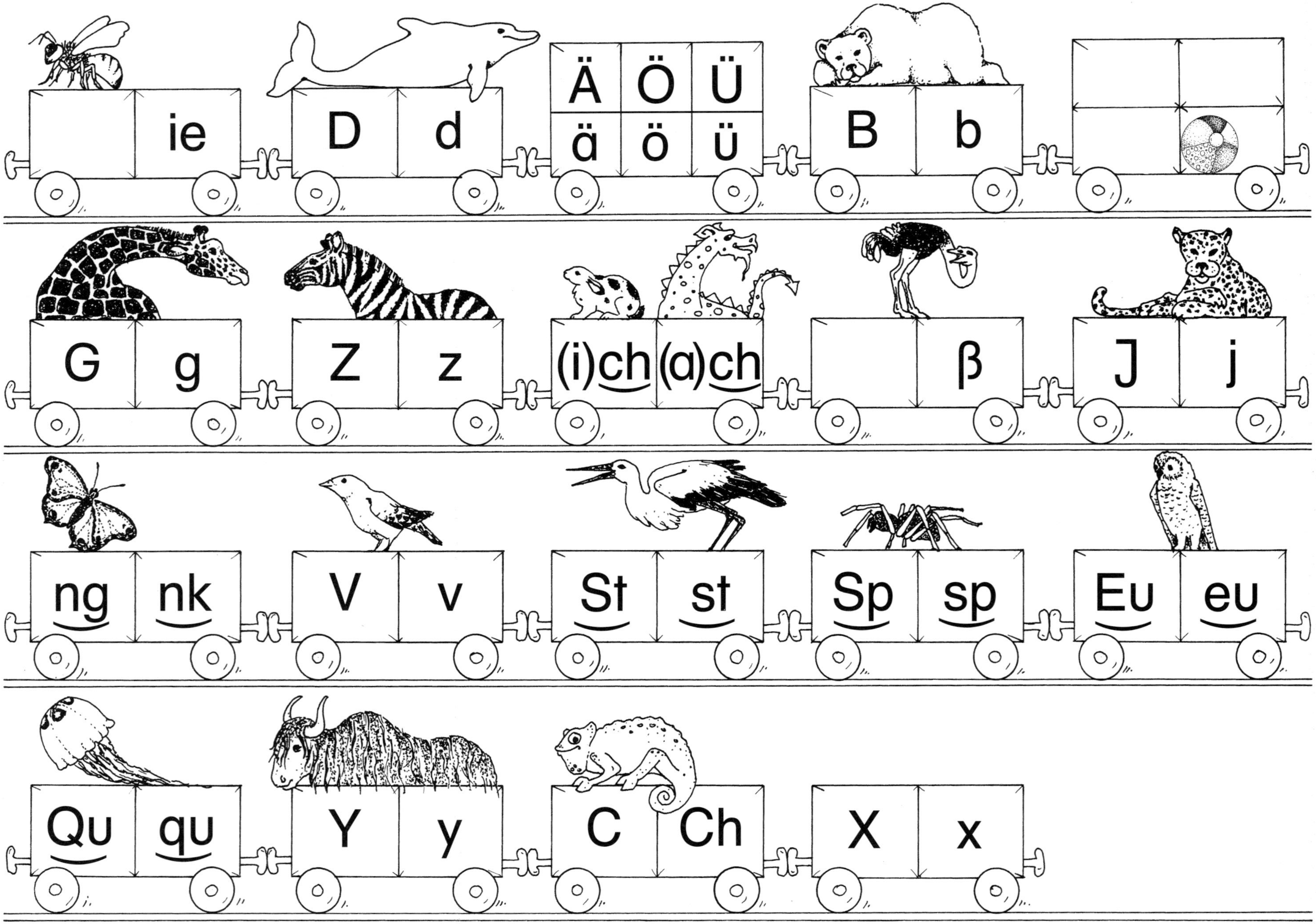
ie
D d
Ä Ö Ü
ä ö ü
B b
G g
Z z
(i)ch (a)ch
ß
J j
ng nk
V v
St st
Sp sp
Eu eu
Qu qu
Y y
C Ch
X x

3.8.5 Lesepfeil/Lesemaus ✂

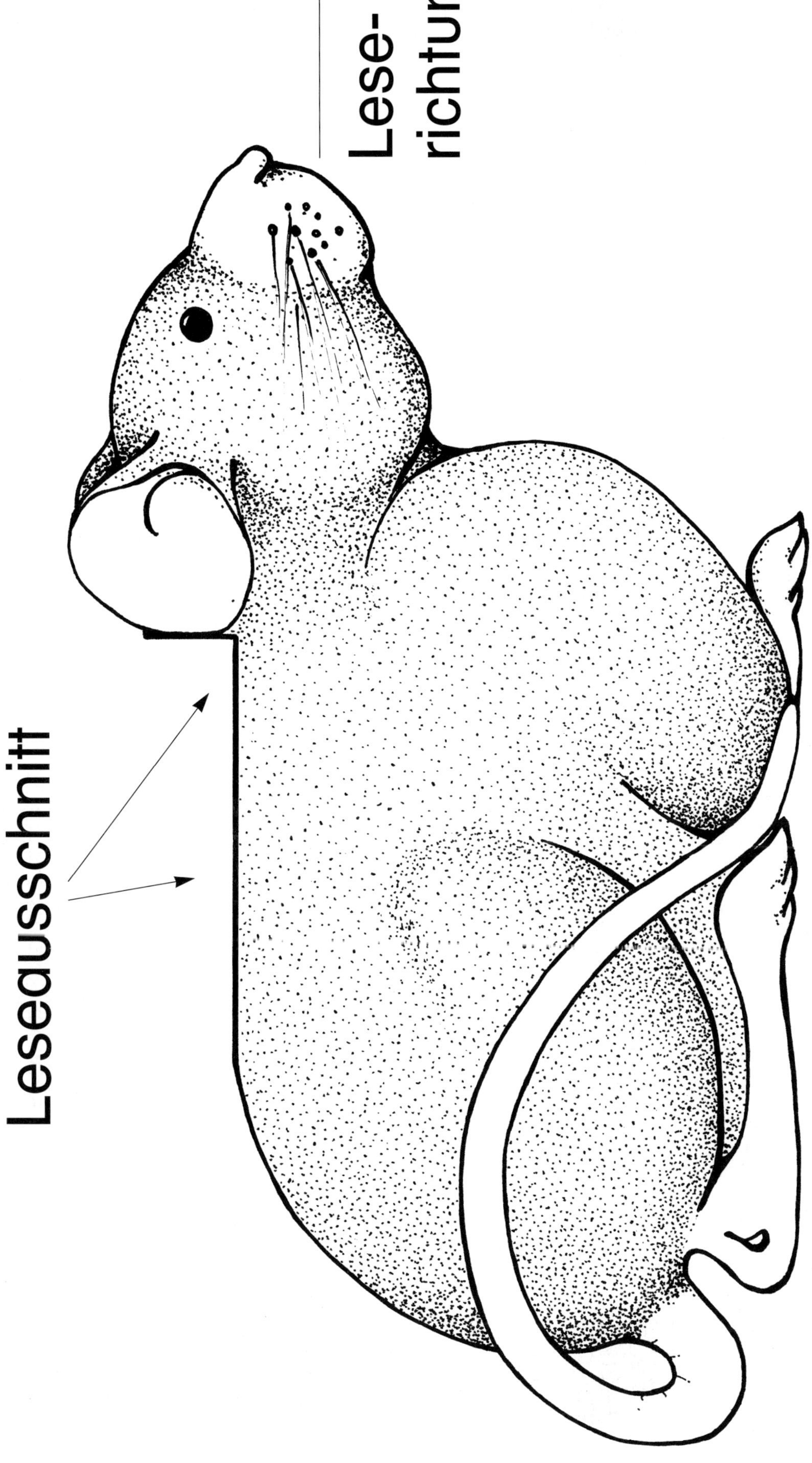

3.8.6 Leselöwe

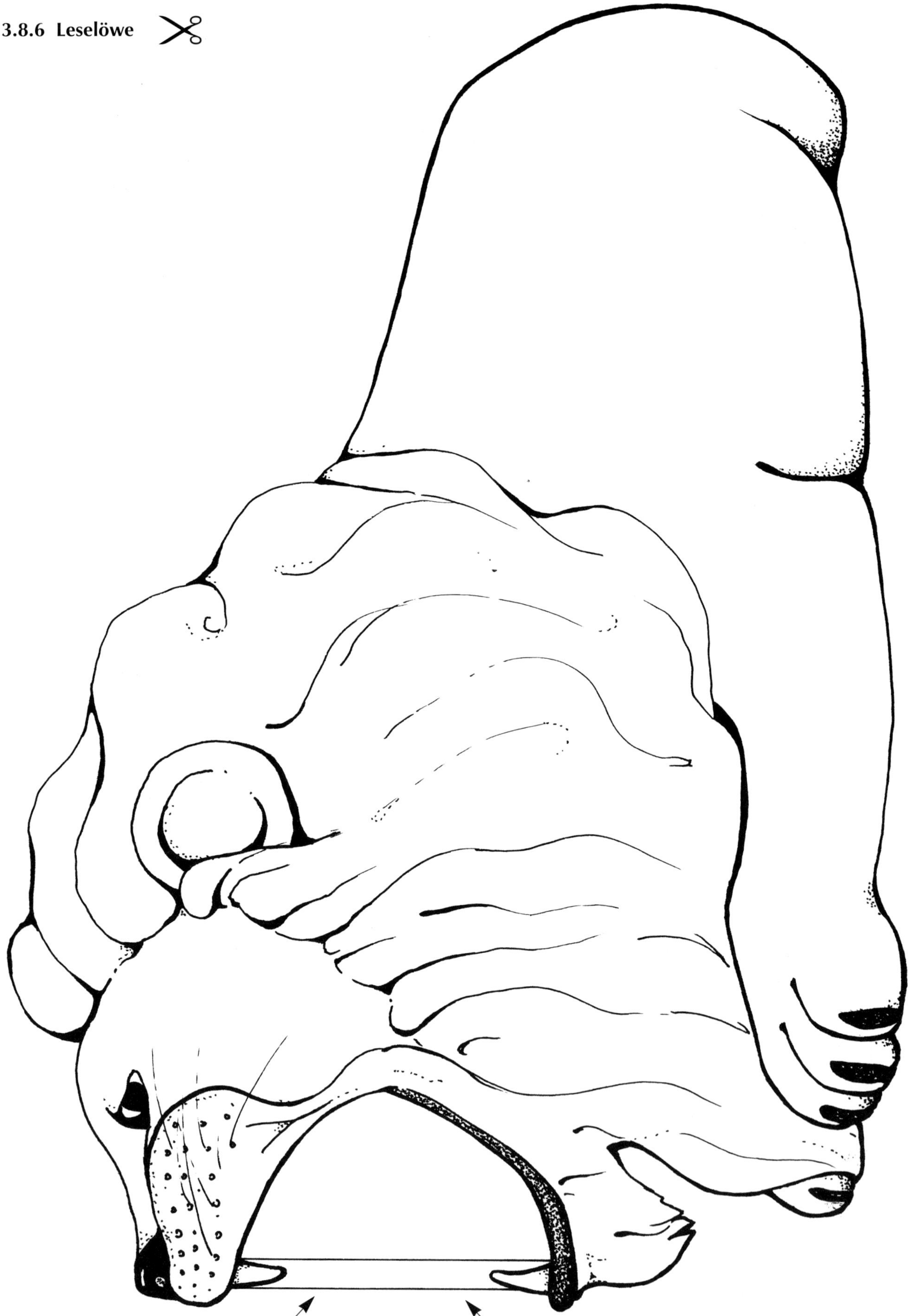

Schlitz zum Durchziehen von Wortstreifen.
(Lehrermaterial bei Bedarf größer kopieren)

3.8.7 Kärtchen für Einlegemappe

A	l
m	L
M	i
o	j
O	a

4. Erarbeitung der einzelnen Laute

4.1 Vorkurs

Ziele dieser 1. Sequenz:

1. Klärung und Abgrenzung der Grundbegriffe „Laut" und „Buchstabe"
2. Einführung und Übung der Grundtechniken Dehnsprechen und Lautieren
3. Kennenlernen der Lautstruktur von lauttreuen Wörtern (*„lauttreu"* heißt hier, Anzahl von Lauten und Buchstaben stimmen überein)
4. Überblick über den gesamten Leselehrgang gewinnen

Es werden noch keine Buchstaben erarbeitet. Wenn die Kinder Buchstaben schon benennen können, wird dies von der Lehrerin lediglich bestätigt und zur Kenntnis genommen.

Arbeitsblatt **Oma 1**

Oma/Mama

Sprechanlässe: Kinder erzählen und berichten von *Schulanfang, Familie, bei Oma* (Bild von Oma mitbringen und einkleben oder malen).

Phonematische Analyse und Synthese am Beispiel des Wortes O M A (nach Weigt):

Analyse:	1. Schritt:	Ich schreibe *Oma* an , lest langsam mit!	Dehnlesen
	2. Schritt:	Hört, welcher Laut am Anfang klingt!	
		Zeige und lies den Laut vor! Unterstreiche O!	*O* unterstreichen
	3. Schritt:	Hört, welcher Laut am Ende klingt!	
		Zeige, lies ihn vor und unterstreiche ihn!	zusätzlich *a* unterstreichen
	4. Schritt	Hört, welcher Laut in der Mitte klingt!	
		Zeige und lies ihn vor!	*m* zeigen
	5. Schritt	Lies das ganze Wort vor!	Dehnlesen, mitzeigen

Synthese:	1. Schritt	Überlegt, wie viele Laute im Wort OMA zu hören sind!	vorbereiten: Dreierfenster

	2. Schritt	Welchen Laut hören wir am Anfang? Stelle das Zeichen dafür in das 1. Kästchen!	Buchstabenkärtchen einlegen

O		

	3. Schritt	Welchen Laut hören wir am Ende? Stelle das Zeichen in das Kästchen für diesen Laut!	Kärtchen passend einordnen

O		a

	4. Schritt:	Welchen Laut hören wir in der Mitte? Stelle das Zeichen in das richtige Kästchen!	Buchstabenkärtchen einlegen

O	m	a

Vorgehensweise später auf andere Laute oder Lautverbindungen übertragen.

Sonne:

- Betrachten des Ganzwortes *Oma*
- Vier richtige Buchstabenfolgen heraussuchen und farbig markieren

Arbeitsblatt **Oma 2**

Sprechanlass: Kinder erzählen und berichten *„Am ersten Schultag nach der Schule"*
- Bild von der Mama mitbringen und einkleben oder malen

Mama als Ganzwort:
- Betrachten und Wiedererkennen
- Dehnsprechen und Lautieren wie oben
- Wiederholen der Begriffe *Laut* und *Buchstabe*

„Das Wort Mama hat 4 Laute und 4 Buchstaben"

Sonne:
- Betrachten des Ganzwortes *Mama*
- Vier richtige Buchstabenfolgen heraussuchen und farbig markieren

Arbeitsblatt **Oma 3**

Sprechanlass: Unsere Familie
Sprachliche Analyse der Namen: Dehnsprechen und Lautieren
O-m-a, O-p-a,... (Mama, Papa, Lilo, Uli, Mimi)

Sonne:
Auditive Analyse und visuelle Zuordnung zu den Lautfenstern
- Namen mit 3 Lauten
- Namen mit 4 Lauten
- Wortlaut *Oma passt ins Dreierfenster.* *Mimi passt ins Viererfenster.*

Mond:
Opa und Uli passt noch ins Dreierfenster.
Mama, Papa und Lilo passt noch ins Viererfenster.

Zusammenfassung:
- *Laute kann ich hören oder aussprechen*
- *Buchstaben kann ich sehen oder schreiben*
- *Buchstaben sind die Schriftzeichen für Laute*

Arbeitsblatt **Oma 4**

Auditive und visuelle Analyse der Ganzwörter *Oma* und *Mama:*
- Dehnsprechen: Reihenfolge der Laute hören: *„Am Anfang höre ich ein (...) In der Mitte höre ich ein (...) Am Ende höre ich (...)"*.
- Lautieren: Laute in der Reihenfolge getrennt nennen
- Laute im Lautfenster lokalisieren (mit dem Finger zeigen)
- Buchstaben ausschneiden und in die Lautfenster einordnen, dann aufkleben.
  Als Vorlage dient das Blatt „Oma 3".
- Bild von Oma bzw. Mama in die passenden Bilderrahmen malen oder ausschneiden und einkleben.

Arbeitsblatt **Oma 5**

Sonne:
- Erkennen der Ganzwörter *Oma* und *Mama*
- Felder mit den richtigen Ganzwörtern ausmalen. Es entsteht eine Schultüte

Zusammenfassung der Sequenz (Voraussetzung für weiteres Vorgehen):
- Ein gesprochenes Wort besteht aus Lauten
- Ein geschriebenes Wort besteht aus Buchstaben
- Buchstaben sind die Schriftzeichen für die Laute

Zielorientierung über den gesamten Leselehrgang:
„Wir werden zusammen eine Reise durch den Lesezoo machen. Dabei lernen wir viele Tiere kennen und mit ihnen alle Buchstaben und Laute."

Das ist meine Oma

O	m	a

Kreise Oma ein!

maO

Oma

mOa amO Oma

Oma amO

Oma

Oma 2

Das ist meine Mama

M	a	m	a

Kreise Mama ein!

Mmaa

Mama

amaM aamM Mama

Mama amMa

Mama

Oma 3

Oma

Opa

Mama

Papa

Lilo

Uli

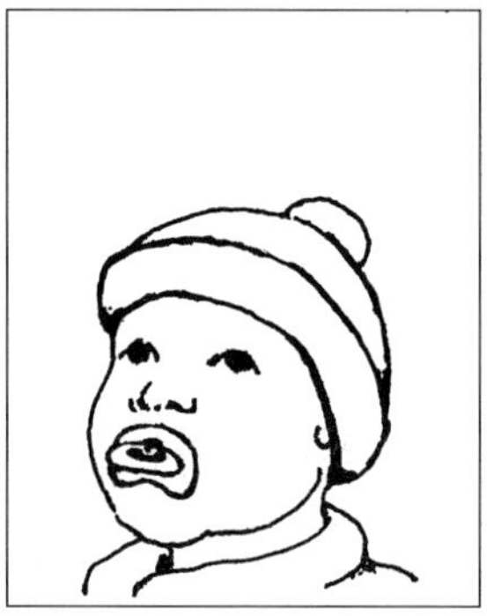

Mimi

Welche Namen passen in den Dreierkasten?

Welche Namen passen in den Viererkasten?

Welche Namen passen noch?

Oma 4

a

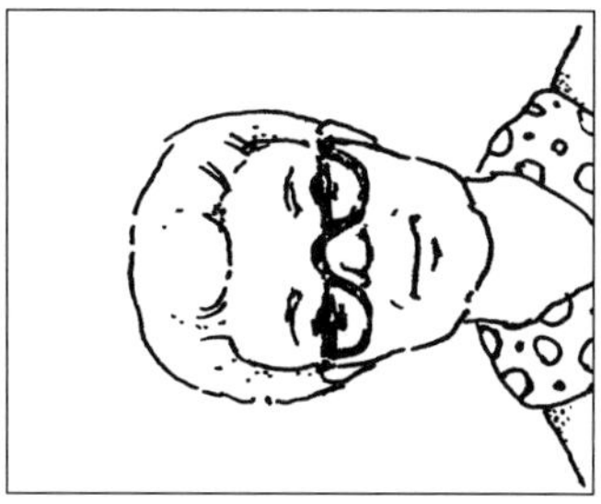

a

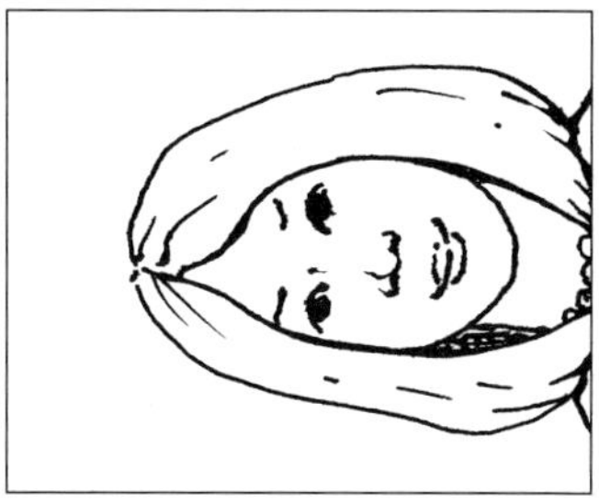

a

m

m

M

O

Oma 5

Male alle Felder mit Oma und Mama farbig aus!

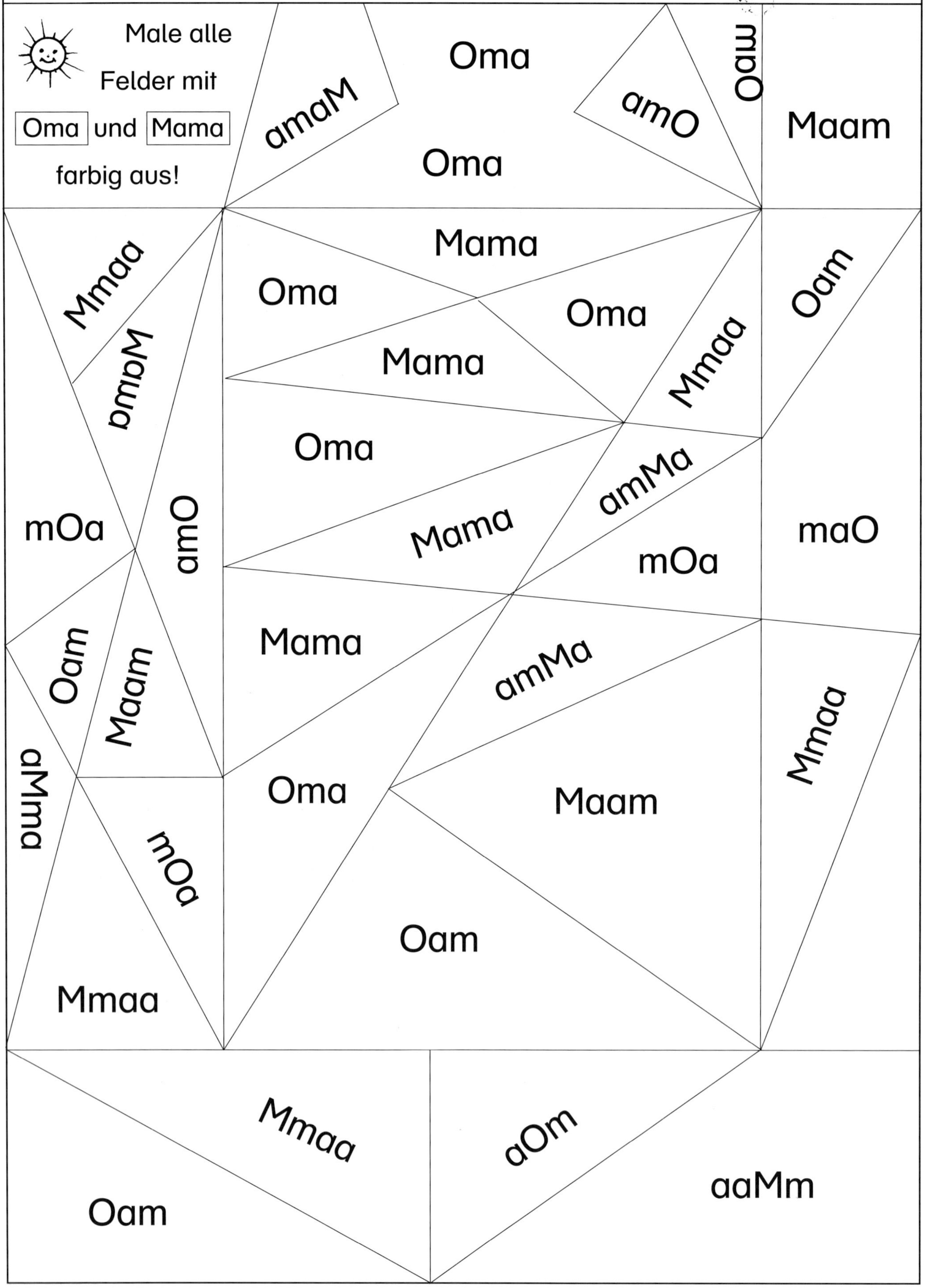

4.2 Lautzeichen

4.2.1 Lautzeichen O/o — Oma

Die hier dargelegte Vorgehensweise wird bei allen weiteren Buchstaben entsprechend angewandt. Deshalb wird sie sehr ausführlich beschrieben. Bei den weiteren Buchstabenerarbeitungen kann auf diese Erläuterungen zurückgegriffen werden. Der Buchstabe wird immer **vor** Einsatz des 1. Arbeitsblattes in der beschriebenen Weise erarbeitet. Passende Lieder, Bildmaterial, Kinderbücher, Poster, Stofftiere, ein kurzer Film etc. werden vor jedem Kapitel vorher bereitgestellt.

Buchstabenerarbeitung O/o

(Exemplarisch für alle weiteren Erarbeitungen – spätere Themen sind immer die Tiere des „Lesezoo")

1. Zuerst wird ein motivierender **Sprechanlass** geschaffen, der **thematisch mit dem Bild des Arbeitsblattes 1** zusammenhängt: *Meine Familie:* Kinder erzählen von *Oma und Opa,* sie äußern sich spontan oder zu einem Bild.
2. Das Wort *„Oma"* wird während des Gesprächs von der Lehrerin wiederholt, betont, gedehnt und deutlich ausgesprochen, damit die Kinder den Anfangslaut oft wahrnehmen können: *Am Anfang hören wir /o/.*
3. Alle Kinder wiederholen das Wort und isolieren den Anfangslaut /o/, sprechen ihn wiederholt aus und hören ihn bewusst.
4. Mit Hilfe des Handspiegels beobachten die Kinder die Stellung ihrer eigenen Artikulationsorgane.
5. Die beobachtete Artikulationsstellung wird im Unterrichtsgespräch genau beschrieben: Die Lippen sind rund (Buchstabenform kann daraus abgeleitet werden; vgl. hierzu auch das Mundbild auf Seite 16).
6. Der große und der kleine Buchstabe werden vorgestellt (Tafelbild oder Tageslichtprojektor). Die Lehrerin erklärt: *Das ist das Zeichen (der Buchstabe) für den Laut /o/. Es gibt ein großes O und ein kleines o.*
7. Die Buchstabenform wird erarbeitet (visuell, grobmotorisch).
   Im Unterrichtsgespräch werden die Buchstabenform und der Bewegungsablauf für die **Druckbuchstaben** erörtert und von den Kindern mehrfach nachvollzogen: große O mit den Armen beschreiben, mit Tesa-Krepp oder einem Sprungseil ein O auf den Boden kleben/legen und ablaufen, O auf den Rücken des Banknachbarn zeichnen, O mit dem Finger auf den Schülertisch zeichnen, in einen flachen Karton mit feinem Sand nachzeichnen, auf ein Stück Tapete mit Wachsmalkreide zeichnen, (...), und dazu sprechen: *Das ist das große/kleine O.*
8. Nach dieser Erarbeitungsphase wird das Arbeitsblatt 1 als Zusammenfassung eingesetzt.
9. Die Merkmale des Lautes/Buchstaben O täglich spielerisch wiederholen!

Arbeitsblatt — **O 1**

Oma

Zur Illustration:

Oma sitzt im Wohnzimmer und liest in ihrem großen Tierbuch. Das Buch heißt „LESEZOO".
Dort sind sehr viele Tiere drin, die wir nach und nach kennen lernen werden. Dabei werden wir auch Spiele machen und lesen lernen, und jedes Kind kann sich bis zum Ende der ersten Klasse sein eigenes LESEZOO-Buch zusammenstellen. Neben OMA sitzt ihr Hund auf dem Teppich. Seinen Namen werdet ihr schon in der nächsten Woche selbst lesen können.

– Umrissbuchstaben O und o oberhalb des Bildes:
▷ Bewegungsverlauf grobmotorisch wiederholen.
▷ Kinder spuren die Buchstabenform mehrfach nach. Sie achten darauf, dass sie mit den Malstiften die äußeren Linien nicht berühren.
▷ Die Umrissbuchstaben nicht ausmalen

– Teppich: *Suche alle richtigen Buchstaben O und o heraus und spure sie nach!*
– Bilder unten: *Ofen, Auto, Rose, Hose,* Ball, *Ohr*
  Die Lehrerin spricht die Wörter deutlich vor.
– Die Kinder finden durch genaues Zuhören und gut artikuliertes Nachsprechen alle Wörter, die den Laut /o/ enthalten.
– In Stillarbeit malen die Kinder alle o-Wörter farbig aus. Das Wort Ball wird deutlich von jedem Kind durchgestrichen, weil es keinen Laut /o/ enthält!

Hinweis: Es wurden nur Wörter mit einem langen /o/ gewählt, da das Unterscheiden von kurzen und langen Vokalen am Anfang zu schwierig ist und erst beim Laut/Buchstabe E bearbeitet wird.

Arbeitsblatt — O 2

Sonne:

Erarbeitung der Lautlokalisation im Anlaut:

- **Wortmaterial:** *Opa, Oma, Ofen, Ohr.*
- Begriffsklärung: für Anlaut *„Wortanfang"*, später *„Anfang"* verwenden
- Die Lehrerin spricht die Wörter mehrfach deutlich vor.
- Kinder sollen zunächst den Laut O im Anlaut bewusst wahrnehmen lernen, bevor abgefragt werden kann.
- Die Kinder überprüfen, ob jedes Wort mit O beginnt (ohne Unterstützung durch das Schriftbild!).
- Sie kreuzen den ersten Kreis unter den Wörtern an.
- Für die zwei freien Kästchen suchen die Kinder noch Wörter, die mit O beginnen.

Mond:

Visuelle Differenzierung: Großbuchstaben O:

- Die Kinder suchen alle Großbuchstaben O heraus und spuren sie nach (auf Bewegungsverlauf achten).
- Die Kinder spuren in den Wörtern alle O nach. Dabei sollen die Wörter noch nicht gelesen werden!

Stern:

Ganzwort „Oma" erkennen

- Die Kinder entscheiden und begründen, welches das richtige Wort *„Oma"* ist und malen das Kästchen farbig aus.
- Ganzwort *„Oma"* sollte als Wortkarte im Klassenzimmer hängen.

Arbeitsblatt — O 3

Sonne:

Erarbeitung der Lautlokalisation im Auslaut:

- Wortmaterial: *Auto, Lasso, Klo, Limo*
- Begriffsklärung: für Auslaut *„Wortende"*, später *„Ende"*
- Vorgehensweise entsprechend Arbeitsblatt O 1: /o/ in Auslautposition bewusst wahrnehmen
- Die Kinder kreuzen den dritten Kreis an.
- Für die zwei freien Kästchen suchen die Kinder noch Wörter, die mit O enden.

Mond:

Visuelle Differenzierung: *Kleinbuchstaben o*

- Vorgehen: Kleinbuchstaben nachspuren

Arbeitsblatt — O 4

Sonne:

Erarbeitung der Lautlokalisation im Inlaut:

- Wortmaterial: *Rose, Hose, Boot, Mond*
- Begriffsklärung: für Inlaut *„Wortmitte"*, später *„Mitte"*
  Im Inlaut, also *„in der Mitte"* befinden sich alle Laute, die nicht an der ersten oder letzten Position im Wort zu hören sind, beispielsweise auch der zweite oder der vorletzte Laut!
  Beispiel: Blumenkasten: Der Laut /l/ und der Laut /e/ sind im Inlaut, *in der Mitte* zu hören.
  Wichtig: Die Lautzeichen oo und oh haben den Lautwert /o:/, d. h. es ist nur ein lang gesprochenes o zu hören! Darauf wird hier nicht eingegangen. Es genügt, wenn die Kinder den Laut /o/ wahrnehmen.
- Für die zwei freien Kästchen suchen die Kinder weitere Wörter mit /o/ im Inlaut.
- Vorgehensweise wie O 2, mittleren Kreis ankreuzen!

Mond:

Sprechübungen:

- Sprechanlass: Oma strickt
  Satzmuster 1 *Oma strickt einen Schal.*
  Oma strickt einen Pullover.
  Satzmuster 2 (Erweiterung von Satzmuster 1)
  Oma strickt einen Schal für Lilo.
  Oma strickt einen Schal für Papa.
- Die Kinder finden selbst weitere Varianten.
- Die Kinder tragen in die Kästchen abwechselnd O und o in Druckschrift ein.

Stern:

Erkennen des Ganzwortes „Mama"

Arbeitsblatt — O 5

Sonne:

- Sprechvers rhythmisch-musikalisch gestalten (Melodie: *„A, a, a, der Winter der ist da"*)
- Verwenden von Körper- und Orff-Instrumenten

Mond:

- Buchstaben O/o erkennen, nachspuren, aus einer Zeitung ausschneiden und auf das Arbeitsblatt neben den Notenhälsen aufkleben!

O o

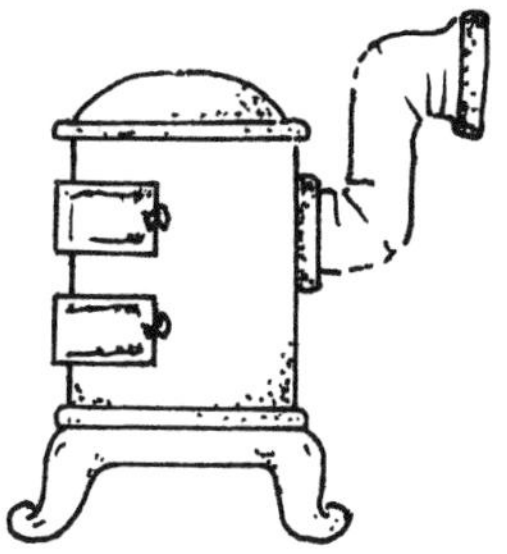

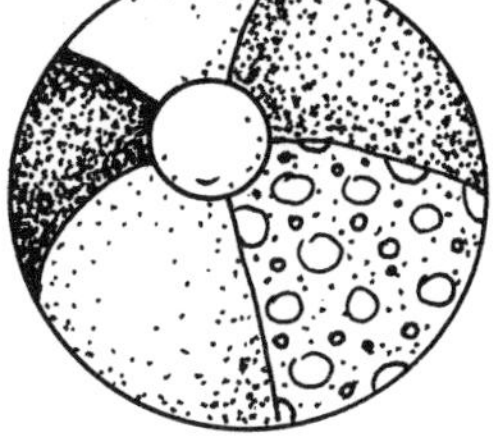

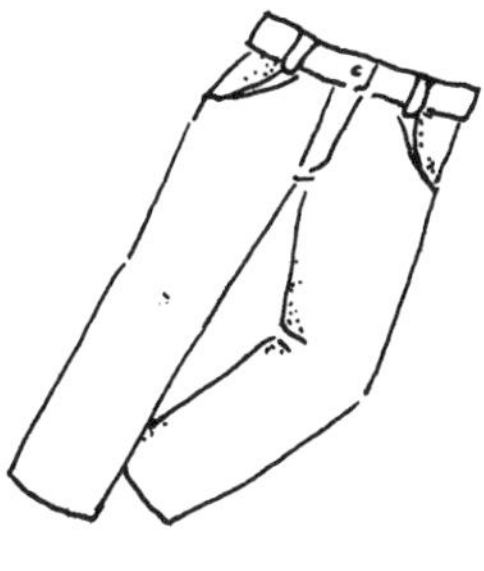

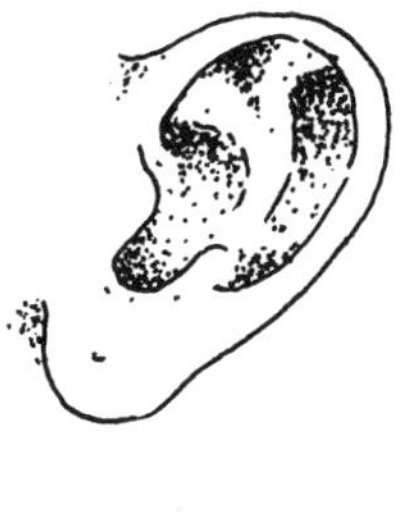

O am Anfang

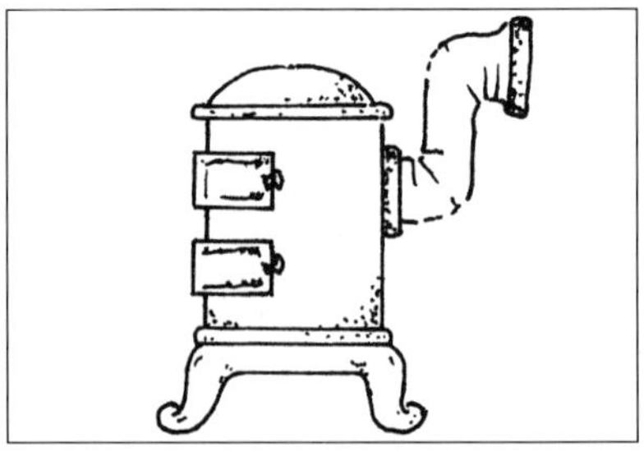
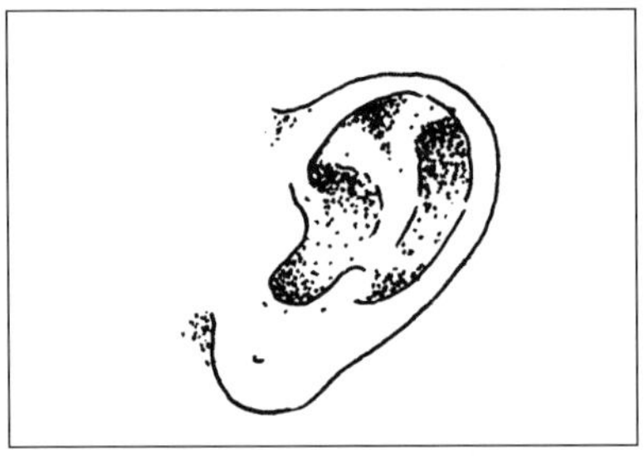

Suche alle O !

O C O O G J G O O C J O

O D C G O O J C O G O D

Oma Opa Ofen Maus

Jgel Ohr

Wo steht Oma ?

mOa amO Oma

O am Ende

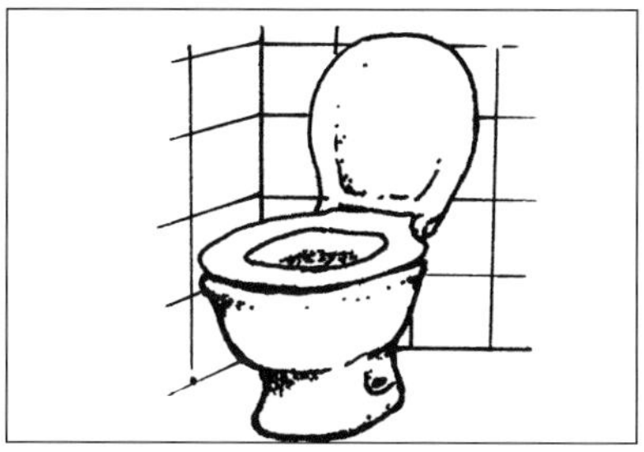

Suche alle o !

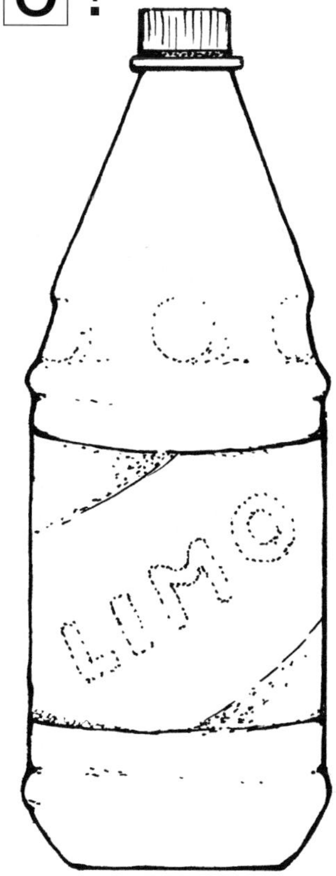

Limo

Baum

Lasso

Klo

Haus

Auto

O in der Mitte

O	o	O	o	O	o	O

Für wen strickt Oma den Schal? | Mama

O 5

Spure alle O/o nach!

O, o, o,
der Otto hat zwei O,
vorne eins und hinten eins,
in der Mitte braucht er keins.
O, o, o,
der Otto hat zwei O.

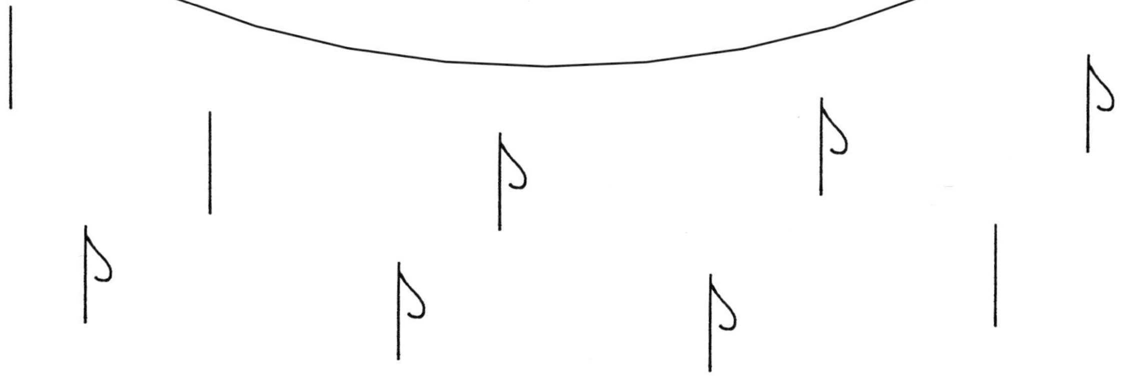

Schneide O/o aus der Zeitung aus
und klebe sie an den Notenhals!

4.2.2 Lautzeichen M/m — Maus

Buchstabenerarbeitung:

- Die Lehrerin erzählt eine Geschichte/liest ein Buch von einer Maus vor (Bildmaterial!)
- Das Wort *Maus* wird deutlich artikuliert und wiederholt isoliert ausgesprochen.
- Die Kinder sollen den Anfangslaut im Wort *Maus* benennen.
- Die Lehrerin zeigt den Kindern sowohl den Groß- als auch den Kleinbuchstaben als Lautzeichen für /m/
- Handspiegel
- Mundbild für M (evtl. selbst erstellen)

Arbeitsblatt — M 1

Tier: Maus

Wortmaterial: *Hammer, Baum, Mond, Maus,* Teddybär, *Motorroller*

Arbeitsweise:

- M/m nachspuren, nicht ausmalen
- Alle richtigen Buchstaben M und m nachspuren
- Die Lehrerin spricht die Wörter deutlich vor.
- Die Kinder sprechen nach, kontrollieren über das Gehör und mit dem Handspiegel, sie beschreiben die Lautbildung.
- Die Kinder benennen die M-Wörter und malen sie aus; Teddybär streichen: kein /m/!

Arbeitsblatt — M 2

Sonne:

Erarbeitung der Lautlokalisation im Anlaut:

Wörter: *Mantel, Messer, Mund, Muschel*

- Die Lehrerin spricht deutlich und gedehnt alle Wörter.
- Die Kinder artikulieren ebenfalls und überprüfen, ob die Wörter mit M beginnen.
- Die Kinder kreuzen jeweils den **ersten** Kreis an.
- Die Kinder finden selbst Wörter mit /m/ im Anlaut und malen in die freien Kästchen je ein Bild (Wort mit Anlaut /m/).

Mond:

Alle M nachspuren

Stern:

Ganzwort „Mama" erkennen und Feld farbig anmalen

Arbeitsblatt — M 3

Sonne:

Erarbeitung der Lokalisation im Auslaut:

Wörter: *Regenschirm/Schirm, Kamm, Baum, Arm*

- Bei den Wörtern wird der **dritte** Kreis angekreuzt.
- Die Kinder finden selbst zwei weitere Wörter mit /m/ im Auslaut und malen das entsprechende Bild in die freien Kästchen.

Mond:

Visuelle Differenzierung: *Kleinbuchstaben m*

- Alle „m" erkennen und nachspuren

Stern:

Ganzwörter „Mama" und „Oma" erkennen und vorlesen

Arbeitsblatt M 4

Sonne:

Wörter: *Trommel, Kamel, Eimer, Flamme*

Erarbeitung der Lautlokalisation im Mittellaut:

- Inlaut /m/ bewusst wahrnehmen, Kontrolle mit Handspiegel
- Der mittlere Kreis ist anzukreuzen
- Zwei Wörter selbst finden und einzeichnen

Mond:

Neues Wort „Momo“ erlesen. Momo ist der Name von Omas Hund

- Erste Analyse- und Syntheseübungen
- Wortabbau/Wortaufbau: Momo, Mom, Mo, M, Mo, Mom, Momo

Wortab- und -aufbau: Anfangs soll mit Wortabbau begonnen werden, da von einem sinnvollen Wortganzen ausgegangen werden muss (zuerst Analyse, dann Synthese. Später kann zum Trainieren der Lesetechnik auch nur mit Wortaufbau gearbeitet werden.
Bevor Wörter lesend lautweise ab- oder aufgebaut werden, werden Spiele vorangestellt, die diesen Vorgang der Wortsynthese verständlicher machen sollen. Die folgenden zwei Möglichkeiten können noch beliebig ergänzt werden.
Diese spielerische Übungsformen sind bei Wortab- und -aufbau auch später noch zu empfehlen.

- Lied singen, dabei das Wort ab- bzw. aufbauen: nach der Melodie „Auf der Mauer, auf der Lauer, sitzt 'ne kleine Wanze“:

  1. *„Auf der Mauer, auf der Lauer sitzt der kleine Momo*
     seht euch nur den Momo an, wie der Momo tanzen kann,
     Auf der Mauer, auf der Lauer, sitzt der kleine Momo“
  2. *... sitzt der kleine Mom*
  3. *... sitzt der kleine Mo*
  4. *... sitzt der kleine M usw.,*

- *dann das Wort singend wieder aufbauen*

- Ab- und Aufbauspiel mit Pappkärtchen
  Pappkärtchen 15 X 15 cm mit Großbuchstaben:
  ▷ Variante 1: Kärtchen der Reihe nach hinlegen oder wegnehmen. Nach dem Legen eines Kärtchens werden alle sichtbaren Buchstaben zusammengelesen.
  ▷ Variante 2: je Kind ein Kärtchen, Kärtchen vor den Körper halten, die Kinder stellen sich mit den Kärtchen in eine Reihe, bis das Wort aufgebaut ist oder entfernen sich der Reihe nach, bis das Wort abgebaut ist.

Stern:

Kinder nennen die fehlenden Buchstaben (lt. Aufgabenstellung)

Arbeitsblatt M 5

Sprechanlass: Beim Einkauf; Spontanes Erzählen und Satzmusterübung

Sonne:

Satzmuster: *Mama kauft Butter ein.*
Mama kauft Milch ein.
„...“
Erweiterung: *Mama kauft für Oma ein.*
Mama kauft für Oma Milch ein.
Lilo kauft Obst und Gemüse ein.
„...“

- Es werden Lebensmittel genannt, in deren Bezeichnung der Laut /m/ vorkommt.

Mond:

- Anhand der Beispiele wird der Oberbegriff *„Lebensmittel“* erarbeitet oder wiederholt.
- Als Hausaufgabe schneiden die Kinder Bilder dieser Lebensmittel aus Werbeprospekten aus.
- Sie sollen die Wörter deutlich artikulieren und den Laut /m/ in diesen Wörtern nach Gehör und mit dem Handspiegel ermitteln.
- Leistungsstarke Schüler lokalisieren den Laut in den gefundenen Wörtern:
  In Milch höre ich /m/ am Anfang.
  In Tomate höre ich /m/ in der Mitte.

M m

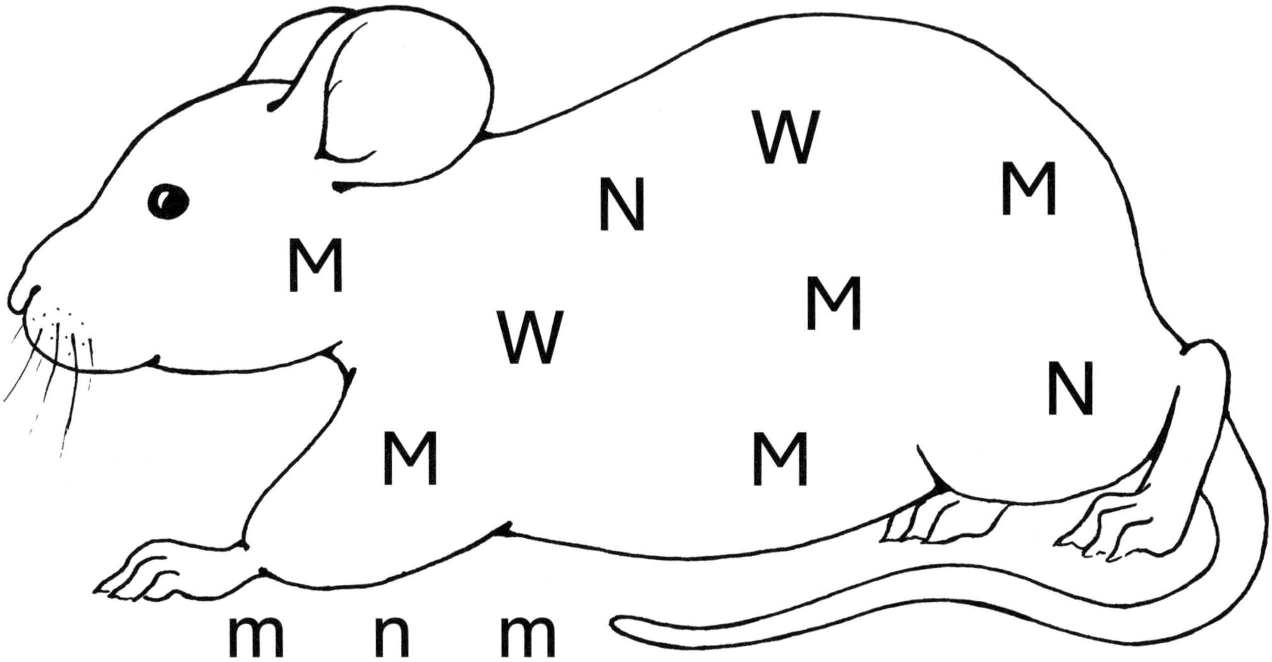

m n m

h n r n m h

n m o n

M am Anfang

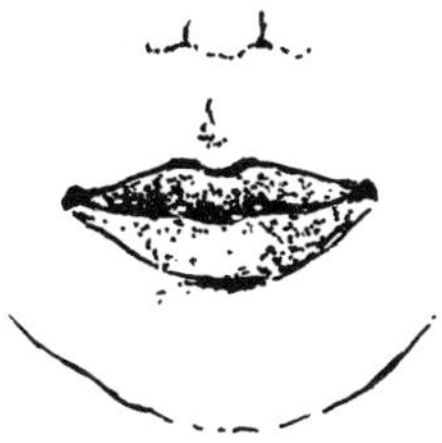

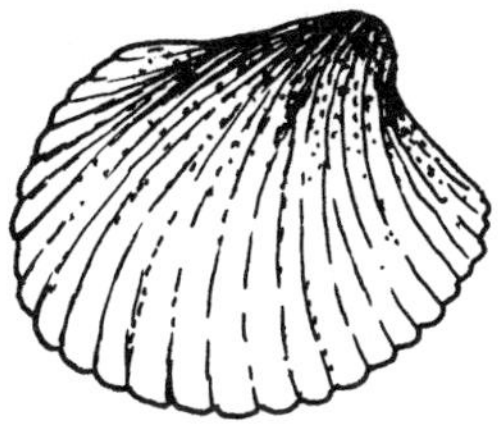

Suche alle M !

M M N N M W M N M N

N M M W W M N M W M

Mantel Puppe Messer

Wiege Mund Muschel

Wo steht Mama ?

Mmaa Maam maaM Mama

M 3

m am Ende

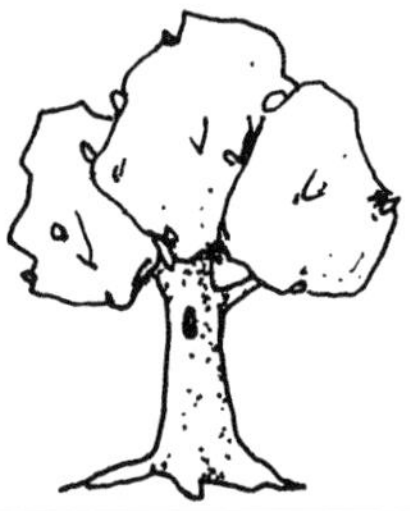

Suche alle m !

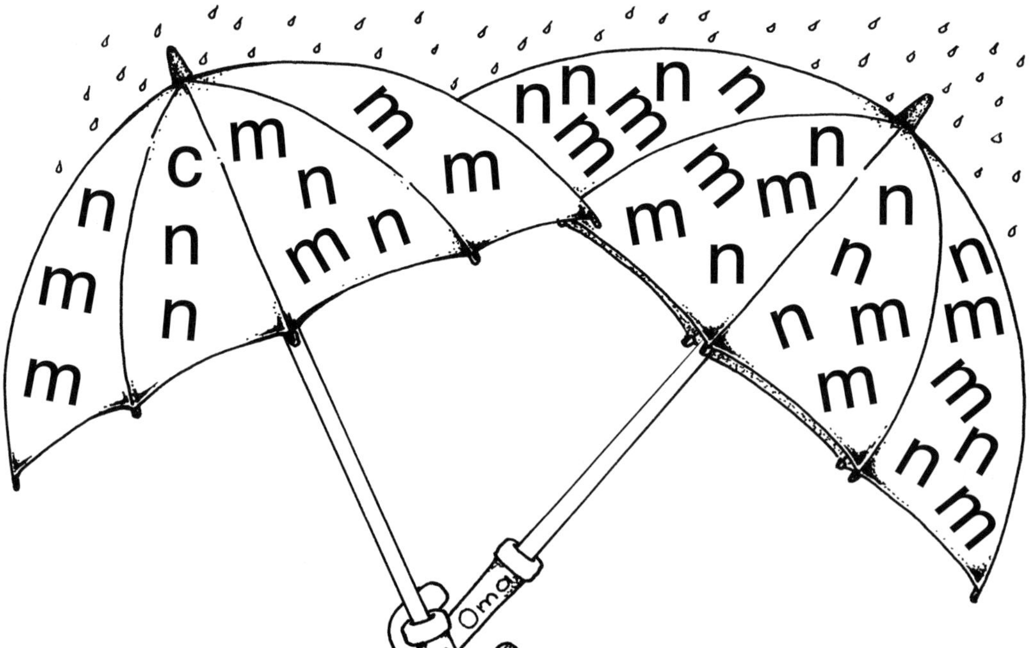

Wem gehören die Schirme?

m in der Mitte ◯ ⊗ ◯

◯ ◯ ◯

◯ ⊗ ◯

◯ ◯ ◯

◯ ⊗ ◯

◯ ◯ ◯

◯ ◯ ◯

Das ist Momo

M	o	m	o

M	o	m	o
M	o	m	
M	o		
M			
M	o		
M	o	m	
M	o	m	o

M	o	m	
	o	m	o
M	o		o
M		m	o

Welchen Buchstaben hat Momo mit seinem Schwanz weggewischt?

M 5

Was kauft Mama für Oma ein? Erzähle!

Suche Bilder von Lebensmitteln mit M/m
und klebe sie in die Tasche!

4.2.3 Lautzeichen A/a — Ameise

Buchstabenerarbeitung:

Aufgrund der bisherigen Erfahrungen, dass die erzählte Tiergeschichte durch den Anlaut des Tiernamens Hinweise auf den zu erlernenden Buchstaben gibt, können einige Kinder die Zielangabe schon selbst formulieren und dadurch den Laut isolieren: „Wir lernen heute das A."

Zusatzmaterial: Mundbild (S. 16), Handspiegel, Handzeichen

Arbeitsblatt — A 1

Tier: Ameise

Wörter: *Hase, Ameise, Oma,* Pilz, *Lama, Arm*

Arbeitsweise: wie vorangehende Einstiegsblätter

Arbeitsblatt — A 2

Sonne:

Lautlokalisation:

– ***Wörter:*** *Hase, Nashorn, Schwan, Ameise, Zebra, Schaf*

– Es wurden vorwiegend Wörter ausgewählt, die ein lang gesprochenes /a/ enthalten. Dadurch wird den noch ungeübten Kindern die auditive Wahrnehmung des Ziellautes erleichtert. Allerdings ist er unterschiedlich positioniert: 1 x im Anlaut, 1 x im Auslaut, 4 x im Inlaut.

- Die Lehrerin spricht je ein Wort gedehnt und deutlich.
- Die Kinder hören und kontrollieren mit dem Handspiegel, wo der Laut /a/ zu hören ist:

Bei „Ameise" höre ich /a/ am Anfang.
Bei „Zebra" höre ich /a/ am Ende.
Bei „Lama" höre ich /a/ in der Mitte und am Ende.

- Danach tragen sie durch Ankreuzen die Position des gehörten Lautes ein. Kinder, die hier noch unsicher sind, sollten diese Übung unter Anleitung öfter wiederholen, um Sicherheit in der Lautlokalisation zu erlangen.

Sprachförderung/Oberbegriffe: *Tiere, Zootiere, Bauernhoftiere, Waldtiere*

- Weitere Tiere nennen und den Oberbegriff zuordnen

Mond:

auditive Unterscheidung von /a/ und /o/ im Anlaut:

- Differenzieren von ähnlich klingenden Lauten
- **Wörter:** *Ofen, Ohr, Arm, Ameise*
- Die Lehrerin artikuliert die Wörter deutlich.
- Die Kinder entscheiden, ob sie im Anlaut /o/ oder /a/ hören und tragen den richtigen Großbuchstaben in das Kästchen ein.
- Als Hilfe können die Handzeichen eingesetzt werden.

Stern:

Visuelle Unterscheidung der Kleinbuchstaben a und o:

- Differenzieren von ähnlich aussehenden Buchstaben.
- Die Kinder markieren die Kästchen mit den Buchstaben farbig.
- Anschließend spuren sie die „Ameiseneier" (o/a) mit der jeweils passenden Farbe nach.
- Das Bild kann als Sprechanlass über die Lebensweise der Ameisen genutzt werden.

Arbeitsblatt — A 3

Sonne:

Synthese (Verschmelzen) von zwei Lauten:

- Die Kinder lernen, die bisher getrennt gesprochenen Laute zu „verschleifen". Das Kind legt seinen Zeigefinger unter den ersten Buchstaben und spricht diesen Laut. Dann legt es den Finger unter den zweiten Buchstaben und nennt ebenfalls den Laut. Danach legt es den Finger auf den Bogen unter den Buchstaben und lautiert anhaltend den ersten, fährt mit dem Finger am Bogen entlang und spricht beim Erreichen den zweiten Laut aus. Dieser Vorgang muss so lange geübt werden, bis die Kinder das Prinzip des Verschleifens verstanden haben. Dies ist eine wichtige Grundfertigkeit für das Zusammenlesen.
- Sprechweise: *Das ist ein /m/ und das ist ein /a/. Ich lese zusammen ma.*
- Kurzform: *M und a heißt Ma.*

Mond:

Wortab- und -aufbauspiel (wie bei Arbeitsblatt M 4): Wörter lt. Aufgabenstellung ab- und aufbauen

Stern:

„am" lesen, suchen und kennzeichnen

Arbeitsblatt A 4

Sprechanlass: „Bei uns zu Hause“: freies Sprechen und Satzmusterübung, Synthese und richtiger Gebrauch von „am“

- Finden von Sätzen, die der Satzstruktur im Text entsprechen

Satzmuster: *Mama steht am Fenster.*
Oma sitzt am Tisch.
Lilo steht am Gartentor.
Momo steht am Zaun.
Uli schaukelt am Ast.

- Kinder finden selbst weitere Satzmuster, die nicht der Bildsituation entstammen, z. B.
  Vater steht am Auto; Heiner sitzt am Computer; ...

Einführung der Arbeitstechnik „Lesepfeil“ anhand des Lesetextes:

- Der Lesepfeil ist eine wirksame Hilfe für das aufbauende Lesen und das Strukturieren von Wörtern in Buchstabengruppen oder Silben.
- Der Lesepfeil (Lesemaus/S. 23) wird von der Lehrerin für jedes Kind auf etwas stärkeres Papier oder farbigen Fotokarton übertragen und von den Kindern selbst ausgeschnitten.

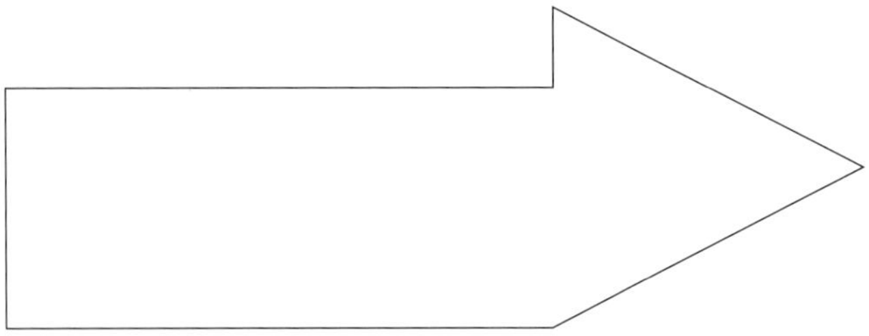

- Er zeigt mit der nach rechts weisenden Spitze die Leserichtung an.
- Durch das langsame Weiterrücken in Leserichtung erscheint die gewünschte Buchstabengruppe im Ausschnitt.
- Das Kind liest aufbauend vor und rückt dann weiter.

> Wichtig dabei ist, dass das Kind **immer alles** was im Ausschnitt des Lesepfeils erscheint, ausspricht.
> So gelangt das Kind zum aufbauenden Lesen: ***M, Ma, Mam, Mama***
> Bei nicht lauttreuen Wörtern bitte die Hinweise zum Lautieren beachten!

Leerzeichen/Striche und Bilder als Platzhalter im Text:

- Für die Kinder: „Geheimschrift“
- Wörter, die die Kinder noch nicht lesen können, sind durch Striche (Verb/Prädikat) und Bilder (Substantiv/Objekt) ersetzt.
- Die Kinder sollen beim Vorlesen zu sinnvollen Sätzen ergänzen.
- Dies ist nicht nur eine Leseübung, sondern zugleich eine sprachliche Förderung für Dysgrammatiker.

So entstehen auf dieser Seite folgende Sätze:

1. Mama *steht* am *Fenster.*
2. Oma *sitzt* am *Tisch.*
3. Momo *ist* am *Zaun.*
4. Viererfenster: *Mädchenname mit 4 Lauten suchen: z. B. Lilo steht* am *Gartentor.*
5. Dreierfenster: *Jungenname mit 3 Lauten suchen: Uli schaukelt* am *Ast.*

Arbeitsblatt A 5

Bildsituation: Herbst/Drachensteigen

- Die Kinder erzählen aus ihrer eigenen Erfahrung. *Wer hat welchen Drachen?*
- Personen benennen
- Drachenschnüre nachspuren
- Buchstaben und Wörter in den Drachen lesen
- Vollständige Sätze sprechen: *„... hat den /o/-Drachen“*

A a

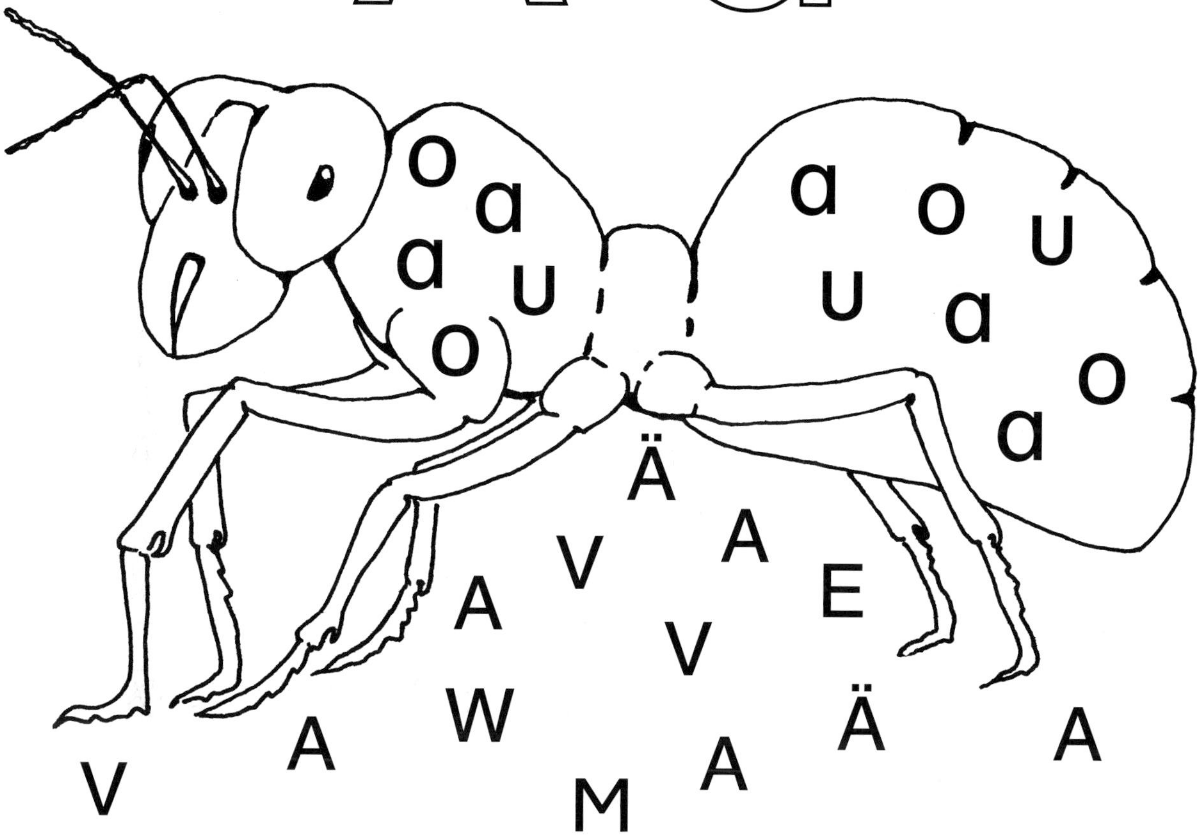

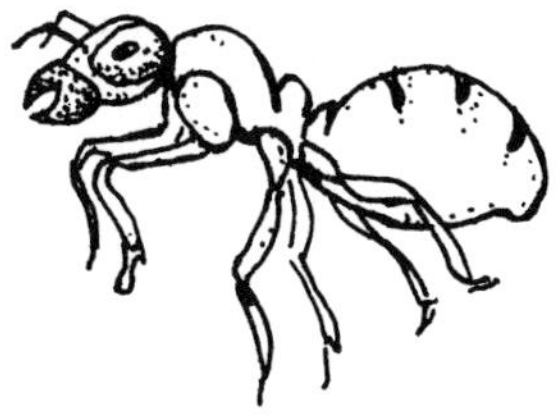

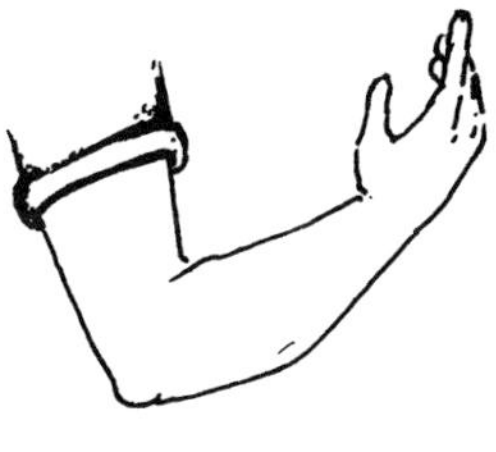

A 2

 Wo hörst du A/a ?

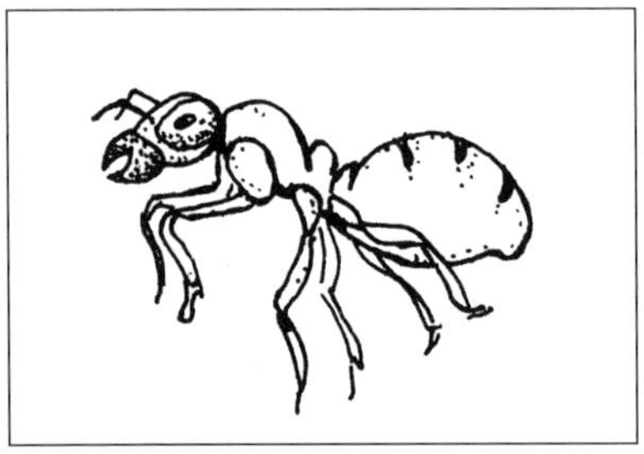  

 A oder O

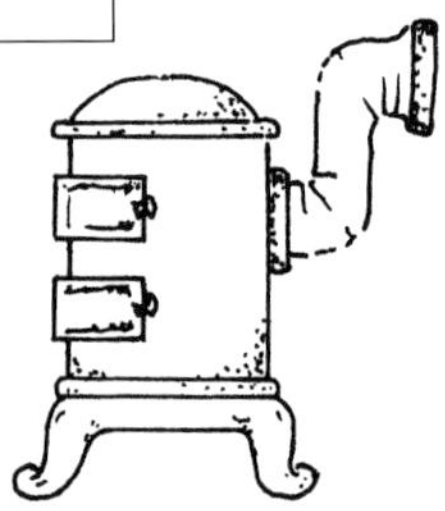 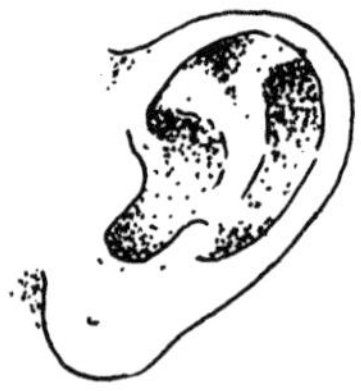

 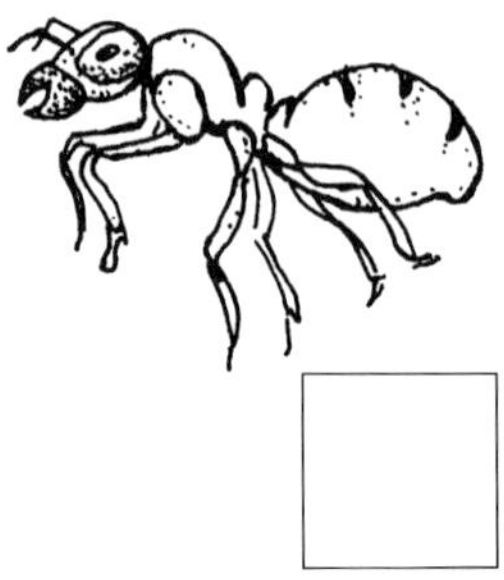

 o oder a

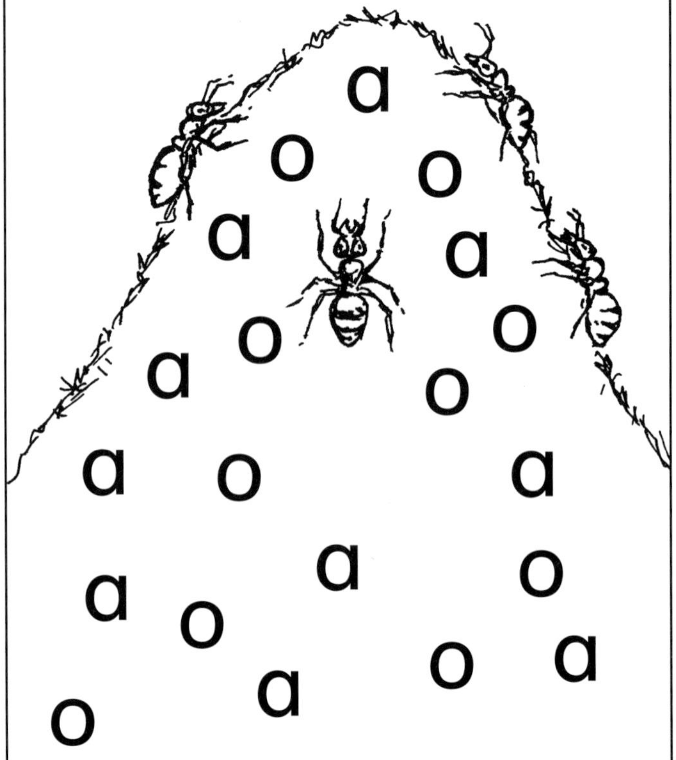

A 3

Lies und zeige mit dem Finger!

M a — m o

M o — o m

O m — m a

A m — a m

Lies und zeige mit dem Finger!

M	a	m	a
M	a	m	
M	a		
M			
M	a		
M	a	m	
M	a	m	a

O	m	a
O	m	
O		
O	m	
O	m	a

M	o	m	o
M	o	m	
M	o		
M			
M	o		
M	o	m	
M	o	m	o

Suche am !

im um

im am om am

am om um am um am

am

1. Mama ____________________ am 

2. Oma ____________________ am 

3. Momo ____________________ am 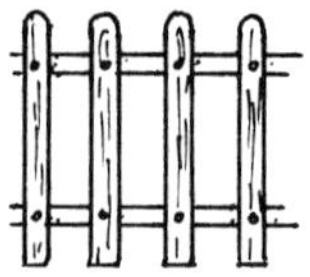

4. □□□□ ____________________ am 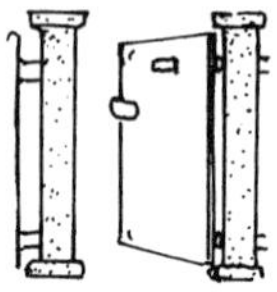

5. □□□ ____________________ am 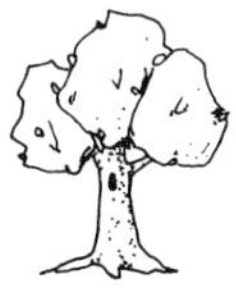

Wer hat welchen Drachen?

4.2.4 Lautzeichen I/i — Igel

Buchstabenerarbeitung: wie O/o; Handspiegel verwenden; Mundbild S. 17

Arbeitsblatt — I 1

Tier: Igel

- **Wortmaterial:** *Igel,* Ampel, *Brief, Brille, Fliege, Knie*
- Brille ist ein Wort mit kurzem /i/; Hörübungen zur Differenzierung zum langen /i/.
- Arbeitsweise: entsprechend dem Arbeitsblatt O 1:

Arbeitsblatt — I 2

Sonne:

Neue Arbeitstechnik:

Wörter nach I/i im Anlaut, Auslaut, Inlaut ordnen und in die passenden Rahmen legen, nach Überprüfung aufkleben.

Wörter: Anlaut: *Iglu, Igel*
Auslaut: *Knie,*
Inlaut: *Fliege, Brief, Brille*

- Die Kinder benennen die Bilder und schneiden sie aus.
- Die Lehrerin artikuliert deutlich alle Wörter.
- Die Kinder hören zu, sprechen nach und überprüfen mit dem Handspiegel.
- Danach geben sie an, an welcher Stelle im Wort sie /i/ hören:
  In Igel höre ich /i/ am Anfang.
  In Knie höre ich /i/ am Ende.
  In Fliege höre ich /i/ in der Mitte.
- Sie ordnen die Bilder in die Rahmen ein (angekreuzte Kreise), Lehrerin kontrolliert.

Mond:

- Bilder von Gegenständen, die den Laut /i/ enthalten aus einem Werbesprospekt ausschneiden und aufkleben (keine Wörter).

Alternative: Bilder selbst malen.

Arbeitsblatt — I 3

Sprechanlass: Waldspaziergang

Es ist Herbst. Die Blätter fallen von den Bäumen. Mama, Oma, Mimi gehen mit dem Baby Mia im Wald spazieren. Mia heißt eigentlich Michaela, nennt sich aber selbst Mia, weil sie ihren Namen noch nicht richtig aussprechen kann. Mimi versteckt sich hinter einem Baum und ruft.

- *Wen ruft Mimi?*
- *Was hat Mia in der Hand?*
- *Was hat Mama in ihrem Korb gesammelt?*

Syntheseübung:

- Vorübung: Lautsynthese wiederholen und den neuen Laut /i/ einbeziehen
  Mit dem Finger zeigen und mitsprechen:
  m-a heißt ma   *m-o heißt mo*   *neu: m-i heißt mi*
  a-m heißt am   *o-m heißt om*   *neu: i-m heißt im*
- Hörübung 1: Namen aus dem Text deutlich sprechen:
  Welcher Name fängt mit /mi/ an? Welcher Name hat /mi/ am Ende?
- Hörübung 2:
  Welcher Name hat drei Laute? Welcher Name hat vier Laute?
- Wortaufbau mit dem Lesepfeil:
  Zuerst einzelne Buchstaben benennen. Schwierigkeiten sind bei der Synthese von Mia zu erwarten, da es sich um die Aufeinanderfolge zweier Vokale handelt.
  M, Mi, Mia   *M, Mi, Mim, Mimi*
- Erarbeitung *Mia:*
  1. Dehnsprechen (Lehrerin)
  2. Lautieren
  3. Reihenfolge der Laute feststellen
  4. Laute verbinden, (Kinder-)Dehnsprechen
- Erarbeitung *O, Om, Omi/M, Ma, Mam, Mami:*

1. Lesetechnische Abgrenzung zu den Wörtern Oma und Mama
2. Inhaltliche Abgrenzung: Omi und Mami als Koseform
3. Sprachliche Übung und Anwendung der Koseform

Arbeitsblatt I 4

Fortsetzung des Sprechanlasses: Im Wald/Mimi versteckt sich im Laub.

- Spontane Äußerungen zum Bild/zusammenhängendes Erzählen
- Begriffserweiterung *Blätter – Laub*

Querverbindung: Heimat- und Sachkunde (Kind und Natur)

Sonne:

„Lesen" mit dem Lesepfeil:

Noch nicht lesbare Wörter sind durch Striche oder Bilder (Platzhalter) ersetzt:
Mia sitzt im Kinderwagen./Omi steht am Kinderwagen./ Mimi sitzt im Laub./Mami steht am Baum.
Kinder erfinden weitere Sätze. Zunächst werden passende Verben und Ortsangaben zu den vorhandenen Satzmustern gesucht. Dann formulieren die Kinder völlig frei neue Sätze. Beim genauen Betrachten der Bilder gibt es genügend Anregungen.

Mond:

Lautfenster: Kinder entscheiden, welche Wörter aus dem Text in das Zweier-, Dreier- oder Viererfenster passen. Wichtig dabei ist, die Wörter sprechmotorisch-kinästhetisch zu analysieren, ohne auf das Blatt zu schauen. Die Kinder dürfen aber den Handspiegel zu Hilfe nehmen. Sie stellen fest, welche Wörter zwei, drei oder vier Laute haben.
Danach wird anhand des Arbeitsblattes überprüft, ob die Zahl der Laute mit der Zahl der Buchstaben übereinstimmt. Abschließend tragen die Kinder je ein Wort nach eigener Wahl in die Fenster ein.

Arbeitsblatt I 5

Sonne:

Sprechanlass: Mimi als Eskimo

Mimi möchte zum Fasching als Eskimo gehen. Sie muss eine „Eskimo-Prüfung" ablegen. Auf dem richtigen Eskimo-Weg sind nur Wörter mit /i/. Hilf ihr, den richtigen Weg zum Iglu zu finden! Mimi startet am Viererfenster.

- Ein Kind schlägt vor, zu welchem Gegenstand Mimi gehen soll.
- Die Lehrerin wiederholt das Wort deutlich.
- Die Kinder entscheiden, ob Mimi dorthin gehen kann.
- Hat das Wort ein /i/, ist Mimi auf dem richtigen Weg.
- Wenn kein /i/ vorkommt, muss Mimi zurück und einen anderen Weg einschlagen, bis sie beim Iglu ankommt.

Mond:

- *Auf dem richtigen Weg findet sie: ein Paar Stiefel, einen Igel, einen Brief, ein Paar Schi;*
- Die Kinder stellen fest: *In jedem Wort ist* ***ein /i/*** *zu hören.*
- Weg nachzeichnen
- I-Bilder ausmalen!
- *Die Wörter auf den anderen (verkehrten) Wegen:*
  Wörter ohne /i/: *Ball, Handschuhe, Schere, Hase, Kanu*
  Viererfenster unten: *Mimi* lautieren und in den Kasten schreiben!

J i

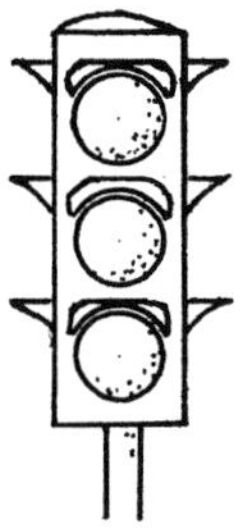

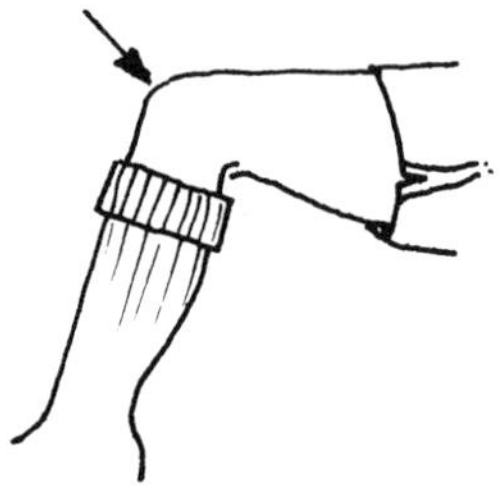

Klebe die Bilder (unten) in den richtigen Rahmen!

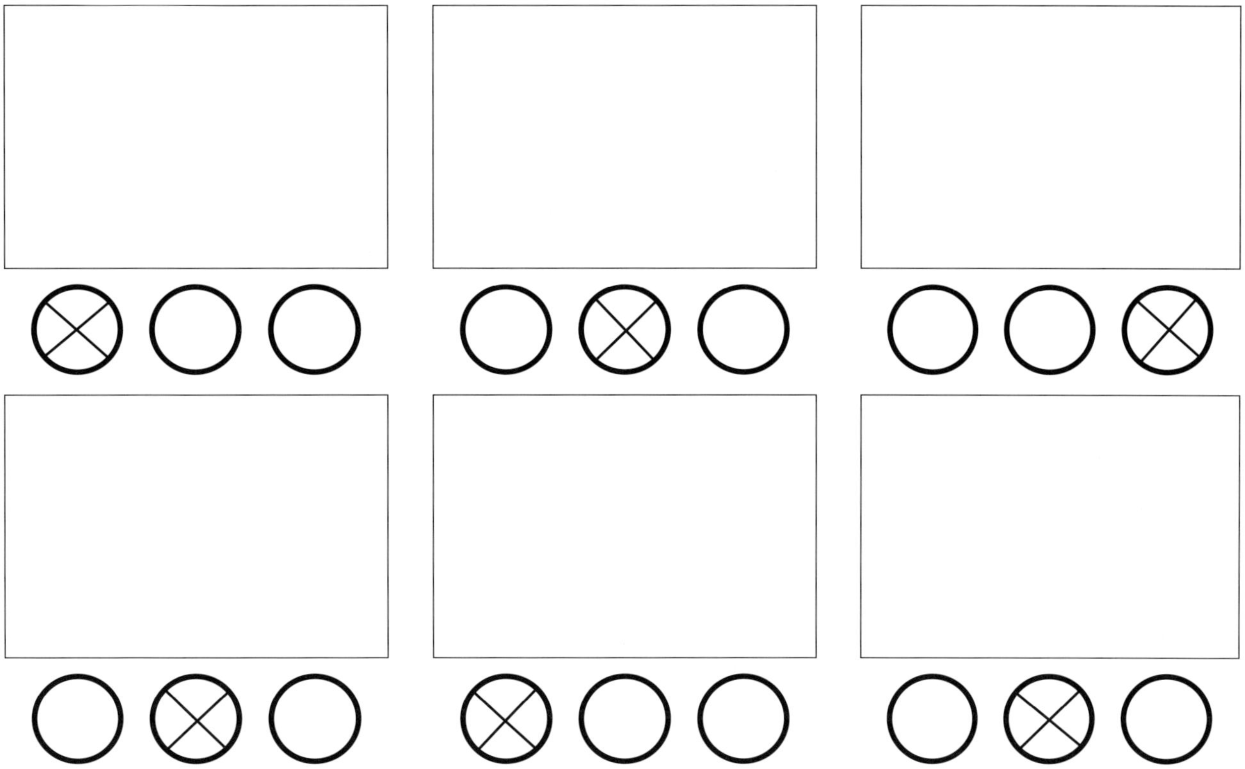

Suche Dinge mit J/i !

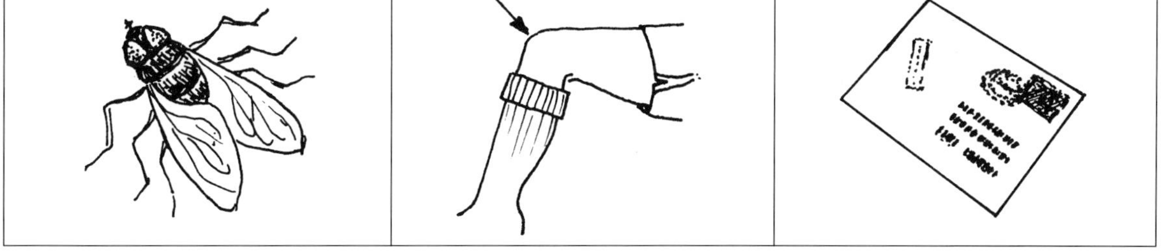

J 3

M	i	a

O	m	i

M	i	m	i

M	a	m	i

Mi — a
Mi — mi

Ma — mi
O — mi
Mi — mi

Mia ______________________ im 

Omi ______________________ am 

Mimi ______________________ im 

Mami ______________________ am 

Welche Wörter passen?

J 5

Wie kommt Mimi zum Jglu?

Was findet sie auf dem Weg dorthin?

4.2.5 Lautzeichen L/l — Löwe

Buchstabenerarbeitung: wie O/o; Handspiegel verwenden; Mundbild auf S. 18

Arbeitsblatt **L 1**

Tier: Löwe

Wortmaterial: Mond, *Wolle, Lampe, Löffel, Ball, Leiter*

Arbeitsweise: entsprechend dem Arbeitsblatt O 1

Arbeitsblatt **L 2**

Sonne:

/l/ im Anlaut, Auslaut, Inlaut hören:

Wörter:
Anlaut: *Lampe, Laterne*
Auslaut: *Igel, Gabel*
Inlaut: *Wolle, Teller*

Arbeitsweise:

- Die Lehrerin spricht die Wörter deutlich vor.
- Die Kinder analysieren die Wörter akustisch.
- Sie sprechen nach und überprüfen mit dem Handspiegel.
- Sie kreuzen den zutreffenden Kreis unter den Bildern an.
- Die Kinder geben an, an welcher Stelle im Wort sie /l/ hören:
  In Lampe höre ich /l/ am Anfang.
  In Igel höre ich /l/ am Ende.
  In Wolle höre ich /l/ in der Mitte.
- Die Kinder finden selbst weitere /l/-Wörter (z. B. Namen von Gegenständen im Klassenzimmer) und geben an, an welcher Stelle im Wort der Laut /l/ zu hören ist.

Mond:

„Ein Spiel mit Buchstaben und Lauten"
Ziel: Wiederholung gelernter Buchstaben. Grundsätzlich sollten gelernte Buchstaben *täglich* wiederholt werden!
Spielmaterial: Arbeitsblatt als Spielplan, Würfel, Spielfläche.
Wörter: Igel, Maus, Oma, Leiter, Ampel, große und kleine Buchstaben (M, l, O, i, A)
Spielregeln: Gespielt wird mit dem Banknachbarn, jedes Kind spielt aber auf seinem eigenen Blatt:
- Würfeln und vorrücken wie üblich, bis alle Felder erreicht sind.
- Wird ein Buchstabenfeld erreicht, schreibt das Kind den passenden Buchstaben dazu (groß/klein).
- Wird ein Feld mit einem Bild erreicht, soll das Kind den Anfangslaut benennen und den Anfangsbuchstaben dazuschreiben.
- Wird ein bereits bearbeitetes Feld erreicht: aussetzen.
- Ende: wenn alle Felder verbraucht sind. (Einen Sieger gibt es nicht.)

Arbeitsblatt **L 3**

Sonne:

Laute zu Silben verschmelzen:

Singen der Melodie eines bekannten Liedes auf la, lo, li
Welche Wörter (Namen, Gegenstände, ...) beginnen mit la/lo/li?

Mond:

Wortaufbau/Synthese:
Verschmelzen gelesener Laute zu Wörtern

Stern:

Sprechanlass: Einzelbilder *Lama, Lilo, Limo, lila, Ali*
Begriffsklärung:
Lama – ein Zootier (Foto oder Poster bereitstellen!)
Lilo und Ali als neue Namen vorstellen
lila Gegenstände benennen

Querverbindung zu Heimat- und Sachkunde (Kind und Gemeinschaft):
- Ali ist ein türkisches Kind, befreundet mit der Familie (Oma, Mama, Mia)
- Kinder berichten aus eigener Erfahrung
- Einkaufen im türkischen Lebensmittelgeschäft *(Was kennen wir, was nicht? /* Reihensätze und freie Äußerungen)

Lesen mit dem Lesepfeil:

- Lesepfeil schrittweise in Leserichtung vorwärts schieben
- Alle im Ausschnitt erscheinenden Buchstaben werden wiederholt zusammengelesen: *L - La - Lam - Lama/ L - Li - Lil - Lilo/ L - Li - Lim - Limo/ l - li- lil - lila/ A- Al - Ali*
- Dehnsprechen und Lautieren wiederholen!

Arbeitsblatt L 4

Sprechanlass: Im Zoo

- Oma, Mia, Lilo und Ali gehen in den Zoo. Oma und Mia sind am Löwenkäfig. Ali und Lilo stehen beim Lama.
- Spontane Äußerungen zum Bild / Zusammenhängendes Erzählen: *„Was ich selbst im Zoo erlebt habe"*

Erweiterung:

- verschiedene Tiergeräusche von Kassette vorspielen
- passende Bilder dazu zeigen
- Tiergeräusche nachahmen
- sich nach Tiergeräuschen bewegen

Sonne:

Lesen mit dem Lesepfeil:

Noch nicht lesbare Wörter sind durch Striche oder Bilder ersetzt.
Die grammatische Schwierigkeit im Satz ist erhöht:
- es gibt zwei Subjekte,
- dadurch steht das Verb im Plural,
- letzter Satz: Kinder überlegen: „Was machen Ali und Lilo?"

Text:

Ali und *Lilo* stehen *am Gitter.*
Oma und *Mia* sind *am Löwenkäfig.*
Ali und *Lilo* trinken *Limo.*
Sprachförderung: Sätze erfinden / Übung im Gebrauch von Präpositionen (am/im)
Das Lama steht ***im*** *Käfig. Der Löwe sitzt* ***im*** *Käfig.*

Mond:

Silben lesen:

Durch Wechsel der zweiten Silbe entstehen drei verschiedene Wörter: *Limo – Lilo – Lili*
Wörter in die Viererfenster eintragen

Arbeitsblatt L 5

Sonne:

Wörter: *Mia, Lilo, Limo, Lama, Mama, Oma, Ali, lila*

- Feststellen, dass Buchstaben oder Silben fehlen
- Durch Lautieren herausfinden, welche Buchstaben oder Silben fehlen
- Buchstabeneinträge begründen: Großschreibung am Anfang von Namen
- Wortkärtchen für Memoryspiel aufkleben und ausschneiden

Mond:

Memoryspiel aus Wortkarten (oben) und Bildkarten (Arbeitsblatt unten)

Wörter: *Ali, lila, Limo, Oma, Lama, Lilo, Mama, Mia*

- Kärtchen ausmalen, aufkleben und ausschneiden, Memory oder Lotto spielen

L l

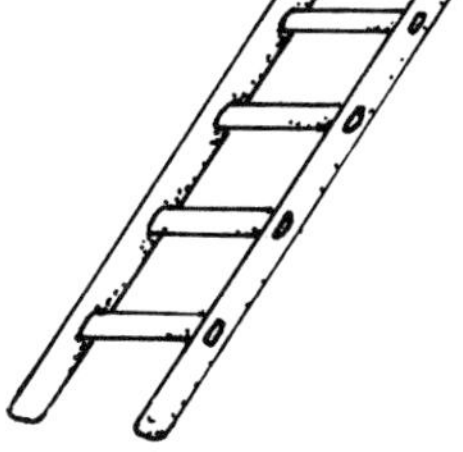

Wo hörst du L/l ?

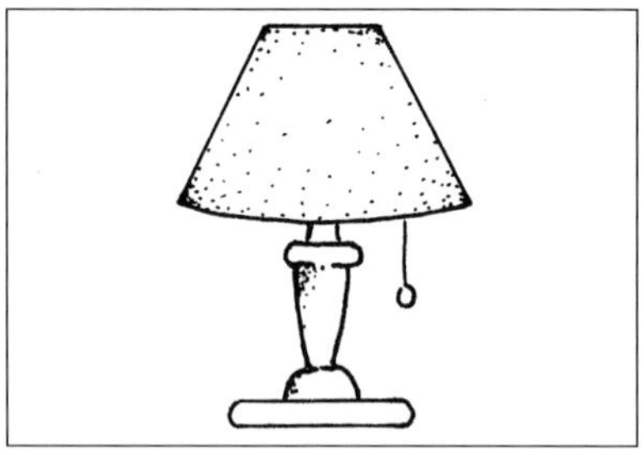

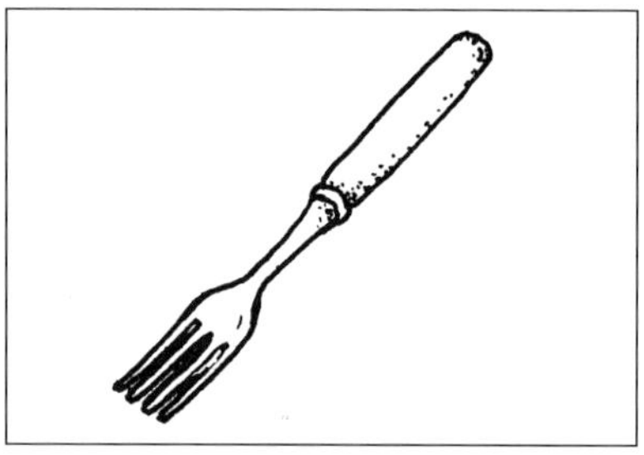
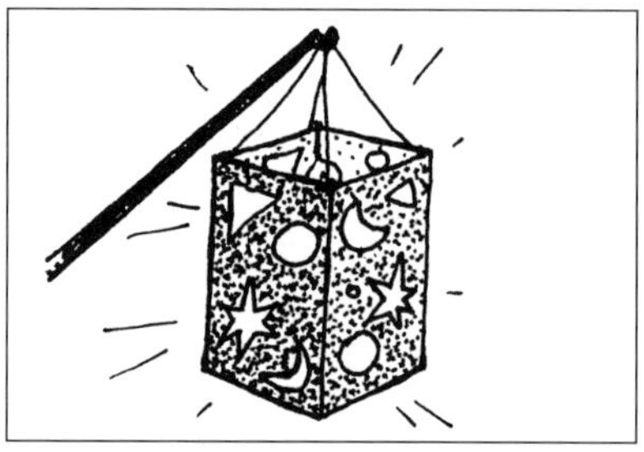

Ein Spiel mit Buchstaben und Lauten.

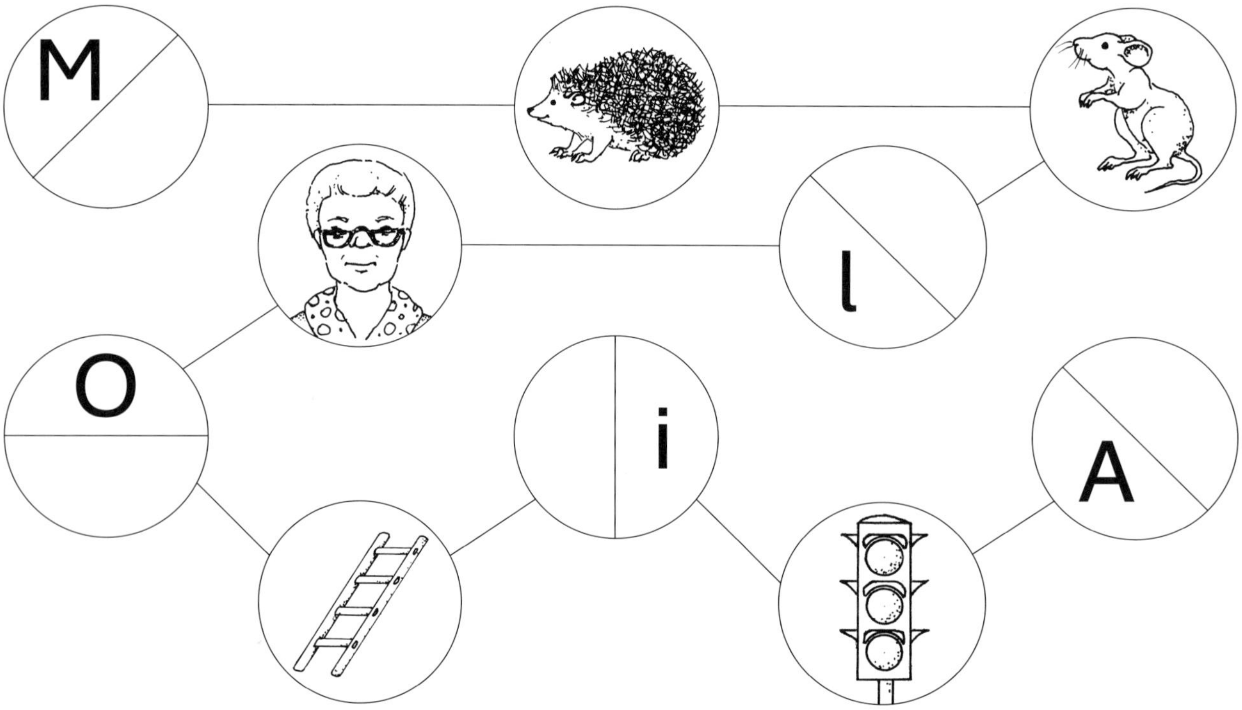

Lies und zeige mit dem Finger!

l — a, l — o, l — i

a — l, o — l, i — l

Lies und zeige mit dem Finger!

L			
L	a		
L	a	m	
L	a	m	a

L			
L	i		
L	i	l	
L	i	l	o

L			
L	i		
L	i	m	
L	i	m	o

A		
A	l	
A	l	i

L	a	m	a

L	i	l	o

L	i	m	o

l	i	l	a

A	l	i

 Ali ________ Lilo ________ am 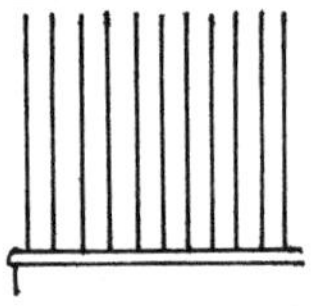

Oma ________ Mia ________ am 

Ali ________ Lilo ________ Limo 

 Schreibe die 3 Wörter auf, die mit Li anfangen!

Li – mo

Li – lo

Li – li

Welche Buchstaben fehlen?

M	i		

		l	o

L	i		

		m	a

M	a		

	m	a

A	l	

l	i		

Du kannst Lotto oder Memory spielen !

4.2.6 Lautzeichen U/u — Uhu

Material: Handspiegel, Mundbild (S. 18)

Arbeitsblatt — U 1

Tier: Uhu

Wortmaterial: *Uhr, Schuh, Buch, Blume,* Leiter, *Stuhl*

Hinweis: Siehe O 1
Arbeitsweise: entsprechend O 1

Arbeitsblatt — U 2

Sonne:

/u/ im Anlaut, Auslaut, Inlaut hören:

Wörter:

Anlaut: *Uhr, Uhu* (Lied: „U, u, u, der Uhu hat zwei u.")
Auslaut: *Schuh, Kuh, Uhu*
Inlaut: *Buch, Lupe, Stuhl, Kuchen, Blume*
Arbeitsschritte:

- Die Lehrerin spricht jedes Wort mehrmals deutlich aus (eventuell auch zeigen des Mundbildes auf S. 18)
- Die Kinder geben an, an welcher Stelle im Wort sie /u/ hören: *„In Uhr höre ich /u/ am Anfang."*
  „In Kuh höre ich /u/ am Ende."
  „In Lupe höre ich /u/ in der Mitte."
- Kinder kreuzen nach genauem Hören und Überprüfen mit dem Handspiegel die entsprechenden Kreise unter den Bildern an.
- Die Kinder nennen selbst weitere U-Wörter und geben an, an welcher Stelle im Wort der Laut jeweils zu hören ist.
- Bemerkung: Auslautendes /h/ ist ein stummes h, deshalb ist in Schuh und Kuh ein /u/ im Auslaut zu hören!

Mond:

Alle U/u in der Schlange finden und nachspuren oder u-Felder ausmalen

Arbeitsblatt — U 3

Sprechanlass: Auf der Weide

Die Tiere *Muli* (Esel) und *Alma* (Kuh) sind auf der Weide. Die Kinder *Uli, Lilo* und *Ali* besuchen die Tiere. Ein Uhu hat sich im Baum versteckt (Suchbild).

- spontane Äußerungen der Kinder
- sprechen von Satzmustern zum Bild
- Tiergeräusche nachahmen und lesen *(i – a; mu)*
- Geräusche von anderen Tieren einbringen (Tonbandkassette)
- sich zu Tiergeräuschen wie das entsprechende Tier bewegen
- aufbauendes, lautierendes Lesen der Namen *Muli, Uli, Alma*

Sonne:

Lesen mit dem Lesepfeil:

Inhalt des Textes ist durch das Gespräch bereits erarbeitet. Die Leerstellen (Striche und Bild *Zaun*) werden beim Lesen von den Kindern sprachlich ergänzt bzw. gemalt: *„Uli, Ali* und *Lilo* stehen *am* Zaun. *Muli* ruft *i-a, i-a, i-a. Alma* ruft (macht) *mu, mu, mu..."* Die Kinder sollen auch nach anderen passenden Wörtern suchen. (Sprachförderung!) (schreien, brüllen, muhen, ...)

Vorarbeit zu U 4:

- Kreisspiele im Klassenzimmer oder im Freien
- Erarbeitung des Begriffsinhaltes für *„um"* durch vielfältigen Gebrauch in der Spielsituation
- Bildung von Sätzen:
  „Wir tanzen um den Stuhl."
  „Wir tanzen um den Tisch."
  „Wir tanzen um Markus." (Namen von Kindern aus der Klasse) vgl. Text: auch im Lesetext wechseln die Kinder im Kreis!

Arbeitsblatt U 4

Sprechanlass / Bildbetrachtung: Auf dem Bauernhof

- freies Gespräch über „Ferien auf dem Bauernhof"
- Lesen der Wörter im Bild: Uli, Ali, um, mu
- Querverbindung HSK / Sozialerziehung:
  - ▷ Spielen in der Gemeinschaft
  - ▷ Außenseiterproblem
  - ▷ *Wer steht im Kreis?*
  - ▷ *Was ist mit Uli?*
- Sprechen von Satzmustern:
  Die Kinder tanzen um den Baum.
  Ali steht im Kreis.
  Die Kinder tanzen um Ali.

Sonne:

Lesen mit dem Lesepfeil (siehe auch L 4):

- Lautieren *m-u; u-m*
- Hörübung: Wo hörst du /u/?;
- Feststellung: Buchstabenfolge geändert – anderes Wort
- Text: Kinder lesen vor und ergänzen Leerstellen (hier Satzaussage)
  Ali steht im Kreis.
  Uli tanzt um Ali.
  Uli steht im Kreis.
  Ali tanzt um Uli.
- andere, passende Verben suchen (Wortfeld „tanzen")
- Inhaltsverständnis: *Was ist in der Geschichte anders als auf dem Bild? (Uli darf wieder mitspielen)*
- Hören der Anzahl der Laute in den Namen; Kinder entscheiden, welche Namen ins Dreierfenster und welche ins Viererfenster passen. Sie schreiben die entsprechenden Buchstaben ein.
  Auswahl: *Lilo, Ali, Uli;* aber auch Alma, Muli

Mond:

Wörter: *um, im, am*

- Unterschiedliche Bedeutung in Handlungssituationen erarbeiten!
- Verschleifen zweier Laute
- Wörter in Druckbuchstaben in die vorgesehenen Kästchen schreiben.

Arbeitsblatt U 5

Sonne:

Buchstabenerfassung:

Alle *U/u* nachspuren und miteinander verbinden. (Beim Pfeil beginnen). Es entsteht ein Bild von der Kuh *Alma.*

Mond:

- Sprechvers rhythmisch-musikalisch ausgestalten
- weitere Tiergeräusche wiederholen
- thematisches Gespräch über die Herkunft von Milch und Milchprodukten; weiteres Bildmaterial einbeziehen
- Vers auswendig lernen

U 1

U u

V U O U U

U V

W C

U

N V

U O

n U

w U

n

U O

w U

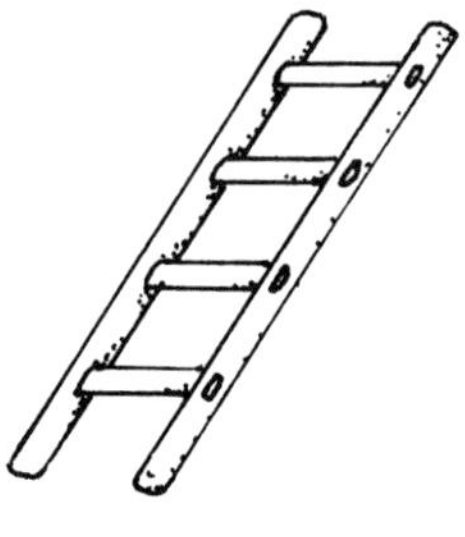

Wo hörst du U/u?

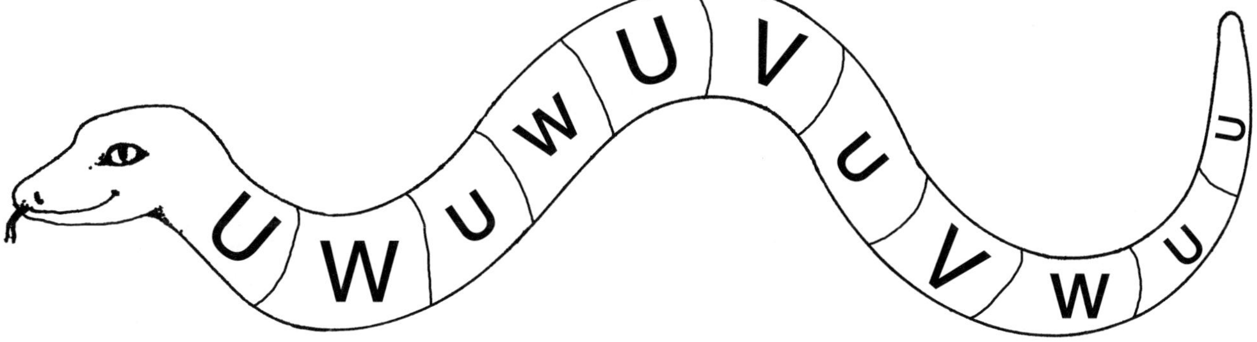

M		A
Mu	U	Al
Mul	Ul	Alm
Muli	Uli	Alma

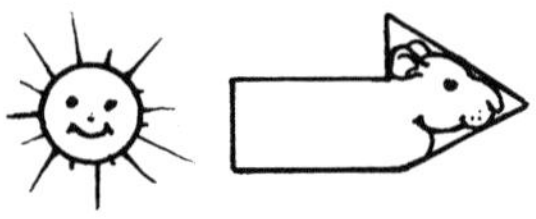

Uli, Ali ____ Lilo ______ am ☐.

Muli ____________ i-a, i-a, i-a.

Alma ______ mu mu mu.

Uli ____ Ali ________ i-a, i-a, i-a.

Lilo _________ mu mu mu.

U 4

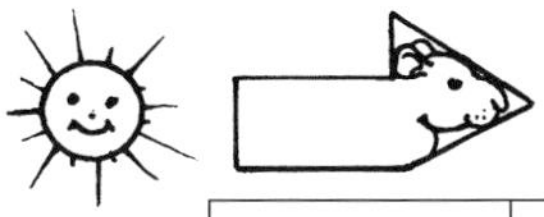

m	u

u	m

Ali ______ im ◯ .

Uli ______ um Ali.

Uli ______ im ◯ .

Ali ______ um Uli.

☐☐☐☐ ______ im ◯ .

☐☐☐ ______ um ☐☐☐☐ .

u
i — m ☐☐ ☐☐ ☐☐
a

Mu, mu, mu,
so ruft im Stall die Kuh.
Wir geben ihr das Futter,
sie gibt uns Milch und Butter.
Mu, mu, mu,
so ruft im Stall die Kuh.

4.2.7 Lautzeichen E/e Esel

Buchstabenerarbeitung:

Für die Erarbeitung der kurzen und langen Vokale wurde das /e/ im Auslaut gewählt, weil dies nochmals eine andere Lautqualität hat als das kurz gesprochene /e/ im Anlaut oder im Inlaut eines Wortes . Viele Kinder haben Schwierigkeiten beim Unterscheiden von langen und kurzen Vokalen, besonders aber beim Wahrnehmen des kurzen auslautenden /e/. Rückwirkend sollte nun auch die Lautqualität von kurzem und langem /a/o/i/u/ erarbeitet werden und täglich Differenzierungsübungen langer und kurzer Vokale durchgeführt werden. Das ist eine grundlegende Vorübung für den Rechtschreibunterricht.

Material: Handspiegel, Mundbild (S. 17)

Arbeitsblatt E 1

Tier: Esel

Wortmaterial: *Besen, Esel,* Schaf, *Elefant, Ente, Feder*

Arbeitsblatt E 2

Sonne:

- Erarbeitung: Lange und kurze Vokale am Beispiel des /e/

- Unterscheidung von langen und kurzen Geräuschen:

langanhaltende Geräusche:	Rauschen der Toilettenspülung, Brummen eines Autos,
Strich —— als Symbol	langanhaltender Schrei
kurze Geräusche:	zerplatzender Luftballon herabfallender Gegenstand
Punkt . als Symbol	Schuss

- Während die Kinder diese und weitere Geräusche hören (Tonbandkassette) und nachahmen, zeichnen sie mit einem Faserstift einen Punkt für „kurz" und einen Strich für „lang" auf ein Blatt.

- Unterscheidung von langem und kurzem /e/

Schrittfolge:

1. Lehrerin spricht mehrfach ein langes /e/.
2. Die Kinder ahmen nach.
3. Während sie das lange /e/ artikulieren, zeichnen sie einen Strich als Symbol für das lange /e/.
4. Analog wird ein kurzes offenes /e/ (wie in Kette) artikuliert und ebenfalls öfter wiederholt.
5. Die Kinder zeichnen während sie sprechen einen Punkt als Symbol für das kurzgesprochene /e/.
6. Später wird der Strich für lange Vokale und der Punkt für kurze Vokale nur noch mit dem Finger auf den Tisch „gezeichnet".
7. Die Lehrerin bietet abwechselnd kurz und lang gesprochene /e/ isoliert an. Die Kinder sollen die unterschiedliche Lautqualität bewusst wahrnehmen.
8. Die Kinder erfahren, dass /e/ am Wortende lang („Klee") oder kurz (Affe) gesprochen werden kann. Das kurze /e/ klingt ganz anders.
9. Es werden einige Beispiele mit langem /e/ im Auslaut bewusst gehört, gesprochen und mit Handspiegel kontrolliert.
10. Es werden einige Beispiele mit kurzem /e/ im Auslaut analog behandelt. Zusammenfassung: Auch das /e/ am Ende ist ein e.
11. Zusammenfassend wird das Wortmaterial von Seite E2 als Hörübung (nicht als Hausaufgabe oder Stillarbeit) verwendet. Die Lehrerin artikuliert deutlich die Wörter, die Kinder entscheiden, ob sie ein langes oder ein kurzes /e/ hören und tragen das entsprechende Symbol ein.
    Wortmaterial:
    langes /e/: Reh, See, Klee
    kurzes /e/: Biene, Hase, Sonne, Hose, Rose, Wiese, Birne, Kirsche, Banane
12. Die Lehrerin bietet weiteres Wortmaterial an, auch mit langem oder kurzem /e/ am Anfang oder in der Mitte (siehe AB E 3).

Arbeitsblatt E 3

Sonne:

Wortmaterial zur Lautlokalisation:

Anlaut: *Elefant, Ente,*
Inlaut: *Elefant, Schnecke, Zebra,*
Auslaut: *Raupe, Schnecke, Löwe, Katze, Ente, Reh, Schlange*
Die zweimal angeführten Wörter werden zweimal angekreuzt, z. B. Elefant: Anlaut, Inlaut (ebenso: Schnecke, Ente)

Mond:

- E/e nachspuren oder Felder mit E/e ausmalen
- Wörter lautieren und zusammenlesen

Hinweis: Der Name Emma ist das erste Wort im Leselehrgang, bei dem Laut- und Buchstabenanzahl nicht übereinstimmen (Mitlautverdopplung).
Da es sich aber um einen gesprochenen Laut handelt, ist dafür nur ein Kästchen vorgesehen.
Lautieren: E/m/i/l/, E/m/a, L/e/o, L/e/a, /m/a/l/e/

Arbeitsblatt E 4

Sonne:

Erlesen des Wortes „male"

- Gespräch über das Malen
- Satzmuster:

Ich male eine/einen...
Frank malt eine/einen...
Michael soll ein/einen malen...
Aufforderungssatz: *Bitte male ein Haus!*

- Lautieren *m/a/l/e*

Lesen mit dem Lesepfeil:

- Die Wörter Leo und Lea sind schwer zusammenzulesen, weil zwei Vokale aufeinanderfolgen.
- Sie müssen als Namen erarbeitet und dann an der Tafel oder am Tageslichtprojektor lesetechnisch erschlossen werden (Lautieren, Zusammenlesen).
- Text: *Emil male lila Blumen./ Emma male lila Eimer/ Leo male Muli/ Lea male Alma/*
- Die unterstrichenen Wörter werden von den Kindern sprachlich eingefügt (Bilder im Text).

Mond:

Wörter: *Emil, Leo, Lea, Emma*

- Übungsform Zaubermühle, Wortabbau und Aufbau eines neuen Wortes

Stern:

Diese Übung ist schwierig und sollte gemeinsam durchgeführt werden.

Arbeitsblatt E 5

- Silbenpuzzle: Kinder schneiden die Puzzleteile aus und fügen sie zusammen. Die entstandenen Wörter werden vorgelesen.
- Wortmaterial: Al-ma, La-ma, Li-lo, Mu-li, li-la, ma-le
- Zusatzaufgabe: Die Kinder versuchen, auch andere Wörter zusammenzufügen: Al-le, Li-ma, Li-li.

Wenn die Kinder ma-ma, li-lo nennen, kann das mit dem Hinweis akzeptiert werden, dass diese Wörter (Namen!) mit großem Anfangsbuchstaben geschrieben werden.

E e

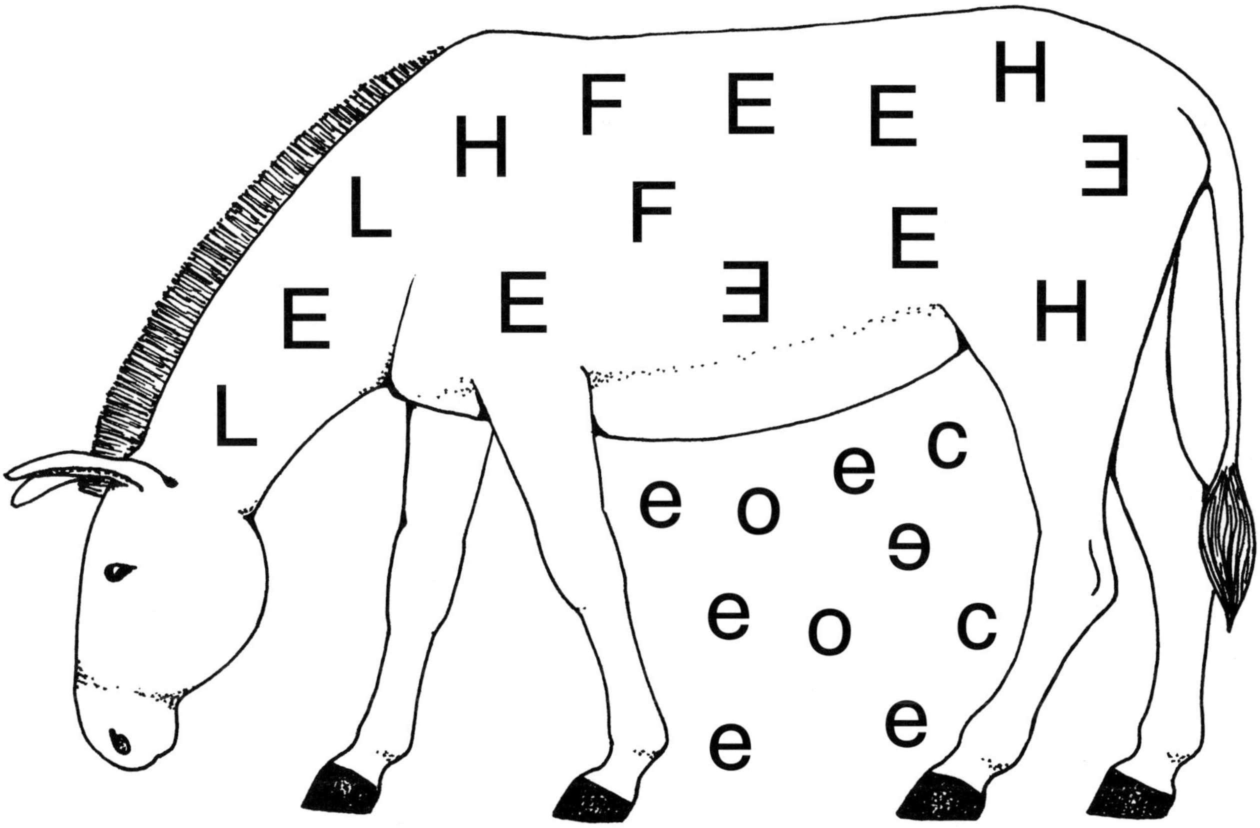

E/e

kann lang oder kurz gesprochen werden.

Das ist das Zeichen für ein langes e

Das ist das Zeichen für ein kurzes e

Langes oder kurzes e am Ende?

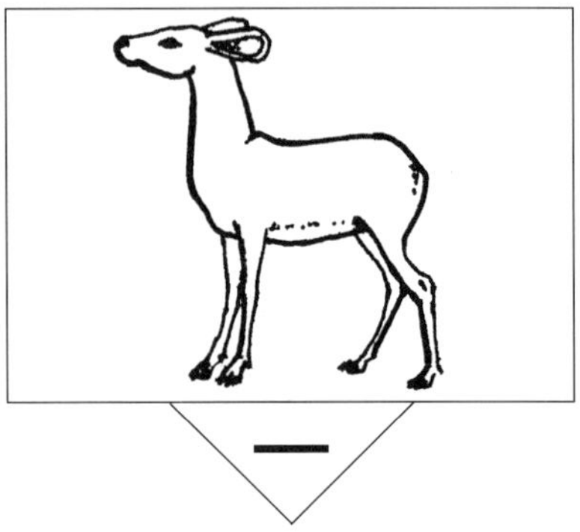
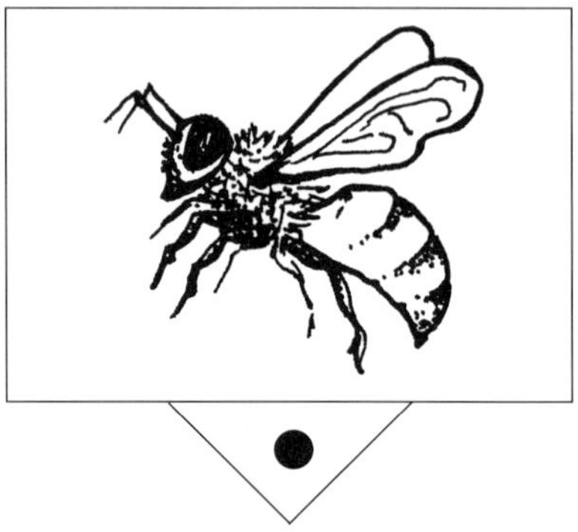

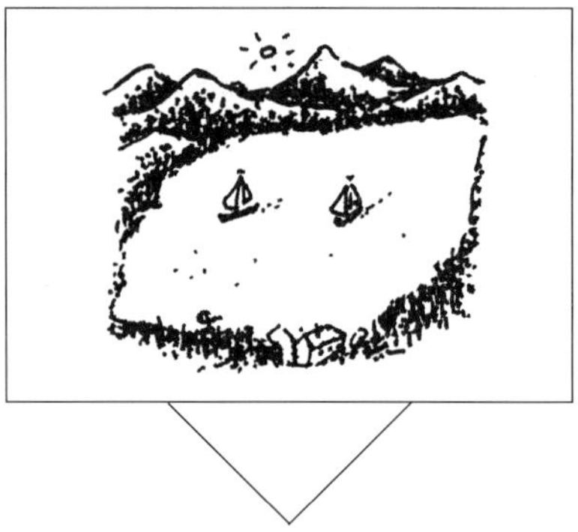
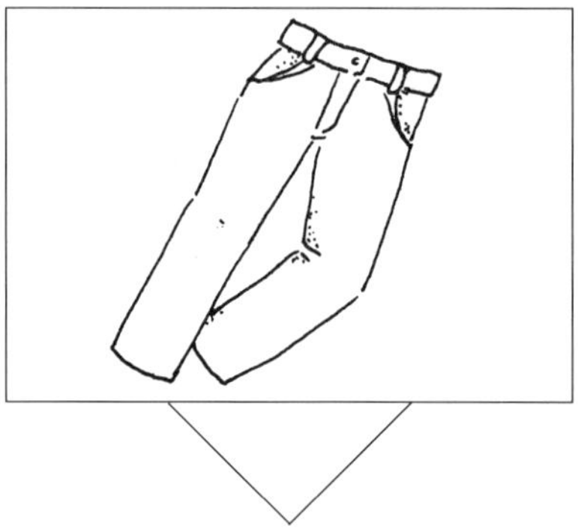
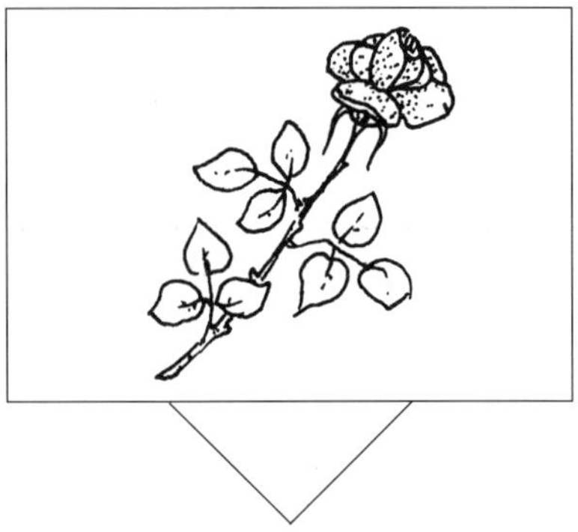

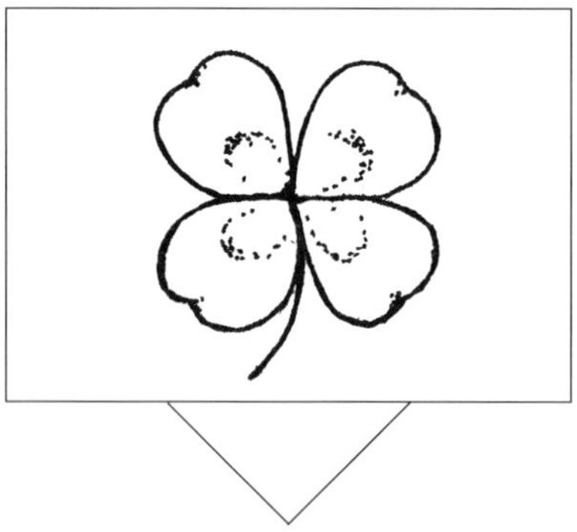
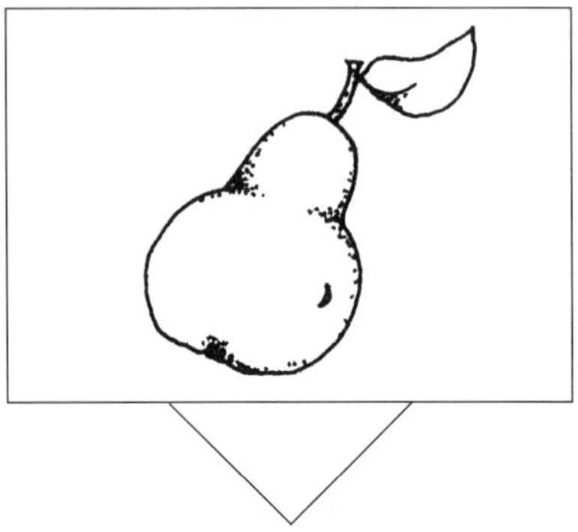
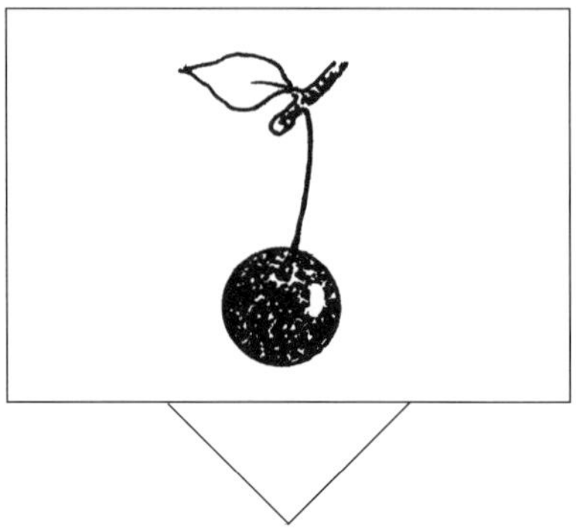
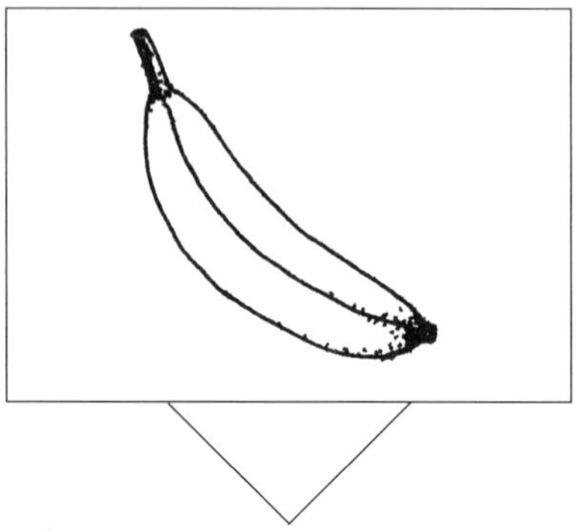

Wo hörst du E/e ?

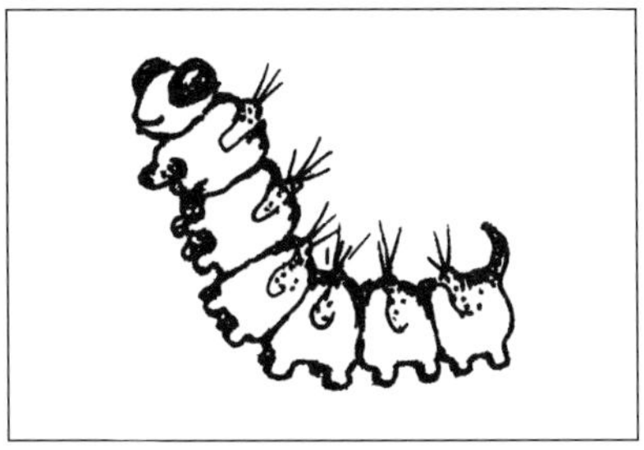

Wo siehst du E/e ?

Emil

Leo

Emma

Lea

male

E 4

Emil male lila  .

Emma male lila  .

Leo male Muli. 

Lea male Alma. 

Emil
Emi
Em
E
Emm
Emma

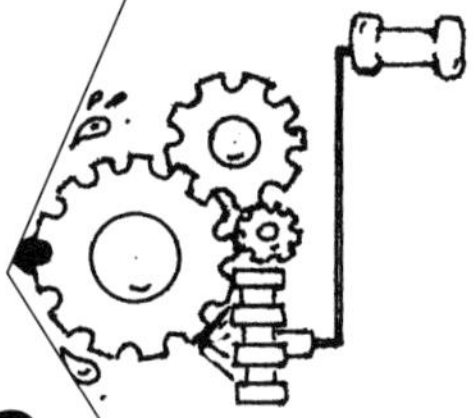

Leo
Le
L
Le
Lea

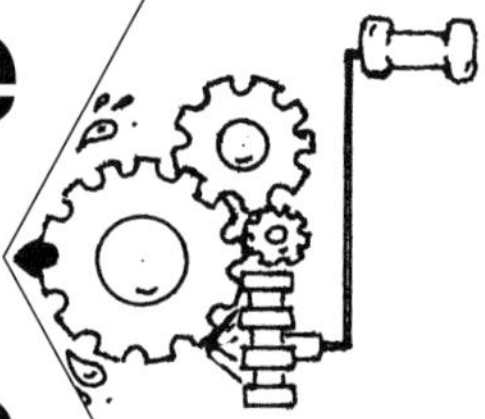

 Kannst du noch andere Wörter durch die Zaubermühle drehen?

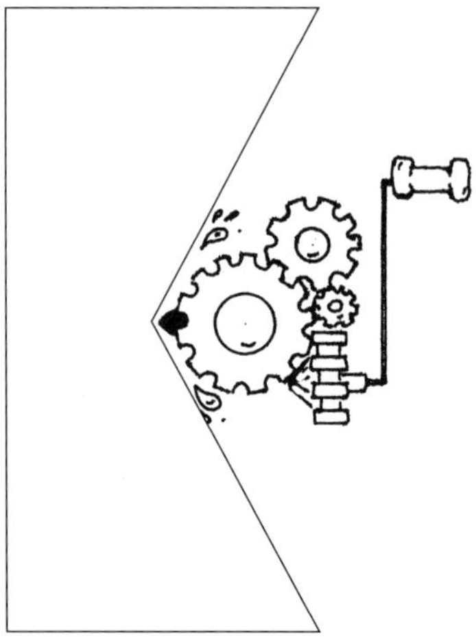

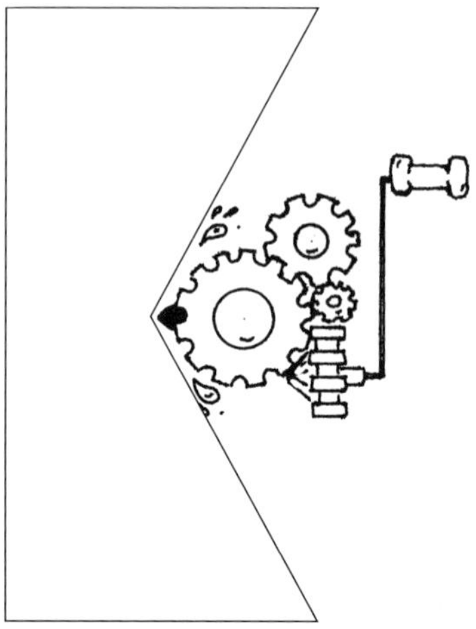

✂ E 5

Welche Teile passen zusammen? Schneide aus!

Al	le
La	li
Li	ma
Mu	ma
li	lo
ma	la

4.2.8 Lautzeichen N/n — Nashorn

Material: Handspiegel, Handzeichen

Arbeitsblatt — **N 1**

Tier: Nashorn

Wortmaterial: *Tanne, Hahn,* Leiter, *Nuss, Ente, Schwan*

Arbeitsblatt — **N 2**

Sonne:

Übung zur Schulung der auditiven Wahrnehmung

Wortmaterial:
Nuss, Sonne, Schwein, Hahn, Ente, Tanne, Fahne, Nagel, Zaun

Mond:

Aufgabenstellung wie angegeben

Anregungen zur zusätzlichen Förderung / Thema: Die Nuss

Arbeitsmaterial:
verschiedene Nüsse in einem Säckchen

Sensorischer Bereich:
- Ertasten, Schmecken, Riechen verschiedener Nüsse,
- Beschreiben der Sinneseindrücke
- Hören: klappernde Nüsse im Sack

Sprachlicher Bereich:
- verschiedene Nüsse benennen: Walnuss, Haselnuss, Erdnuss, Muskatnuss,Kokosnuss, (. . .).

Die Nuss ist hart./Die Nuss hat eine rauhe/glatte Schale.
Nüsse braucht man zum Plätzchenbacken. Das Eichhörnchen frisst gern Nüsse. (usw.)
Konzentration/Sprachförderung (Nüsse benennen): KIM – Spiel
Sechs verschiedene Nüsse liegen auf einem Tablett. Die Kinder prägen sich ihre Lage ein. Sie schließen die Augen. Die Lehrerin nimmt eine Nuss weg. Die Kinder erraten, welche Nuss fehlt.

Merkfähigkeit, Interaktion:
- Nüsse-Memory. In Spielgruppen zu je drei Kindern

Spielmaterial:
5–6 verschiedene Nussarten, je zwei Nüsse, 10–12 gleiche Joghurtbecher.

Spielregel:
Unter jedem Becher eine Nuss, reihum aufdecken, wer zwei gleiche Nüsse findet, darf diese behalten.

Interaktion, Motorik:
Nussplätzchen zu Weihnachten backen.

Arbeitsblatt — **N 3**

Förderung der phonematischen Differenzierungsfähigkeit
Die Aufgabenstellung erfordert, zwei ähnliche Laute (/m/ - /n/) voneinander zu unterscheiden. Die zu erwartende Lautposition im Wort wird angegeben. Die Reihenfolge Anlaut, Auslaut, Inlaut ist gewahrt. Die Kinder werden jeweils auf die Stellung des Ziellautes im Wort hingewiesen. Vor Beginn der Übung muss eine Atmosphäre der Ruhe und Konzentration geschaffen werden!

Sonne:

/m/-/n/ am Anfang?: *Nagel, Messer, Nuss, Mund, Nase, Maus*

Mond:

/m/-/n/ am Ende?: *Kamm, Zahn, Baum, Schwein, Schwan, Hahn*

Stern:

/m/-/n/ in der Mitte?: *Blume, Biene, Birne, Eimer, Banane, Tomate*
Die Kinder schreiben das richtige Lautzeichen in das Kästchen.
Im Sinne kurzer aber häufiger Übungsphasen wird dieses Blatt an drei aufeinander folgenden Tagen bearbeitet, zumal es eine sehr hohe Konzentration von den Kindern erfordert!

Arbeitsblatt N 4

Sonne:

Namen lesen / Wortaufbau: *Nina, Lena, Nena, Lene, Lina, Moni, Leni, Loni, Ina*

Spiel (Sprachförderung und Beobachtungsfähigkeit):

Ich seh' ein Kind, das du nicht siehst und das hat:
- *...dunkle Haare und eine Brille.*
- *...helle Haare und zwei Zöpfe.*
- *...dunkle Haare und guckt traurig usw.*

Mond:

- *Erarbeitung des Begriffes „reimt sich"*

Ziel: Förderung der phonematischen Differenzierungsfähigkeit.

Schrittfolge:
1. Die Lehrerin spricht deutlich Reimpaare aus.
2. Die Kinder sollen diese bewusst wahrnehmen.
3. Sie formulieren sprachlich, dass diese Paare im Anlaut verschieden, aber im Auslaut gleich klingen.

Die in der Übung angebotenen Namen sind Minimalpaare. Das Zusammenlesen dieser Namen fördert bei den Kindern auch visuell das Verstehen des Begriffes „reimt sich", es wird nur der 1. Buchstabe ausgetauscht, schon entsteht ein neues Wort.
Wortpaare: *Loni – Moni, Nina – Lina, Lena – Nena*

Arbeitsblatt N 5

Ziele: Kennenlernen und Üben der Wortbedeutung „an"
Erlesen eines Textes

Sprechanlass:
- Impuls: Die Kinder auf dem Bild können schon schreiben und möchten gern einen Brief an jemanden schicken.
- freie Äußerungen
- Satzmuster:
  Ich möchte einen Brief *an* Oma schreiben.
  Ich möchte einen Brief *an* Papa schreiben.
  Ich schreibe einen Brief *an* meine Freundin.
  ... *an* ...

Text lesen:
- erstes Lesen mit dem Lesepfeil
- Die Schüler sprechen beim Vorlesen jeweils das Wort „schreibt", wenn sie mit dem Lesepfeil am Strich sind.
- Frage zum Inhaltsverständnis

N n

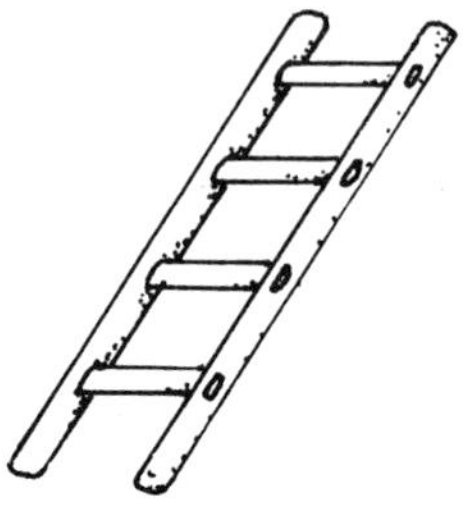

N 2

Wo hörst du N/n ?

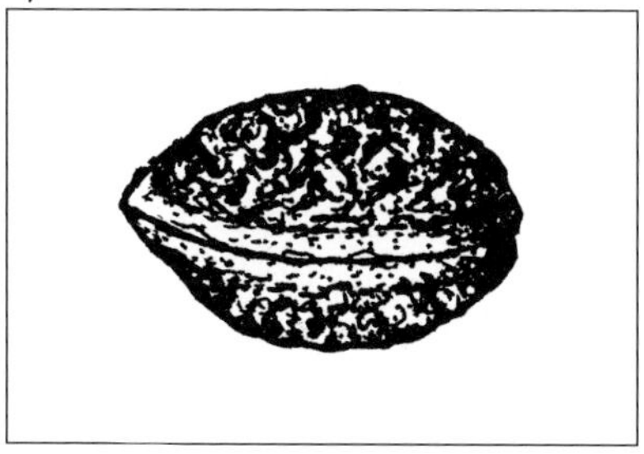  

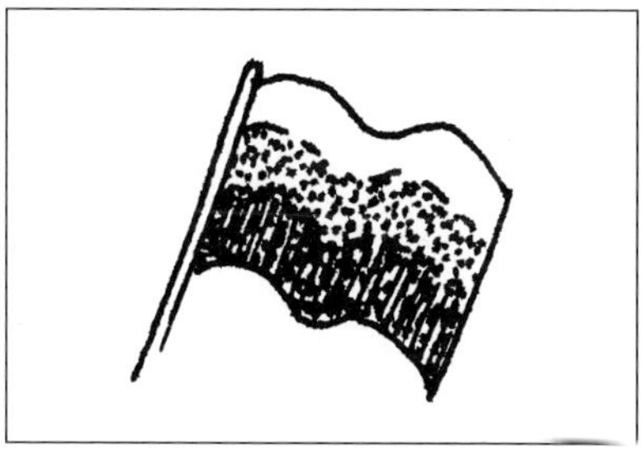 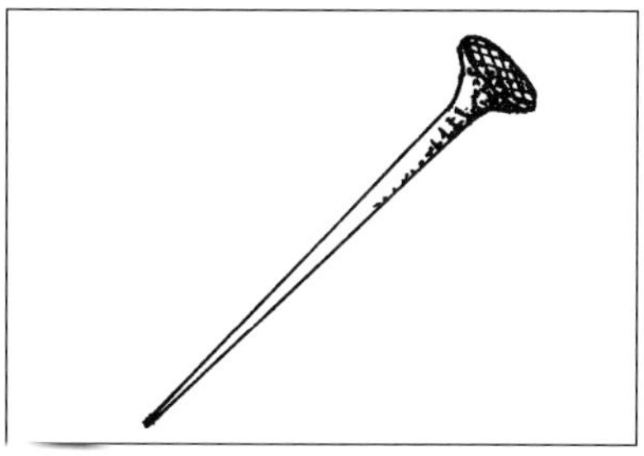 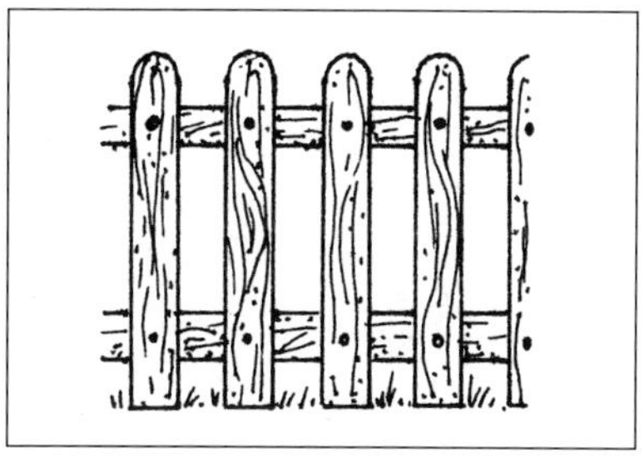

Schneide große N und kleine n
aus der Zeitung aus

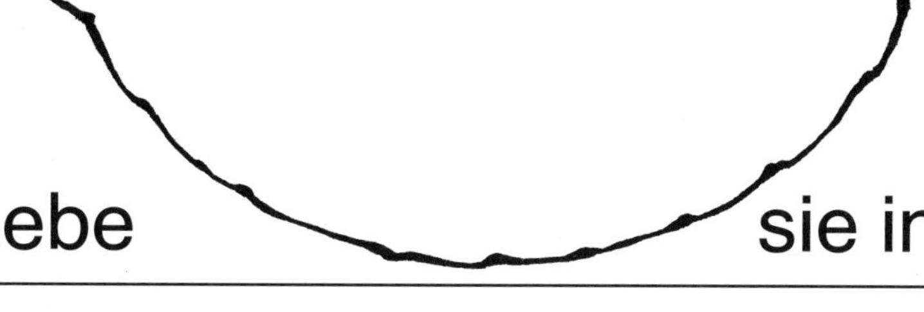

und klebe sie in die Nuss!

N 3

M oder N am Anfang?

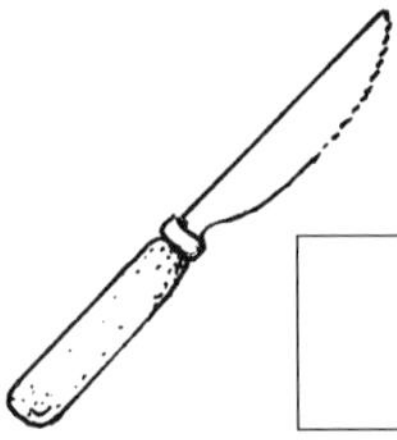

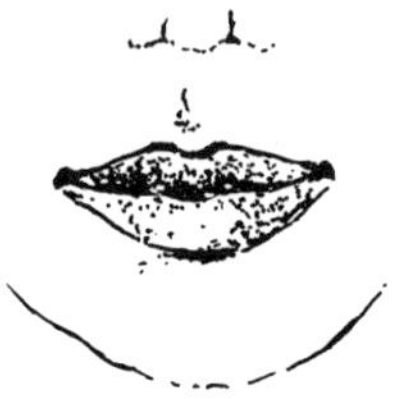

m oder n am Ende?

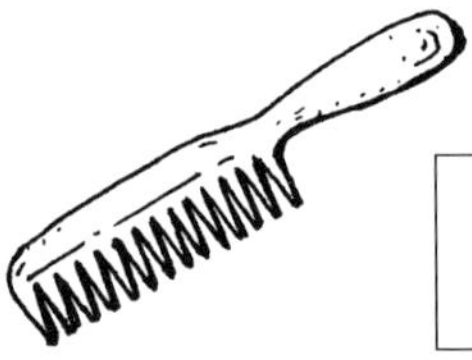
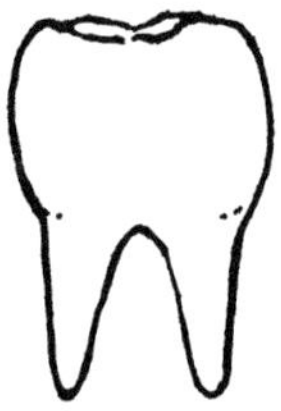

m oder n in der Mitte?

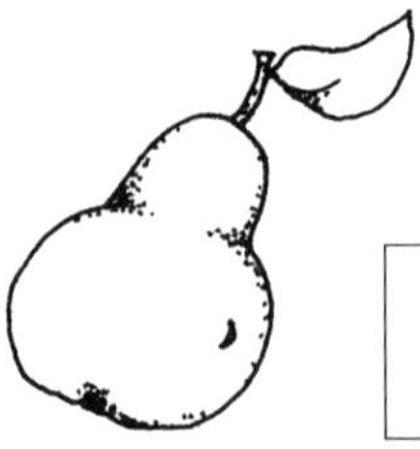

N 4

Nun kannst du viele neue Namen lesen.

N
Ni
Nin
Nina

L
Le
Len
Lena

N
Ne
Nen
Nena

L
Le
Len
Lene

L
Li
Lin
Lina

M
Mo
Mon
Moni

L
Le
Len
Leni

L
Lo
Lon
Loni

J
Jn
Jna

Diese Namen reimen sich.

L / M → oni

N / L → ina

L / N → ena

an

Moni ____________ an Oma.

Loni ____________ an Mami.

Jna ____________ an Nena.

Lena ____________ an Nina.

Lina ____________ an Emil.

Nun malen alle lila  .

Lautbildung und Abgrenzung:

/ei/ ist der erste Zwielaut oder Diphtong, den die Schüler erlernen sollen. Bei diesem Laut verschmelzen die Vokale **/a/** und **/i/** eng miteinander. Die schriftsprachliche Repräsentation stimmt also mit den Einzelbuchstaben e und i nicht überein. Das kann leicht zu Irritationen führen. Manche Kinder neigen dazu, im Diktat anstelle des ei, vor allem im Anlaut, ai zu schreiben, weil sie richtigerweise bei dem Wort Eimer ein anlautendes /a/ hören.
In einigen Sonderfällen wird diese Lautverbindung auch durch das Schriftzeichen *ai* schriftsprachlich dargestellt: Mai, Mais, Saite u. a. Phonetisch gibt es aber keinen Unterschied. Die ai-Wörter müssen gesondert im Rahmen des Rechtschreibunterrichts behandelt werden und sollten dann den ei-Wörtern gegenübergestellt werden.

Im Leselernprozess ergeben sich insofern Probleme, als die Kinder zum ersten Mal mit einem zweigliedrigen Schriftzeichen konfrontiert werden, das beim Lautieren und beim Wortauf- und abbau immer als **ein** Baustein zu betrachten ist, auch deshalb, weil es in seinen Einzelbestandteilen andere Laute repräsentiert. Damit die Kinder auch tatsächlich /ai/ lesen, wird zunächst eine Unterklammer (Bogen unter ei) verwendet, die als zusätzliches Signal zum lautrichtigen Lesen auffordert und Buchstabieren e - i vermeiden hilft. Sobald die Kinder Ei/ei als Einheit erfassen, entfällt dieser Bogen wieder.
Er taucht dann bei den mehrgliedrigen Schriftzeichen anfangs immer wieder auf.
Visuelle Abgrenzung des Ei, ei erfolgt gegenüber weiteren zweigliedrigen Schriftzeichen (au, ie, eu). Im Bereich der auditiven Diskrimination wird /ei/ gegen /au/ abgegrenzt.

Arbeitsblatt — **Ei 1**

Tier: Eichhörnchen

Wortmaterial: *Eis, Schwein,* Apfel, *Eimer, Leiter, Pfeil*

Arbeitsblatt — **Ei 2**

Sonne:

Lautlokalisation: *Beil, Eimer, Drei, Eins, Kleid, Eichel, Eierbecher, Zwei, Schwein.*

Mond:

Schriftzeichen Ei/ei in Druckschrift einschreiben

neu: Zwei Buchstaben – ein Laut (Unterklammer anwenden)

Zusätzliche Fördermöglichkeit:
Spiel „Eierlauf" – Förderung von Auge-Hand-Koordination, Geschicklichkeit, Kraftdosierung

Stern:

Reime vorlesen, auswendig sprechen, neue finden
Abzählreim lernen und im Spiel anwenden:

Eins - zwei - drei, Butter auf den Brei, Salz auf den Speck und du bist weg.

Arbeitsblatt Ei 3

Leseübung: *mein, meine*
Übung im Gebrauch von Possessivpronomen

Sonne:

Sprechanlass: Mein Spielzeug

- Lautieren und Lesen der Wörter im Dreier- bzw. Viererfenster (mein, meine): *Ball, Seil, Bär, Flöte, Lokomotive, Katze, Luftballon, Kasper, Rennauto, Puppenwagen*
  Feststellen: Ich höre drei Laute, schreibe aber vier Buchstaben.
- Kinder erzählen spontan
- Kinder sprechen Satzmuster zu den Bildern

Beispiele: *Mein Lieblingsspielzeug ist…; Das ist* meine *Puppe,* andere Satzmuster mit mein, meine
- szenisches Spiel: Zwei Kinder streiten sich um Spielzeug:
  Das ist mein Ball! Das ist meine Lokomotive!…
- Möglichkeiten friedlicher Konfliktlösung finden

Mond:

Nach nochmaliger Wiederholung der richtigen Zuordnung (Bilder hinter den Zeilen) schreiben die Kinder mein oder meine in Druckschrift in die Zeilen:
mein Luftballon, meine Flöte, mein Seil, meine Lokomotive, mein Ball, mein Kasper, meine Katze, mein Teddybär, mein Rennauto, mein Puppenwagen.

Arbeitsblatt Ei 4

Sonne:

Sprechanlass: Nun malen alle

- Kinder erzählen spontan: Was ich am liebsten male.
- Satzmuster: *„Ich möchte ein…/eine … malen"*
- Lesen mit dem Lesepfeil: Kinder ergänzen beim Vorlesen die bildlich dargestellten Satzteile (Platzhalter) *Eierbecher, Leiter, Eimer, Seil, Eis.*
- Inhaltserfassung: Text mit Illustration in Beziehung setzen.
- Fragen zum Text stellen
  Was soll Leila malen? Wer soll einen Eimer malen? Wer soll eine Leiter malen? Was soll Loni malen?
- Namen der Kinder in die Schreibzeilen schreiben *(Eimer: Loni, Leiter: Nena)*

Mond:

- Wortaufbau/Lautieren, danach zusammenlesen

Hinweis: Endung -en bei „malen" bleibt noch unberücksichtigt.

Stern:

Ei-Wörter suchen und nachspuren: Ei, Leila, mein, einer, nein

Arbeitsblatt Ei 5

Sprachförderung:
- Oberbegriff: Spielzeug
- Gebrauch der unbestimmten Artikel ein/eine
- Den Kindern Namen aus der Fibel oder nach eigener Wahl geben
- Sätze bilden: *Uli hat ein BMX-Rad, Lilo hat eine Puppe, …*

Hinweis: Sprachentwicklungsverzögerten und sprachschwachen Kindern fällt der richtige Gebrauch des unbestimmten Artikels besonders schwer.

- Alle *ein/eine* richtig zuordnen, Schilder mit Bildern verbinden:
  ein BMX-Rad, eine Lokomotive, eine Puppe, ein Auto, ein Sprungseil, ein Haus
- Schilder können auch ausgeschnitten und zu den Gegenständen geklebt werden. Anschließend werden Sätze gesprochen: *Das ist ein Haus, …*

Ei ei

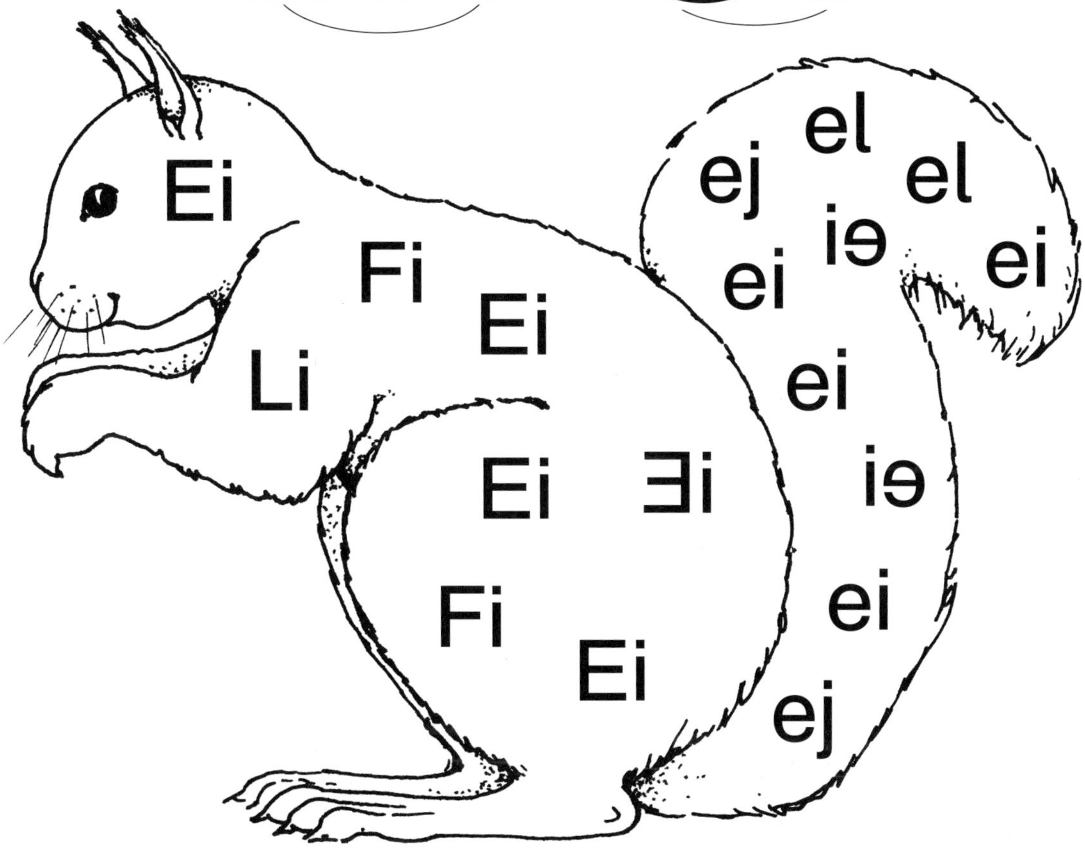

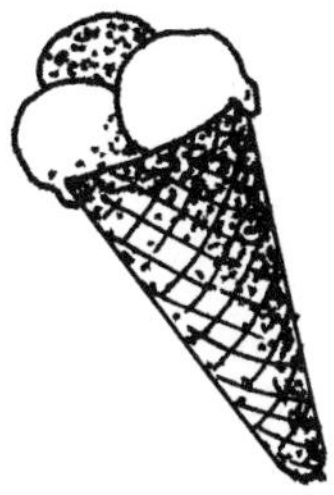

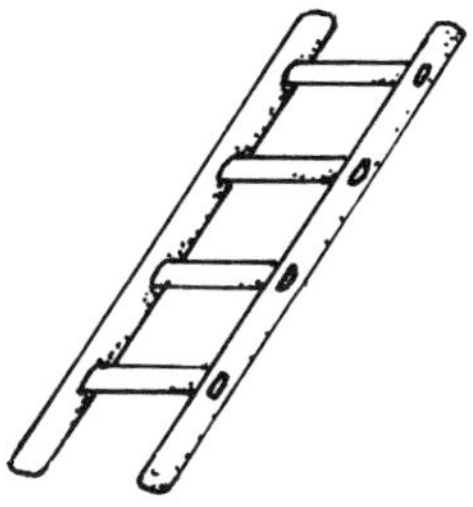

Wo hörst du Ei/ei ?

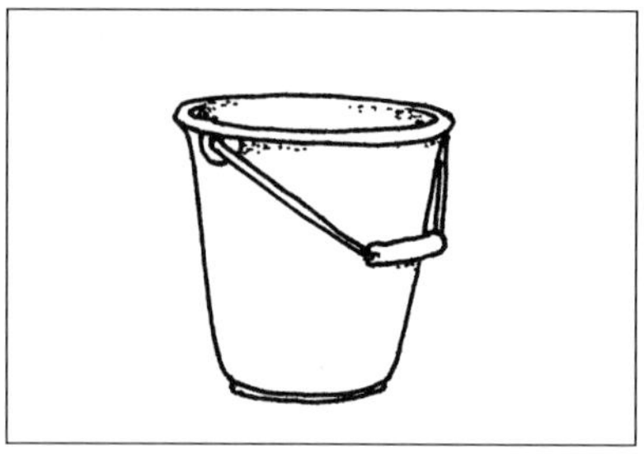

3

1

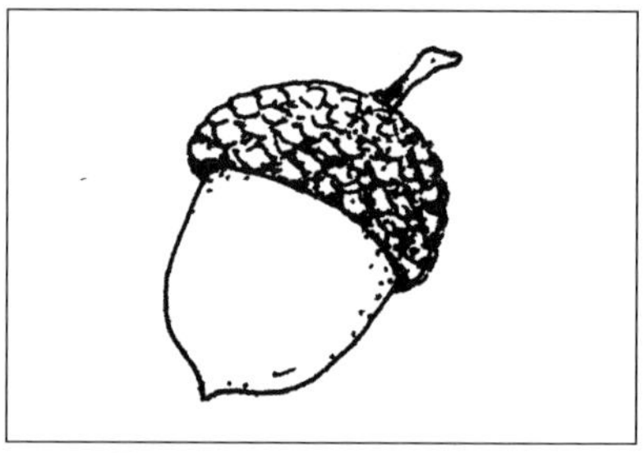

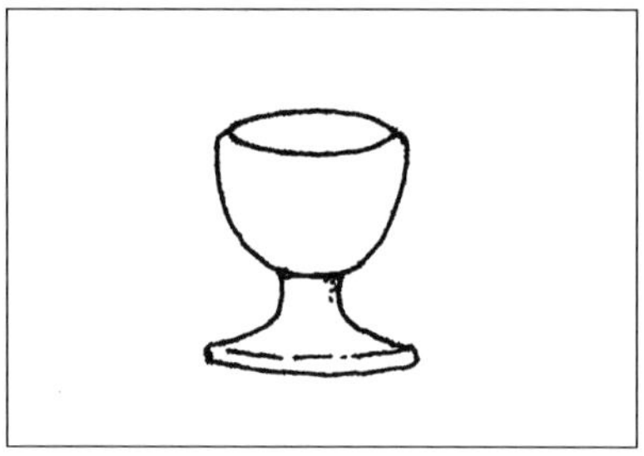

2

Übe!

Ei
Ei
Ei
Ei
Ei

ei
ei
ei
ei
ei

Reime!

1, 2, 3, du bist frei!
1, 2, 3, weiß ist das Ei! 1, 2, 3 …

m	ei	n

m	ei	n	e

mein oder meine ?

  Nun malen alle

Leila male ein Ei.

Nein male ein Ei im  .

Nena male eine 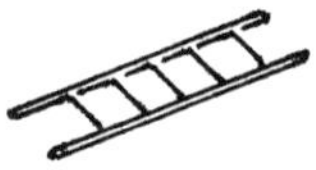 .

Loni male einen  .

Male nun ein  .

Alle malen ein  .

ei		
ei	n	
ei	n	en

L			
L	ei		
L	ei	l	
L	ei	l	a

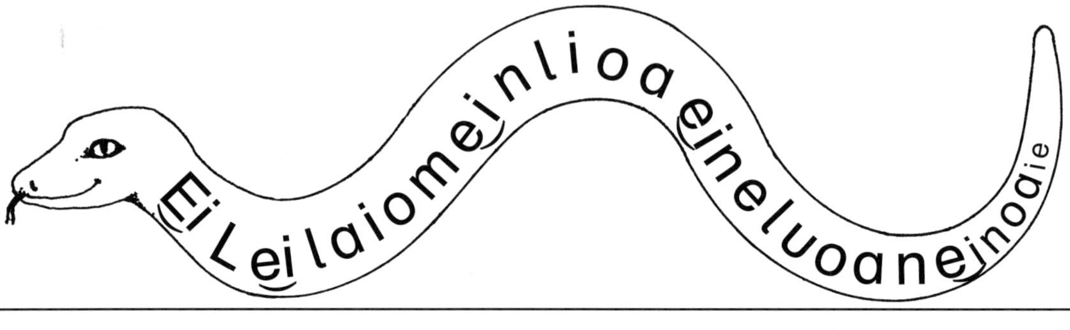

Wer hat welches Spielzeug? Verbinde richtig! Erzähle!

Lautbildung:

Sehr viele sprachentwicklungsverzögerte Kinder weisen zu Beginn ihrer Schullaufbahn Störungen in der Bildung des Lautes /s/ und seiner Verbindungen, bis hin zum z (ts) und x (ks) auf.

Folgende Formen von „Lispeln" treten besonders häufig auf:

- **Sigmatismus interdentalis:** Das Kind steckt die Zunge zwischen den Zähnen durch.
- **Sigmatismus addentalis:** Das Kind drückt die Zungenspitze gegen die Schneidezähne.
- **Sigmatismus lateralis:** Das Kind presst die Zungenspitze an den vorderen Zahnfleischrand. Der Luftstrom wird seitlich abgeleitet und erzeugt ein anderes Geräusch („Hölzeln").

So wird der Laut /s/ richtig gebildet:

/s/ gehört zur Gruppe der Reibelaute (Frikativa). Das S-Geräusch entsteht durch die Reibung des Luftstromes an den Artikulationsorganen: Lippen und die Schneidezähne sind leicht geöffnet.
Die Zungenspitze
- richtet sich auf die oberen Schneidezähne, ohne diese zu berühren *oder*
- liegt an den unteren Schneidezähnen an, während sich die Vorderzunge nach oben wölbt.

Bei beiden Formen liegen die Zungenränder fest an den oberen Backenzähnen an. Die Seiten der Zunge sind an den Gaumen angedrückt. In der Zungenmitte bildet sich eine schmale Rinne, die den Luftstrom bündelt und nach außen leitet.
/s/ kann stimmhaft *(summen, Käse),* oder stimmlos *(Ast, Haus)* ausgesprochen werden. Im süddeutschen Sprachraum wird die stimmhafte Aussprache entweder nicht oder nur andeutungsweise verwirklicht.
Bei der Lauterarbeitung sollen die Kinder den Laut /s/ bewusst wahrnehmen und richtig bilden lernen. Zur Selbstkontrolle ist der Handspiegel besonders nützlich. (Zunge hinter die Zähne!). Eine weiterführende „sanfte" Kontrolle durch die Lehrerin wird nötig sein, um das fehlgebildete /s/ gemeinsam mit dem betroffenen Kind zu überwinden.
„Im Bereich der Hörerziehung wird /s/ mit aufsteigendem Schwierigkeitsgrad zu folgenden Lauten in Opposition gesetzt:
- zu Vokalen,
- zu Dauerlauten (Vokale und Konsonanten l, r, m),
- zum Frikativ f (An-, In-, Auslaut),
- zum Frikativ ch (In-, Auslaut),
- zum Frikativ sch (An-, In-, Auslaut),
- zum Frikativ z (An-, In-, Auslaut)."

(Erner, A. in: N. Anton (Hrsg.), „Sprech-Stunde", S. 113)

Arbeitsblatt **S 1**

Tier: Seehund

Wortmaterial: *Sonne, Eis, Tasse,* Baum, *Haus, Hose*

Arbeitsblatt **S 2**

Sonne:

Lautlokalisation: Stellung des Lautes /s/ im Wort auditiv ermitteln
Wortmaterial: *Säge, Hase, Bus, Messer, Sack, Maus, Hose, Salat, Glas*

Mond:

- Singen und rhythmisches Gestalten des Liedchens *„Summ, summ, summ, Bienchen summ herum"*
- Artikulieren des stimmhaften /s/
- Variieren zwischen stimmhaftem und stimmlosem /s/
- Spiel: Als *Biene* durchs Zimmer fliegen (*stimmhaft* artikulieren: laute Biene – *stimmlos* artikulieren: leise Biene)
- Kinder artikulieren /s/ stimmhaft und spuren auf dem Arbeitsblatt Flugbahn der Bienen nach (Basteln einer Biene [Pfeifenreiniger, Kreppapier])
- Sie drucken große und kleine S/s (siehe Vorlage)
- Sie lesen die Namen der Bienen *(Sumi, Sami, Simi)* und stellen die Unterschiede fest (auditiv und visuell).

Arbeitsblatt S 3

Sonne:

„Wir zaubern"

- Lehrerin hat Zauberutensilien dabei (Zylinder, Mantel, Zauberstab).
- Kinder berichten von Zirkusbesuch oder einer Begegnung mit einem Magier
- Gespräch über Zaubern/Zauberer, Mythos und Wirklichkeit
- Jedes Kind darf Zauberer sein, einen Zauberspruch sprechen (erfinden) und einen Gegenstand oder ein Kind „verzaubern"
- Lehrerin ist Zauberer und „verzaubert" Wörter mit der Zaubermühle
- Sie braucht dazu einen ganz bestimmten Zauberspruch, der auf dem Arbeitsblatt steht.
- Die Kinder lesen den neuen Zauberspruch „Sim sala sim".
- **Spiel zur phonematischen Differenzierung:**
  Die Kinder schleichen durch den Raum. Sie schleichen (weil Ruhe erforderlich ist!) *„weil sie Angst vor dem großen Zauberer haben, der sie zu Steinen verzaubern will".*
  Der „Zauberer" (Lehrerin) spricht viele Zaubersprüche:
  Sim sala bim... (Unterscheidung zu unähnlichen Lauten)
  Sim sala schim... (Unterscheidung zu ähnlichen Lauten)
  Der Zauber wirkt aber nur, wenn der Zauberer den *richtigen* Zauberspruch sagt (...sim).
  Bei ...sim bleiben die Kinder *(versteinert!)* stehen, bei allen anderen Zaubersprüchen schleichen sie unbeeindruckt weiter.

Synthese- und Leseübung „Zaubermühle"

- Wörter werden lautweise ab- und neue werden aufgebaut, (-el, nn, ei, mm, ll als ein Laut)
- Wir geben ein Wort in die Zaubermühle hinein und unten kommt ein anderes heraus.

Arbeitsblatt S 4

Das /e/ in den Endungen *-el* und *-en* hat einen stark reduzierten Lautwert. Es wird in der Spontansprache meist nur angedeutet oder gar nicht ausgesprochen.
Das führt bei lese-rechtschreibschwachen Kindern zu Auslassungen oder Entstellungen im Schriftbild (z. B.: lesn, Wagn, Eima, u. ä.). Um diesem Phänomen vorzubeugen, werden beide Silben – später kommt noch *-er* dazu – als zusammengehörende Zeichengruppe eingeführt und beim Lautieren als ein Laut angesagt. Die Schriftzeichen werden durch eine darunter angeordnete eckige Klammer verbunden (für die Zeit des Lesenlernens).

Sonne:

-el-Wörter aufbauen: *E/s/el; A/m/s/el; S/e/ss/el*

Mond:

-en-Wörter aufbauen: *l/e/s/en; s/u/mm/en; s/o/ll/en; m/a/l/en*

Stern:

Zusammenlesen von Silben und Endungen

Sprechanlass: Vögel im Winter (Querverbindung HSK)

- Spontanes Erzählen
- Gespräch
- Satzmuster *Am/Im Vogelhäuschen sitzt eine Meise ... eine Amsel, ... ein Sperling.*

Arbeitsblatt S 5

Leseübung:

Alle sollen leise sein

- Wortmaterial ist größtenteils bekannt (vgl. AB S 4)
- noch zu erarbeiten: *leise, Meise, sein, alle:* an der Tafel oder am Projektor – Wortaufbau wie in S 4
- Text zuerst mit Lesepfeil, dann flüssig lesen.

S s

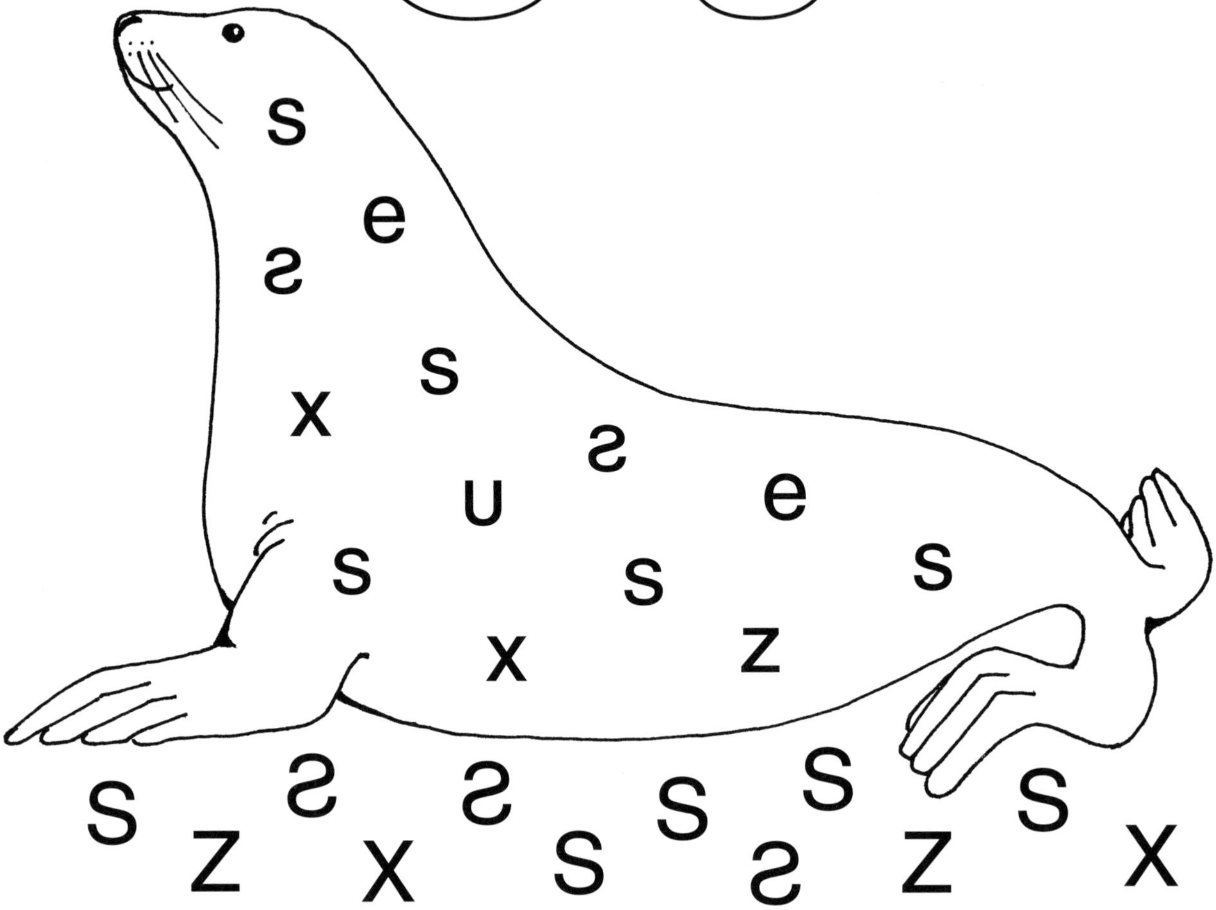

 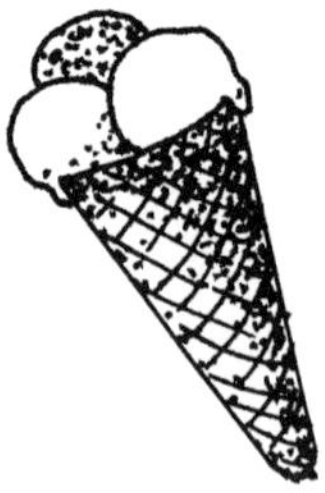 

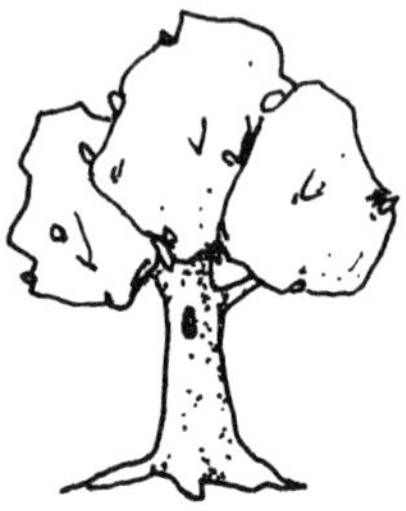  

S 2

Wo hörst du S/s ?

  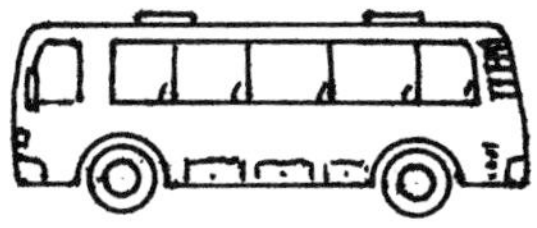

 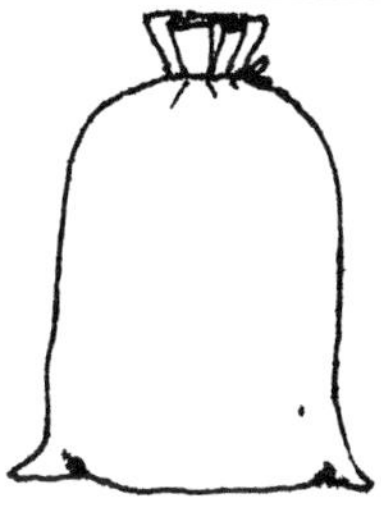 

Summ, summ, summ, Bienchen summ herum.

S S

Sumi

s s

Sami

S s

Simi

Wir zaubern neue Wörter.

Sim sala sim

Nase
Nas
Na
N
Na
Nam
Name

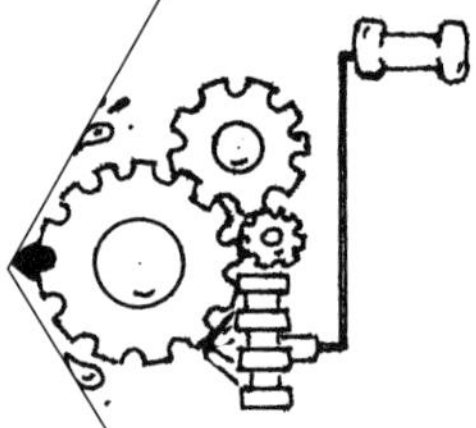

Susi
Sus
Su
S
So
Sonn
Sonne

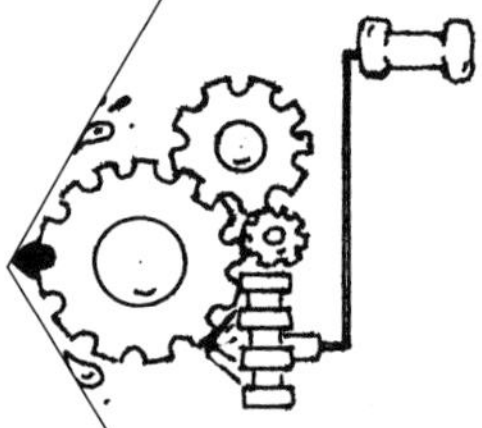

Meise
Meis
Mei
M
Mo
Mon
Moni

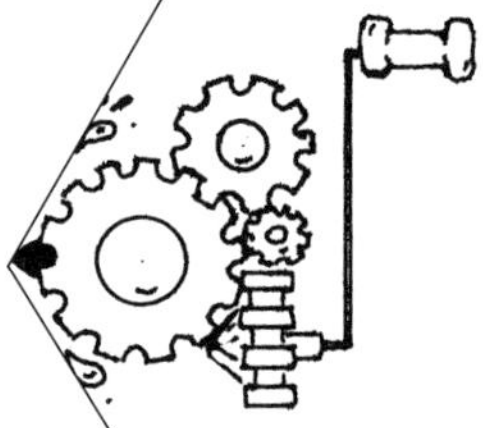

Amsel
Ams
Am
A
Am
Amei
Ameis
Ameise

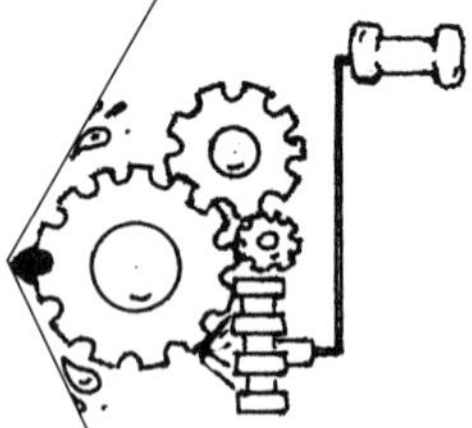

lesen
les
le
l
lei
leis
leise

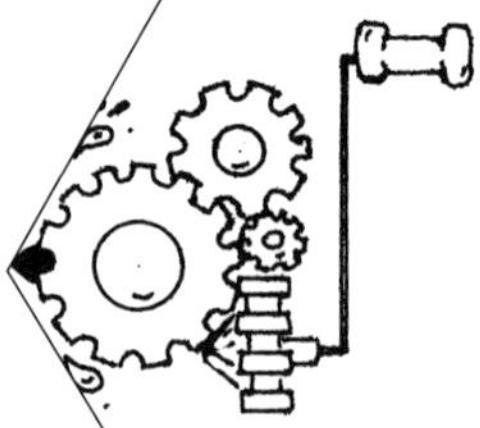

summen
summ
su
s
so
soll
sollen

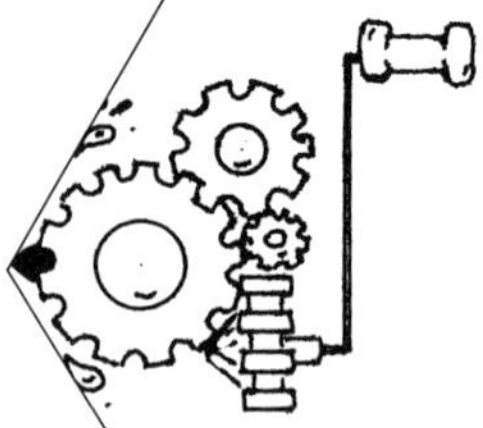

Viele Wörter enden auf el oder en

el

E		
E	s	
E	s	el

A			
A	m		
A	m	s	
A	m	s	el

S			
S	e		
S	e	ss	
S	e	ss	el

en

l			
l	e		
l	e	s	
l	e	s	en

s			
s	u		
s	u	mm	
s	u	mm	en

s			
s	o		
s	o	ll	
s	o	ll	en

m			
m	a		
m	a	l	
m	a	l	en

les
summ
soll — en
mal
ess

Ams
Es — el
Sess

Alle sollen leise sein

1. Susi soll lesen.
2. Nun soll Lisa lesen.
3. Nein, Lisa sei leise.
4. Leise, leise, eine Meise am  .
5. Leise, leise, eine Amsel am  .
6. Alle sollen leise sein.

Lies die Wörter in den Gespenstern!

H
Ha
Han
Hans

H
Hei
Hein
Heini

H
Ha
Hann
Hanna

H
Ha
Hass
Hasso

H
Ha
Has
Hase

H
Ho
Hos
Hose

h
ho
hol
holen

Welche Wörter haben sich in den Gespenstern versteckt?

H e s o

a e s H

h en l o

H 4

1. Heini hole eine .
2. Hans hole meine .
3. Hanna hole seinen Leim.
4. Nein, Hanna, hole meinen Leim.
5. Susi hole nun Hasso.
6. Nanu, Hasso, nein, nein.

Verbinde Wort und Bild!

Hanna

Hasso

Hans

H 5

Reimwortmemory

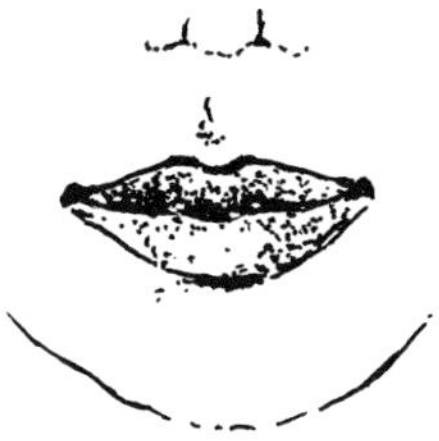

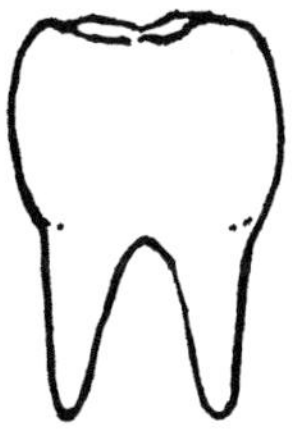

4.2.12 Lautzeichen F/f — Fisch

Lautbildung und Abgrenzung:

Der Laut /f/ gehört zur Gruppe der Reibelaute (Frikativa). Das erzeugte Geräusch entsteht durch Reibung des Luftstromes an den Artikulationsorganen. Dabei liegt die Unterlippe locker an den oberen Schneidezähnen. Dieser Laut ist selten gestört.
Abzugrenzen ist er von anderen Frikativa wie /s/, /sch/ und /w/.

Arbeitsblatt — F 1

Tier: Fisch

Einstimmung:

Angelspiel: Fische angeln, dazu sprechen: *Ich habe einen grünen (...) Fisch gefangen.*
Schnellsprechvers: *Fischers Fritz fischt frische Fische, frische Fische fischt Fischers Fritz.*

Artikulationsübung:
- mit Handspiegel: Unterlippe leicht an die Zähne, dabei blasen „wie der Wind"
- Luftstrom mit dem Handrücken prüfen
- Wir spielen Wind, blasen Wattebällchen, Styroporkügelchen, Papierschnipsel, Blätter, ...

Wortmaterial: *Feder, Brief,* Sonne, *Giraffe, Schleife, Frosch*

Arbeitsblatt — F 2

Sonne:

Lautlokalisation: *Giraffe, Elefant, Fuchs, Fisch, Schaf, Wolf*
Sprachförderung: Oberbegriff „Tiere"; weitere Tiernamen (mit /f/) finden!

Mond:

Lautunterscheidung: Differenzieren /f/ – /s/ im Anlaut. Nach deutlichem Artikulieren Buchstaben S oder F in Kästchen drucken.
Wörter: *Sonne, Feder, Sack, Fahne, Säge, Fisch*

Arbeitsblatt — F 3

Sonne:

Erarbeiten der neuen Wörter mit f: Wortaufbau; Doppel *ll, ss* und *en* werden als ein Baustein betrachtet (der Laut ist jeweils nur einfach hörbar!).

Mond:

Reimwörter: *See – Fee, Sessel – Fessel, Nase – Hase, mein – fein, heilen – feilen, lassen – fassen*

- Bedeutung klären (Illustration einbeziehen)
- Reimwörter sprechen und Klang wahrnehmen lassen

Stern:

- Lesen und im Setzkasten setzen
- Bilder (Seife und Feile) malen
- Begriffserklärung „Feile" (mitbringen.)

Arbeitsblatt — F 4

Sprechanlass: Pausehof
Was wir dort spielen. Was die Kinder auf dem Bild spielen.
- Zeilenweises Erlesen mit dem Lesepfeil
- Namen herauslösen und den Kindern auf dem Bild zuordnen
- Namen im Setzkasten setzen, als Hausaufgabe unten in die Schreibzeilen drucken

Arbeitsblatt — F 5

Angelspiel basteln:
- Alle Fische ausschneiden, an jedem Fisch eine Büroklammer befestigen
- Angel: ein ca. 50 cm langer Stock, eine ca. 50 cm lange Schnur, einen kleinen Magnet an der Schnur befestigen.

Spielanleitung:
- Fische angeln, und „Namen" des geangelten Fisches lesen

oder:
- Zeige mir den Fisch *Fifi, Fofo* u.s.w. (auch Lesekontrolle)

Visuelle Übung:
- *Suche die Unterschiede zwischen den einzelnen Fischen!* Jeder Fisch unterscheidet sich in einem Detail von allen anderen.

Alternative zum Angelspiel: Zwei Kinder legen ihre Kärtchen zu einem Fisch-Memory zusammen. Beim Umdrehen der Fische Namen lesen, bei Übereinstimmung die zwei gleichen Fische behalten.

F 1

F f

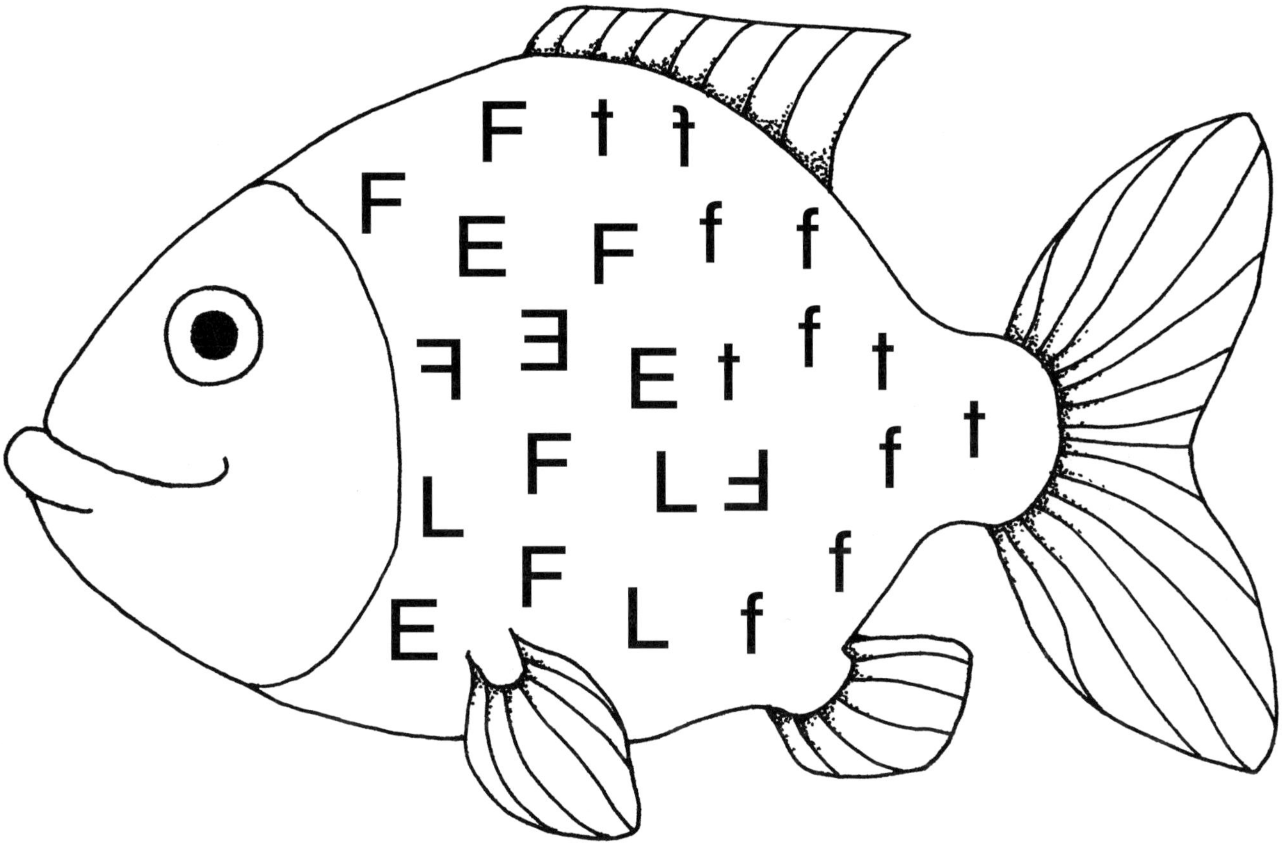

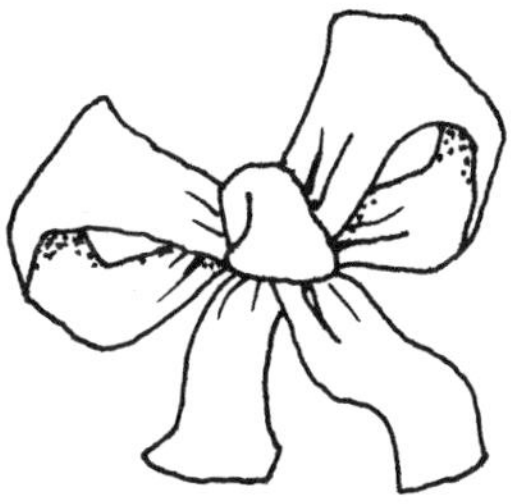

F 2

Wo hörst du F/f ?

F oder S

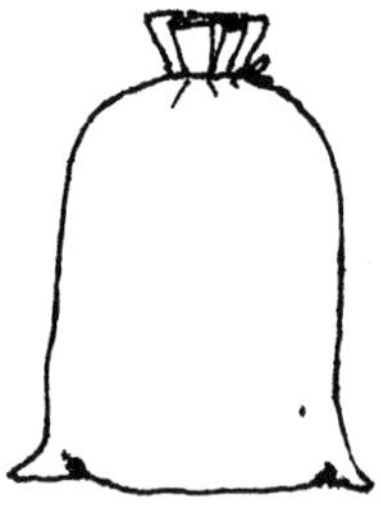

Alle lesen

E			
E	l		
E	l	f	
E	l	f	i

O			
O	l		
O	l	a	
O	l	a	f

H		
H	o	
H	o	f

f			
f	a		
f	a	ll	
f	a	ll	en

f			
f	a		
f	a	ss	
f	a	ss	en

h				
h	e			
h	e	l		
h	e	l	f	
h	e	l	f	en

Reime!

See 	Sessel 	Nase 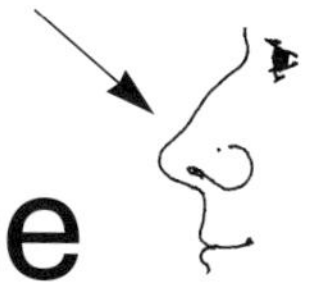
F . . 	F . . . . ___ 	H . . . 
mein	heilen	lassen
f ‿ .	f ‿ . ___	f . . . ___

Lies und setze im Setzkasten!

1. Elfi, hole eine Seife!
2. Olaf, hole eine Feile!

Jm Hof

1. Olaf soll ein Seil holen.
2. Elfi soll Olaf helfen.
3. Alle fassen an.
4. So, nun los!
5. Elfi, Olaf, Lisa, Hans lassen los.
6. Hilfe, Hilfe!
7. Heini, Susi, Uli, Ali fallen hin.

Schreibe *alle Namen* auf!

F 5

Jeder Fisch hat einen anderen Namen.
Schneide die Fische aus!

4.2.13 Lautzeichen T/t — Tiger

Lautbildung und Abgrenzung:

Der Laut /t/ gehört zur Gruppe der Verschlusslaute (Plosiva). Das Geräusch entsteht durch Sprengung des durch die Artikulationsorgane gebildeten Verschlusses. Dabei wird die am Zahnfleischrand anliegende Zunge durch Erhöhung des Luftdrucks weggedrückt.
/t/ ist stimmlos, darf also nicht – wie häufig üblich – mit einem nachfolgenden Stimmeinsatz gesprochen werden! Bei dem „harten" Laut folgt der Sprengung ein starker Luftstoß, der sehr eindrucksvoll sichtbar gemacht werden kann: Eine Lage eines Papiertaschentuches wird auf den geschlossenen Mund gelegt (Gesicht nach oben). Bei der Sprengung fliegt das Taschentuch weg.
Stammelnde Kinder ersetzen das /t/ häufig durch /k/ und umgekehrt. In einigen Regionen wird – dialektbedingt – anstelle des /t/ das /d/ gesprochen. Deshalb beziehen sich die wichtigsten Abgrenzungsübungen im auditiven Bereich auf /k/ und /d/.
Als Differenzierungshilfe können die Handzeichen von Kossow herangezogen werden.

Arbeitsblatt — T 1

Tier: Tiger

Schnellsprechvers:
„Trine trippelt im Trappeltritt – auf dem Treppentritt"
„Drei Teertonnen, drei Trantonnen – drei Tonnen Teer, drei Tonnen Tran"
Artikulationsübung: kein Stimmeinsatz nach dem /t/, dafür ein starker Luftstrom,
- Handspiegel: Zunge an den oberen Zahnfleischrand – Sprengung – Spiegel beschlägt!
- Tempotaschentuch durch starke Sprengung wegblasen (Variationen mit Watteböllchen, Styroporkügelchen, Papierschnipseln, Blättern, ...)
- T-Vers: Vor- und Nachsprechen
- Welche Wörter kannst du schon lesen? *(Tim, Tom, holten, einem, alten)*
  Die Kinder sollen motiviert werden, noch weitere Buchstaben zu lernen, damit sie bald einen ganzen Vers lesen können.

Arbeitsblatt — T 2

Sonne:

Lautlokalisation: *Tasse, Auto, Schlitten, Leiter, Tanne, Hut, Tisch, Ente, Bett*

Mond:

Sprachförderung:
- Sauber artikulieren, abgrenzen zu /d/ durch Artikulation der Namen *Tim, Tom und Timo*
- Vers von Arbeitsblatt T 1 wird noch einmal aufgegriffen und deutlich artikuliert
- Silben betont und rhythmisch lesen, verschiedene Rhythmen ausprobieren (Körper- und Orff-Instrumente verwenden)

Arbeitsblatt — T 3

Sonne:

Sprechanlass: Wir spielen Zauberer
- Der Zauberer verzaubert Wörter. Er spricht einen Zauberspruch und dreht Wörter durch die Zaubermühle. Es kommen neue Wörter heraus.
- Kinder erlernen den „Zauberspruch" durch Vor- und Nachsprechen. Dabei drehen sie an einer alten Kaffeemühle (falls vorhanden): motorisch-rhythmische Komponente.
- Der Zauberer verzaubert die Wörter auf dem Arbeitsblatt. Wir lesen, wie er die Wörter verzaubert. (/el/ und /ss/ sind jeweils EIN Baustein)

Mond:

Sprechanlass:
- Veränderung von Verben, Gebrauch weiterer Satzmuster in der 3. Person Mehrzahl und Einzahl, Veränderung des Verbs beachten!
- Verben lesen, Endungen markieren, dann Sätze lesen (Lesepfeil)
- Sätze auf Pappstreifen schreiben, zudecken, lautweise aufdecken und aufbauend lesen

Arbeitsblatt

T 4

Sprechanlass: Wir helfen (Querverbindung zu HSK, „Kind und Gemeinschaft“)
- Wie kann ich zu Hause helfen?
- Wie kann ich einem Mitschüler helfen?
- Bildbetrachtung: *Was ist mit Timo passiert? Wie helfen ihm die Kinder?*
- Zeilenweises Erlesen mit dem Lesepfeil
- Wörter im Setzkasten setzen

Spielblatt

Würfelspiel „Die Raupe“:
- Zuordnen von Wort und Bild
- 2 Kinder würfeln abwechselnd. Start ist beim Kopf der Raupe. Das Ziel ist am anderen Ende.
- Spielanleitung: *Würfle und rücke vor. Wenn du auf ein Wort kommst, liest du es vor und du darfst auf das passende Bild zurück oder vorrücken. Wer zuerst im Ziel ist, hat gewonnen.*

T t

Lerne den T/t-Vers auswendig!

Hinter einem alten Turm
holten Tim und Tom
hunderttausend Taler vor.

4.2.14 Lautzeichen W/w — Wolf

Lautbildung und Abgrenzung:
Der Laut /w/ ist ein stimmhafter Frikativ, bei dem das Reibegeräusch durch die Stimmgebung fast vollständig überlagert wird. Wie beim /f/ liegt die Unterlippe an den oberen Schneidezähnen an, allerdings etwas fester. Störungen der Lautbildung treten sehr selten auf. Auditive Differenzierung ist erforderlich gegenüber dem /f/. Gemeinsam ist beiden Lauten die Stellung der Artikulationsorgane, Unterschiede bestehen in der Stimmgebung und dem Luftstrom (/f/: starker Luftstrom, keine Stimme /w/: schwacher Luftstrom, Stimmeinsatz)
Arbeitsblatt W 1

Arbeitsblatt — W 1

Tier: Wolf

Einstimmung:

- Märchen Rotkäppchen frei erzählen, Kinder sollen vereinfacht nacherzählen
- Schnellsprechvers: siehe Arbeitsblatt

Artikulation:
- Stimmeinsatz, schwacher Luftstrom
- Handspiegel: Unterlippe an den oberen Schneidezähnen beobachten
- W-Vers: Vor- und Nachsprechen; nicht erlesen, beim Sprechen sollen die Kinder mit dem Handspiegel selbst beobachten
- Welche Wörter können wir schon lesen? (Einrahmen: wollten, wenn , wo)

Arbeitsblatt — W 2

Sonne:
Lautlokalisation: *Wolle, Löwe, Wal, Wanne, Wurm, Gewitter*

Mond:
Schlange mit Buchstaben W, w verzieren (abwechselnd groß-klein)

Stern:
Lautunterscheidung: Differenzieren /w/-/f/ im Anlaut. Nach deutlichem Artikulieren Buchstaben W oder F in Kästchen drucken.
Wörter: *Feder, Wecker, Würfel, Wolke, Fliege, Fisch, Frosch, Wolf*

Arbeitsblatt — W 3

Sonne:
Synthese- und Wortfindungsübung:
- Kinder verschleifen W mit jedem Vokal
- Kinder bilden Wörter aus den Anfängen (z. B. Wanne, Wind, Welle, Wolle, Wurst)
- Kinder malen Bilder in die Ovale, z. B. Wu: Wurst usw. (Wörter sollen nicht gedruckt und gelesen werden, weil noch nicht alle Schriftzeichen zur Verfügung stehen!)

Mond:
- neuer Zauberspruch: Sim sala wim
  Zaubermühle: ll, nn, tt, en, ei: sind jeweils ein Baustein!

Arbeitsblatt — W 4

Sonne/Mond:
Sprechanlass: Wir üben Fragen zu stellen: Wo?, Was?
- Kinder stellen Fragen (mit Wo? und Was?) an die Lehrerin, an die Mitschüler
- Erarbeitung von Fragezeichen und Punkt als Satzzeichen
- Stimmführung bei Fragestellung, Sprechmelodie

Leseübung:
- Lesen der Frage und Aussagesätze
- Frage-Antwort-Spiel mit verteilten Rollen
- Wort-Bild-Zuordnung (mit Bleistift verbinden)

Stern:
Antwortsatz drucken: Tina hat eine Waffel.

Sprechübung: Üben von Fragestellungen nach dem Muster: Wo ist…? Was hat…?

Arbeitsblatt — W 5

Wörter mit dem Handspiegel lesen, in die Zeilen drucken und mit dem Bild verbinden (Spiegelschrift).

W w

Lerne den W/w-Vers auswendig!

Wir Wiener Waschweiber
wollten weiße Wäsche waschen,
wenn wir wüssten,
wo warmes weiches Wasser wäre.

Wo hörst du W/w ?

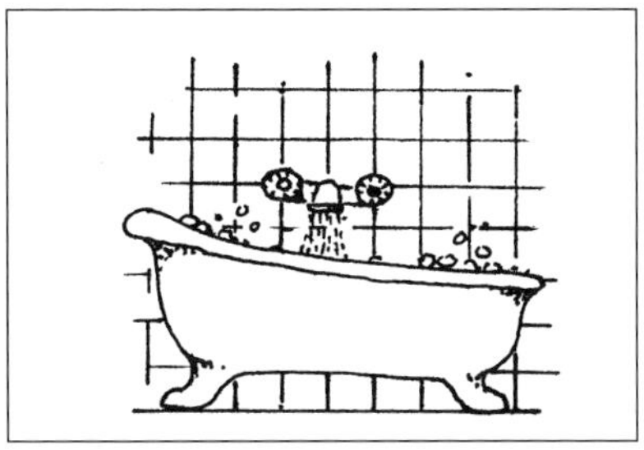

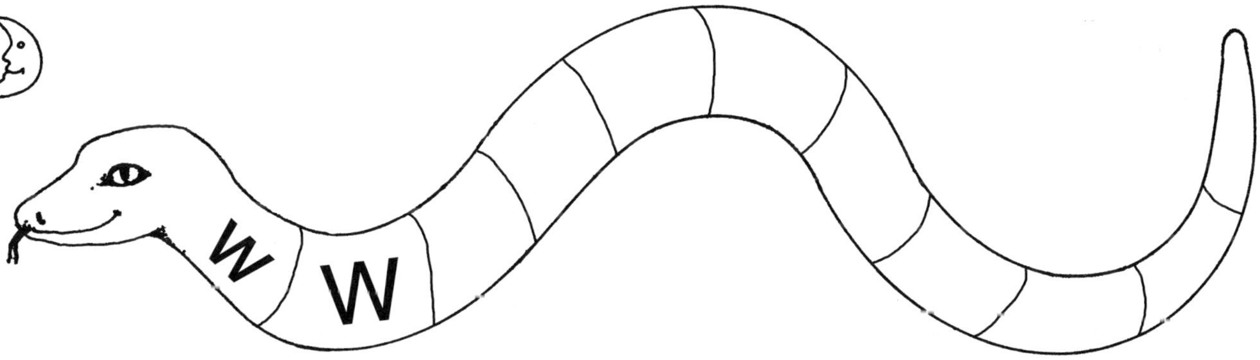

W oder F ?

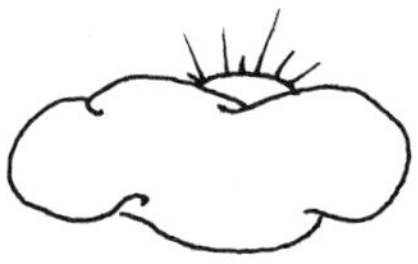

Rate neue Wörter! Male!

W — a, e, i, o, u

We

Wa

Wo

Wi

Wu

Der Zauberer zaubert neue Wörter!

Sim sala wim

Wolle
Woll
Wo
W
We
Well
Welle

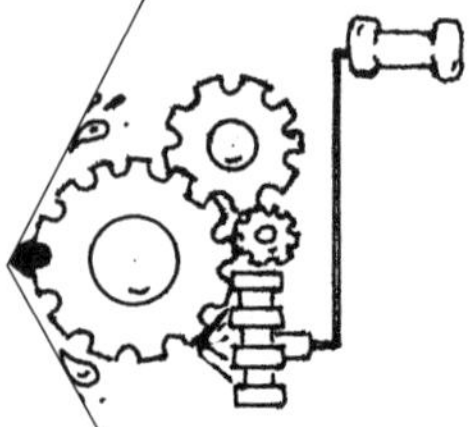

Wanne
Wann
Wa
W
Wa
Watt
Watte

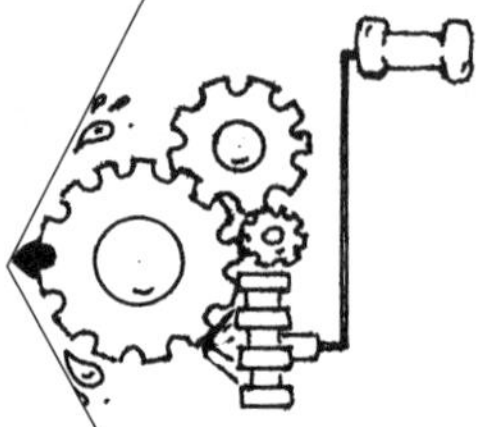

wollen
woll
wo
w
wei
wein
weinen

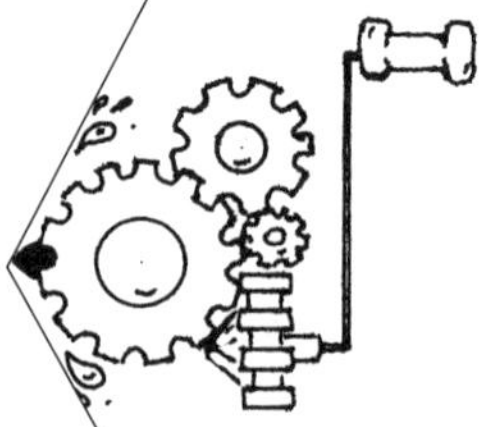

wo ? ? was

1. Wo ist Uwe?
2. Uwe ist im Sessel.

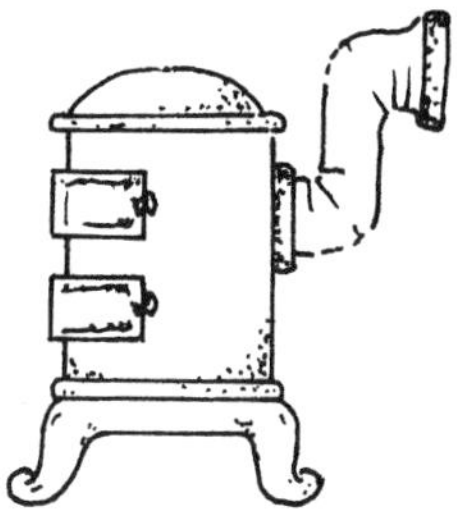

3. Wo ist Willi?
4. Willi ist am Telefon.

5. Wo ist Ute?
6. Ute ist am Ofen.

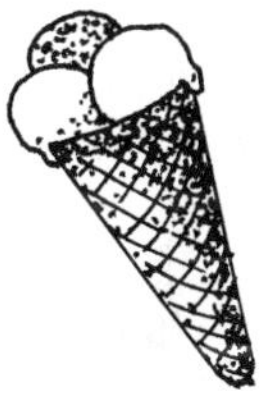

1. Was hat Uwe?
2. Uwe hat ein Seil.

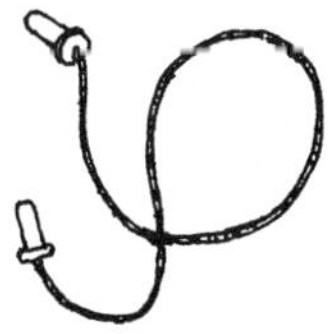

3. Was hat Willi?
4. Willi hat ein Eis.

5. Was hat Ute?
6. Ute hat eine Tomate.

1. Was hat Tina?
2. ______________________

W 5

Was ist nun los?

Alle lesen mit einem 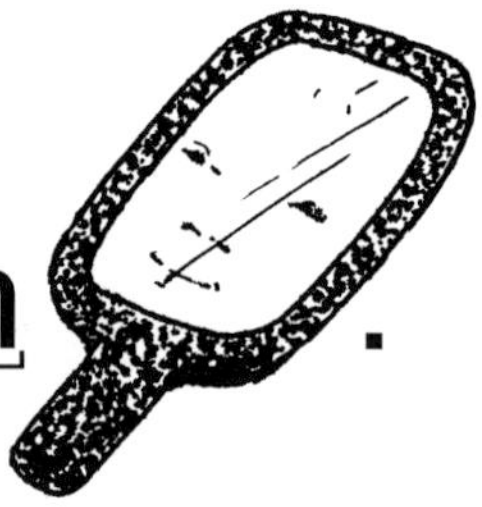 .

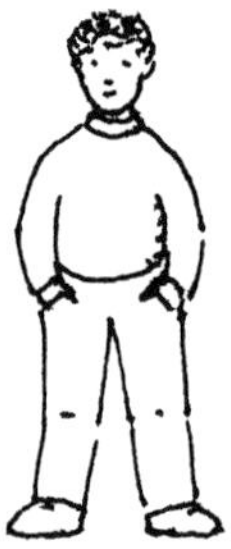

Uwe

Wolle

Wanne

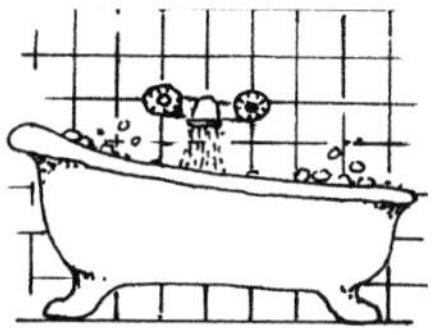

Waffel

Welle

Wein

Tafel

Heft

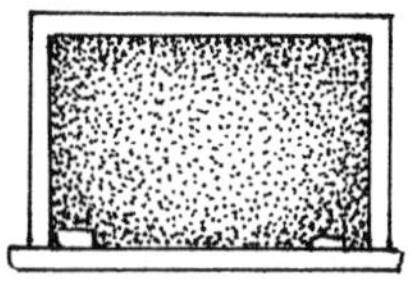

Tanne

Watte

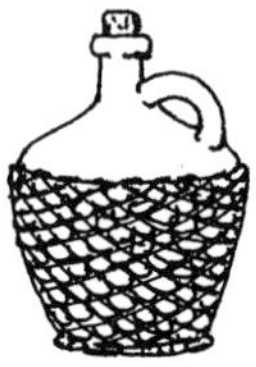

4.2.15 Lautzeichen Au/au — Auerhahn

Lautbildung und Abgrenzung: /au/ ist ein Diphtong (Zwie- oder Doppellaut) bei dem die Vokale /a/ und (kurzes; offenes) **/o/** eng miteinander verschmelzen.

Visuelle Differenzierung erfolgt gegenüber weiteren zweigliedrigen Schriftzeichen, im Bereich der auditiven Diskrimination wird au gegen ei abgegrenzt.

Arbeitsblatt — Au 1

Tier: Auerhahn

Einstimmung: Bild von einem Auerhahn, Vorstellung als großer Vogel, der bei uns heimisch ist, aber auf unseren Feldern nahezu vollständig verschwunden ist.

Wahrnehmung des Lautes im Wort: *Baum, Auto, Augen, Maus, Apfel, Haus*
- Lehrerin spricht Wörter deutlich aus
- Kinder malen die Bilder mit /au/-Wörtern farbig aus, Apfel wird gestrichen

Arbeitsblatt — Au 2

Sonne:

Lautlokalisation:

Wörter: *Baum, Auto, Maus, Augen, Haus, Schaufel, Zaun, Trauben, Pfau.*

Mond:

Schriftzeichen erkennen:
- Au/au, nachspuren
- Andere Schriftzeichen durchstreichen

Sprechanlass: *Was ist mit Klaus passiert?*
- Kinder äußern sich spontan.

Arbeitsblatt — Au 3

Sonne:

Gegensatzpaar *„laut"* und *„leise":*
- Kinder verhalten sich bewusst laut und leise.
- Lehrerin spielt laute und leise Geräusche vor (Tonband).
- Kinder sprechen Sätze: *Was ist laut? Was ist leise?*
- Wortaufbau *„laut": /l/au/t, „leise": /l/ei/s/e/*
- andere Wörter: Begriffe klären, aufbauen und zusammenhängend lesen

Mond:

Wörter: *Leiter, Maus, Pfeife, Haus, Schraube, Schleife*
- Wörter deutlich sprechen, bewusst hören, Schriftzeichen au oder ei eintragen (Der Bogen als Zeichen für zweigliedrige Schriftzeichen wird ab hier bei ei weggelassen und nur bei au verwendet)

Arbeitsblatt — Au 4

Sprechen zum Bild: *Wo hat sich die Maus versteckt?*
Leseübung: Lesen der Sätze, Wiederholung: *Stimmführung bei Fragezeichen* und Punkt.

Sprechübung: Üben von Fragestellungen nach dem Muster: *Ist eine Maus im Sessel?*

Arbeitsblatt — Au 5

„Purzelwörter" sind nach Sprachlauten, nicht nach Buchstaben verpurzelt!
- Wörter zusammensetzen
- Schriftzeichen in der richtigen Reihenfolge in die Schreibzeilen einsetzen
- Anschließend alle Wörter laut vorlesen
- Die Kinder überprüfen (Folie, Tafelanschrift), ob Wörter richtig gedruckt sind
- Wenn alles richtig ist: Bild und Wort verbinden

Au au

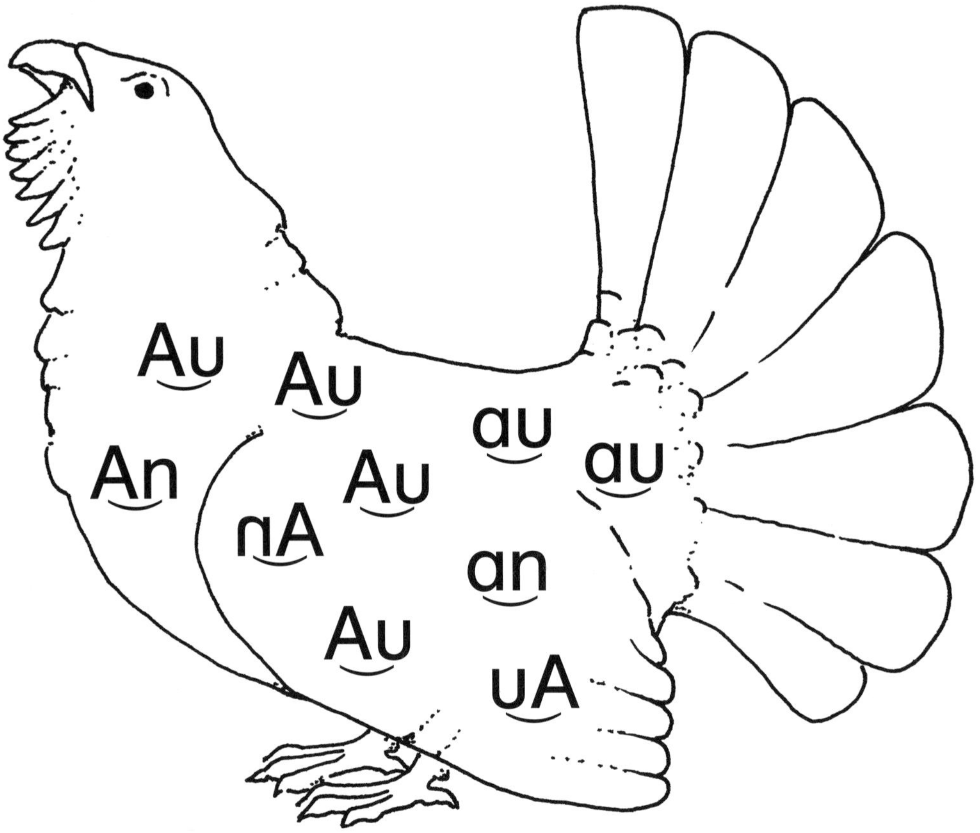

Au 2

Wo hörst du Au/au ?

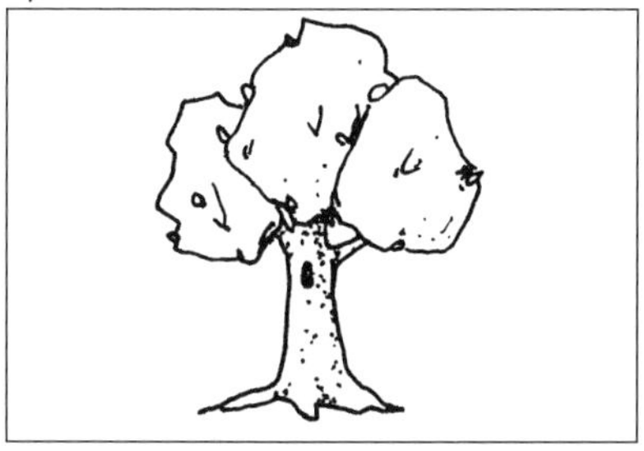
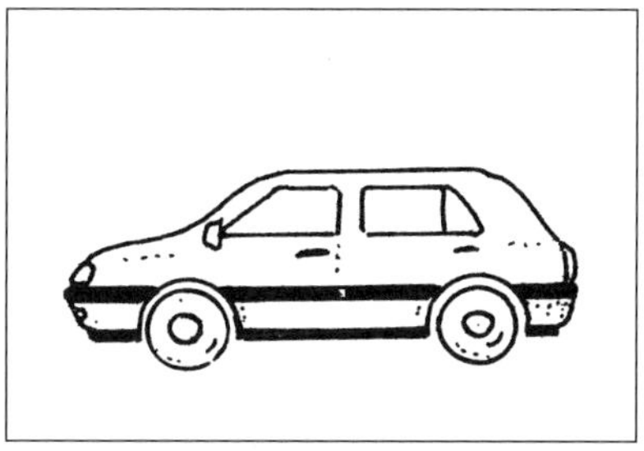
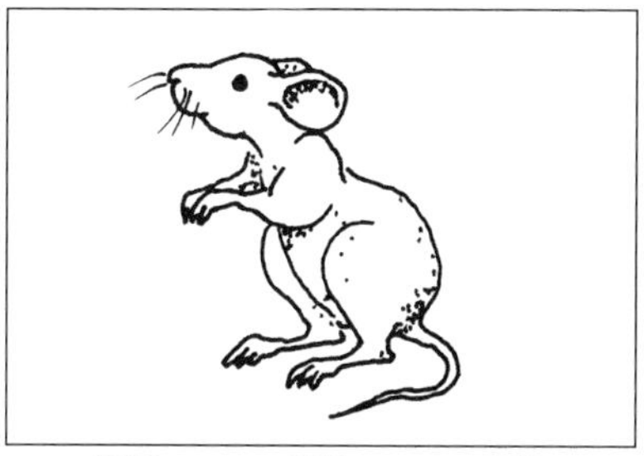

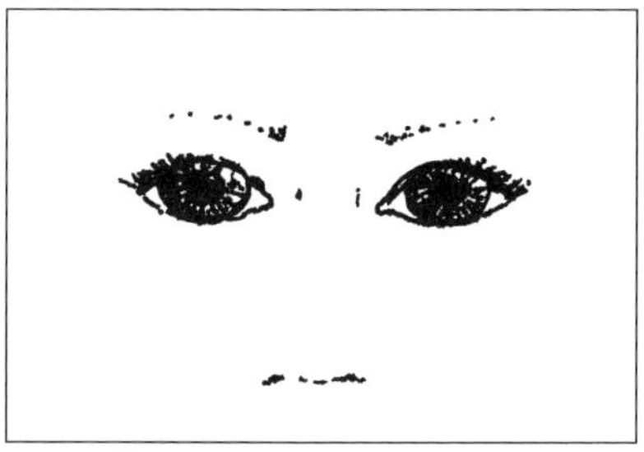

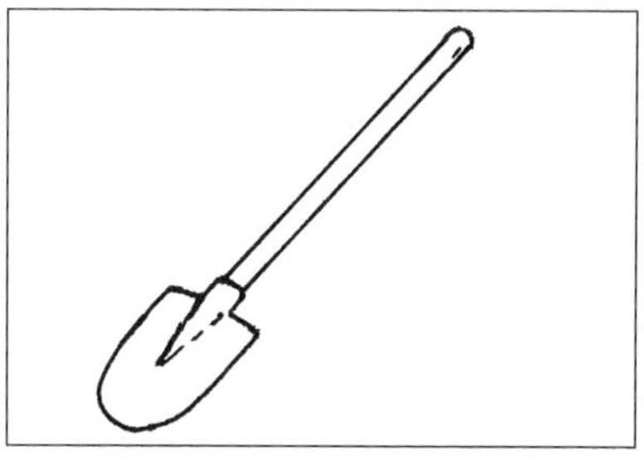

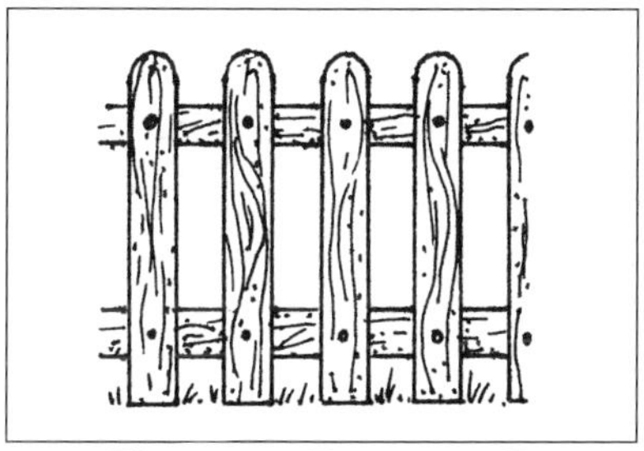

Wo siehst du Au/au ?

Alle lesen laut. Alle lesen leise.

l	au	t

l	ei	s	e

H		
H	au	
H	au	s

M		
M	au	
M	au	s

L		
L	au	
L	au	s

Au		
Au	t	
Au	t	o

l			
l	au		
l	au	f	
l	au	f	en

s			
s	au		
s	au	s	
s	au	s	en

H			
H	au		
H	au	f	
H	au	f	en

au	f

au	s

au oder ei ?

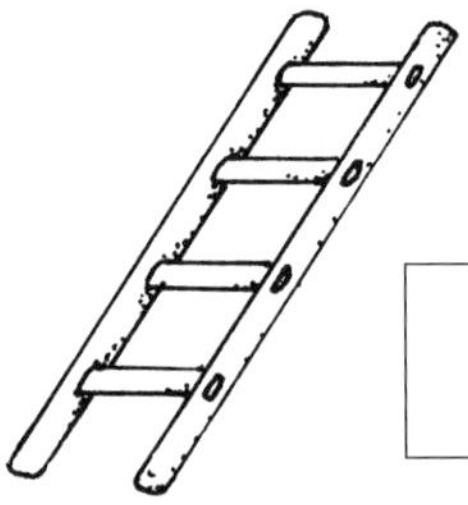

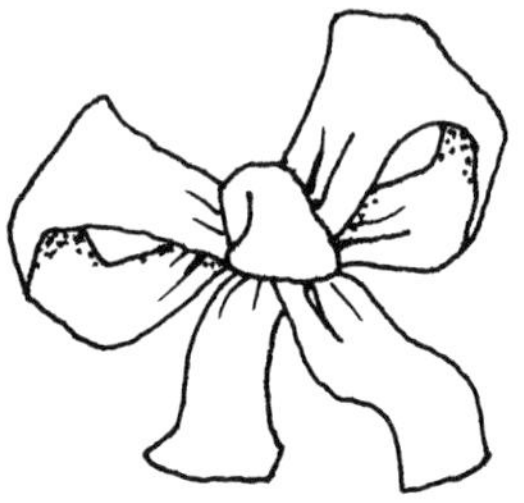

Eine Maus ist im Haus

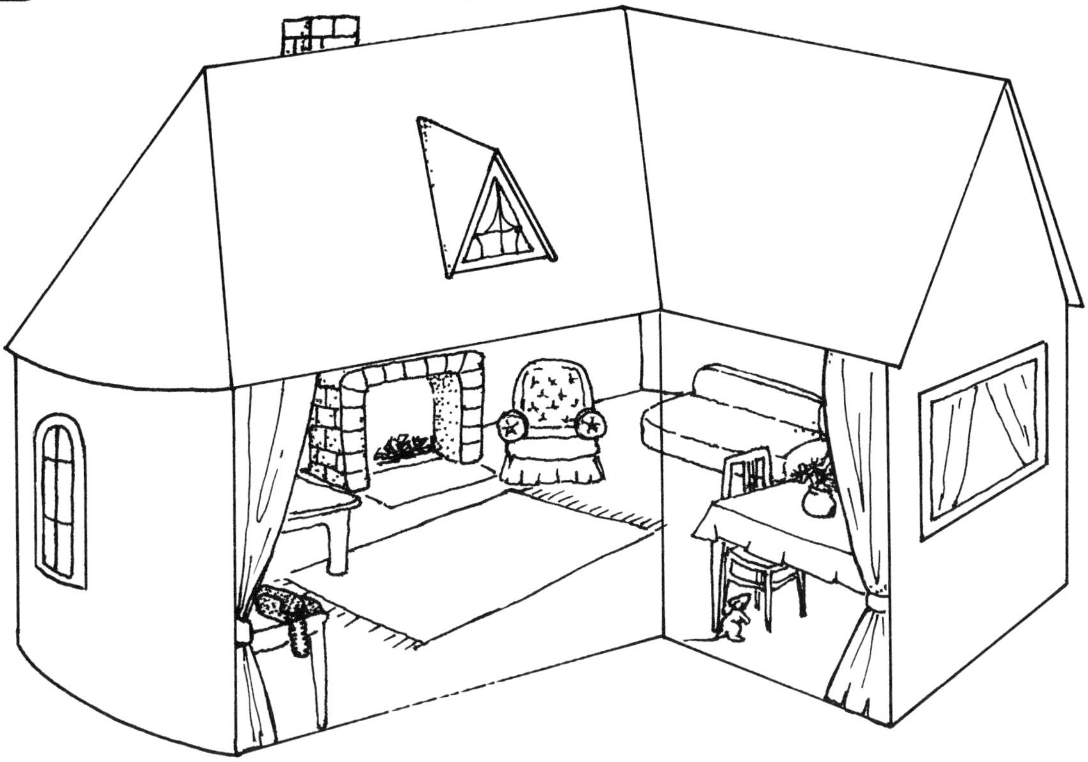

1. Nanu, eine Maus ist im Haus.
2. Alle sausen los.
3. Wo ist eine Maus?
4. Jst eine Maus im Sessel?
5. Jst eine Maus am Ofen?
6. Jst eine Maus am Telefon?

7. Es ist laut im Haus.
8. Was will Hans tun?
9. Hans will eine Mausefalle holen.
10. Alle laufen hinaus.

Purzelwörter

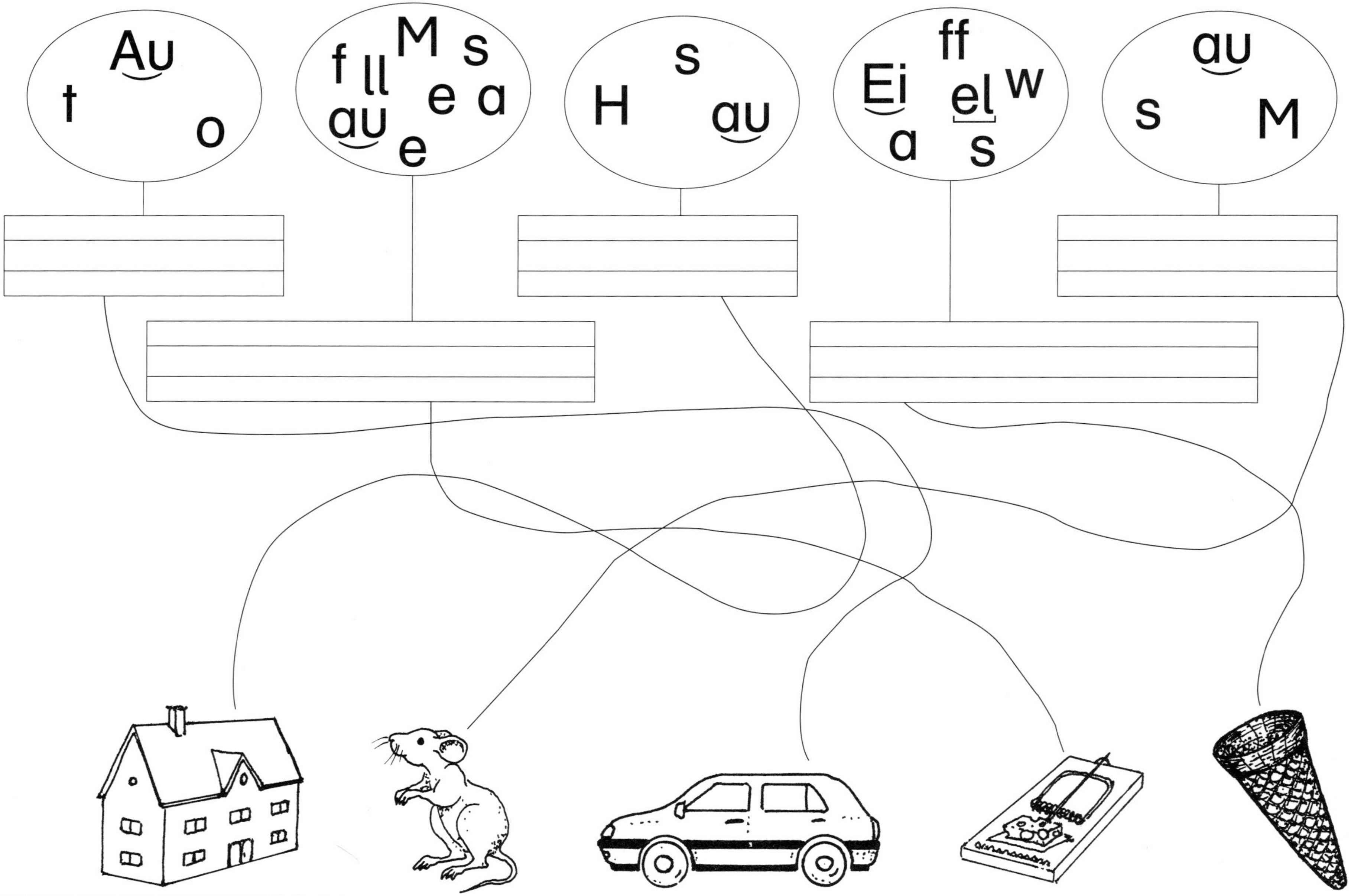

4.2.16 Lautzeichen R/r — Rabe

Lautbildung und Abgrenzung:
Der Laut /r/ ist ein stimmhafter Schwinglaut. Die Zungenspitze oder das Zäpfchen werden durch den Luftstrom zum Schwingen gebracht: Der durch Zäpfchen oder Zunge gebildete Verschluss wird immer wieder gesprengt und sofort wieder verschlossen. Dieser Vorgang wiederholt sich in schneller Folge während der gesamten Phonationsdauer. In weiten Teilen des süddeutschen Sprachraumes wird das Zungenspitzen-/r/, im nord- und mitteldeutschen Sprachraum das Zäpfchen-/r/ bevorzugt gebraucht. Beide Formen sind korrekt. Ein Kind, das die jeweils untypische Form gebraucht, sollte nicht korrigiert werden! In der Umgangssprache wird /r/ im Anlaut und zwischen zwei Vokalen sehr deutlich artikuliert. Im In- und vor allem im Auslaut wird es aber oft nur angedeutet oder überhaupt nicht ausgesprochen. *(z. B.: morgen - moagen/ hart - ha:t/ gestern - gestan/ schwarz - schwa:z/ Müller - Mülla/ Keller - Kella/.* In diesen Wörtern existiert das /r/ nur in der schriftsprachlichen Form. Lautsprachlich tritt es nicht in Erscheinung. Kinder, die nur die Lautsprache beherrschen, können diese Laute nicht wahrnehmen, da sie für sie gar nicht vorhanden sind! Solche Wörter sollten nicht mit einem übertrieben artikulierten /r/ gesprochen werden, da die Gefahr einer völligen Entstellung des Wortklanges besteht.
Wahrnehmungsübungen sollen den Wortklang bewahren! Andernfalls werden sie sinnlos, weil die Kinder eine völlig fremde Worthülse analysieren müssten!
Der Laut /r/ ist, wegen der schwierigen Lautbildung, aber auch wegen der oben dargelegten Problematik, außergewöhnlich oft gestört. Stammelnde Kinder lassen ihn weg oder ersetzen ihn durch /l/, /h/ oder /j/. Besonders in Konsonantenverbindungen (kr, tr, gr, dr, br, pr, schr, str, spr) stammeln die Kinder diesen Laut noch lange, auch wenn sie ihn isoliert oder zwischen zwei Vokalen schon sprechen können. Arbeitsblatt 5 kommt diesem Phänomen entgegen.

Ein /r/-Stammler kann das Zäpfchen-/r/ leichter erlernen als das Zungenspitzen-/r/. Als Vorübung ist *Gurgeln* geeignet. Wenn das Kind mit Wasser gurgeln kann, werden zunächst „Trockenübungen" mit zurückgebeugtem Kopf gemacht, dann kann der Kopf in Normalstellung gebracht werden. Dabei „gurgelt" das Kind weiter. Eine weitere Assoziation kann mit einem alten Wecker hergestellt werden: Das Kind soll „wie der Wecker" rasseln. Voraussetzung dafür ist, dass ein alter Wecker zur Verfügung steht und das Kind das Rasseln unmittelbar hören (= bewusst wahrnehmen) kann. Bis zu einem normgerechten Gebrauch in der Spontansprache ist es aber für das Kind oft noch ein sehr weiter Weg. Die Möglichkeiten des Leselehrgangs sollten für betroffene Kinder intensiv und individuell – sowohl für Sprach- als auch für Wahrnehmungsübungen – genutzt werden. Das Wortmaterial ist so ausgewählt, dass die Lautpositionen des /r/ bewusstes Wahrnehmen und Aussprechen des Lautes fördert. Es wird sicherlich notwendig sein, zusätzliches Wortmaterial einzubringen. Für diesen Fall möchten wir ausdrücklich davor warnen, Wortmaterial zu verwenden, in dem im Schriftbild zwar der Buchstabe r vorkommt, der Laut /r/ aber nur unter Entstellung des Wortklanges hörbar gemacht werden kann!
Der *Endung -er* gebührt besondere Aufmerksamkeit. Hier ist das /r/ grundsätzlich unhörbar, die gesamte Endung wird meist auf ein angedeutetes kurzes /a/ oder /e/ reduziert. Deshalb ist es besonders wichtig, sie im Erstleselehrgang als „phonetische Einheit" zu behandeln und später im Rechtschreiben auf diese „Einheit" immer wieder zurückzukommen!
Visuelle Differenzierung ist notwendig gegenüber den Schriftzeichen P, B, D, K, n, p, und h. Im Bereich der auditiven Diskrimination ist Abgrenzung erforderlich gegenüber ch2 (ach-Laut), j, l und h.

Arbeitsblatt — R 1

Tier: Rabe

- Verschiedene Dinge, die Geräusche verursachen, u. a. *ein alter Wecker, der rasselt*
- Die Kinder ahmen Rasseln nach
- Kinderbuch/Geschichte über einen Raben; Kinder erkennen Anlaut /r/
- Schnellsprechvers: „Roller, Roller, rattatat..."
- Schwingung bewusst machen: im Luftstrom schwingendes Blatt, Membran
- Gurgeln, Rasseln
- Selbstbeobachtung mit Handspiegel: Mund ist leicht geöffnet, die Zungenränder liegen seitlich an, die Zungenspitze oder das Zäpfchen schwingen im Luftstrom.
- Nun können wir fast alle Wörter erlesen! (außer: Robert, durch, die, Stadt)

Arbeitsblatt R 2

Sonne:

Wörter: *Regenwurm, Regenschirm, Reifen, Schere, Rose, Fahrrad, Roller, Möhre/Karotte, Motorrad* (hören, ankreuzen!)

Mond:

visuelle Differenzierung ähnlicher Schriftzeichen

Stern:

phonematische Differenzierung /r/-/l/ im Anlaut: richtiges Schriftzeichen eintragen

Arbeitsblatt R 3

Sonne:

Der Zauberer ist wieder da. Er hat einen neuen Zauberspruch:

- Zauberspruch lesen und auswendig sprechen
- Zaubermühle: Wortabbau und -aufbau, (phonemweise aufbauen)

Mond:

Erarbeitung der Endungen -er, -en, -el:

- Vorschlag für die Arbeit an der Tafel: je 5 Worträmpfe und nur eine Endung auf Kärtchen schreiben. Die Kärtchen mit den Endungen werden mit jedem einzelnen Wortrumpf kombiniert und gelesen.

Stern:

- Arbeitsweise wie vorher: Kärtchen schreiben und unterschiedlich kombinieren
- Wörter vom Arbeitsblatt ablesen und im Setzkasten setzen

Arbeitsblatt R 4

Sonne:

Sprechanlass: Rollerfahren

- *Wer hat einen Roller? Erzähle!*
- Zeilenweises Erlesen mit dem Lesepfeil
- Fragen zum Text beantworten, zusammenhängend nacherzählen
- Inhaltliche Erweiterung Zeile 10: *Was wollen sie essen?*

Mond:

Mündlich bearbeiten, daheim schriftlich beantworten

Arbeitsblatt R 5

Sonne:

Sprechanlass: „Wir spielen Kasperltheater"

- Sprechscheue Kinder können mit Handpuppen gut zum Sprechen motiviert werden!

Sprechübung:

- /t/ und /r/ isoliert deutlich artikulieren
- /t/ und /r/ mit einem eingefügten Vokal verbinden: *tara, tärä, täro,* usw.
- Kurze Pause zwischen /t/ und /r/: *t-ra, t-ro, t-rom*
- Pause verkürzen, bis /t/ und /r/ sprechmotorisch verbunden sind!

Singen und rhythmisch gestalten:
T-ra, t-ra, t-ra, die T-rompete macht t-ra
T-rom, t-rom, t-rom, die T-rommel macht t-rom
T-rin, t-rin, trin, die Triangel macht t-rin.

Mond:

Spiel mit Handpuppen:
Tri, tra, trullala, Kasperle ist wieder da
Kasperl sammelt Tr-Wörter (ausschneiden und aufkleben)

R r

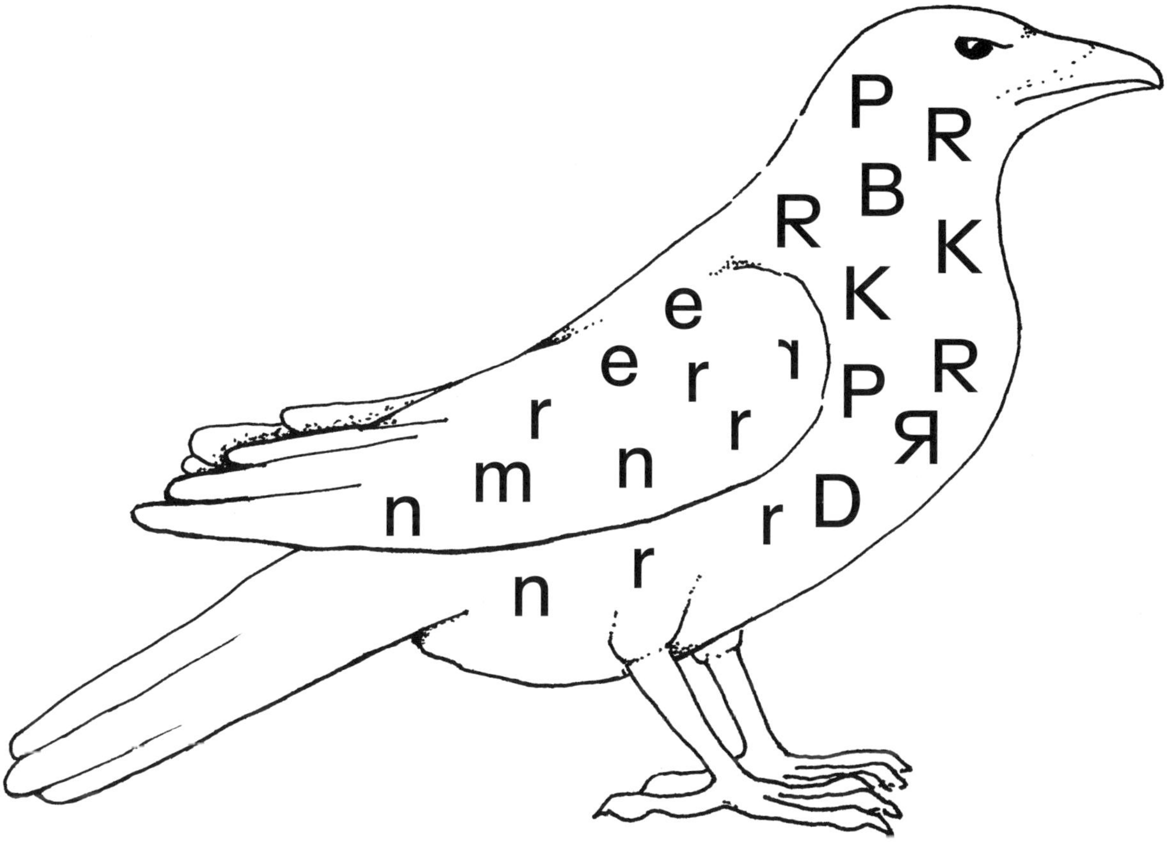

Lerne den R/r-Vers auswendig!

Roller, Roller, rattatat,
wenn Robert einen Roller hat,
dann rollt er durch die ganze Stadt.
Roller, Roller, rattatat.

Wo hörst du R/r ?

 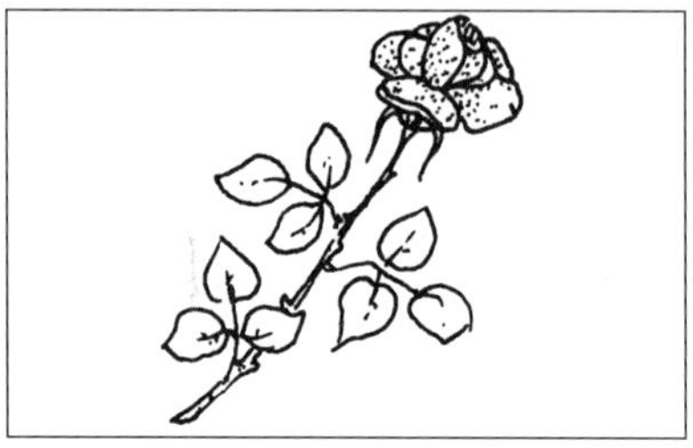 

 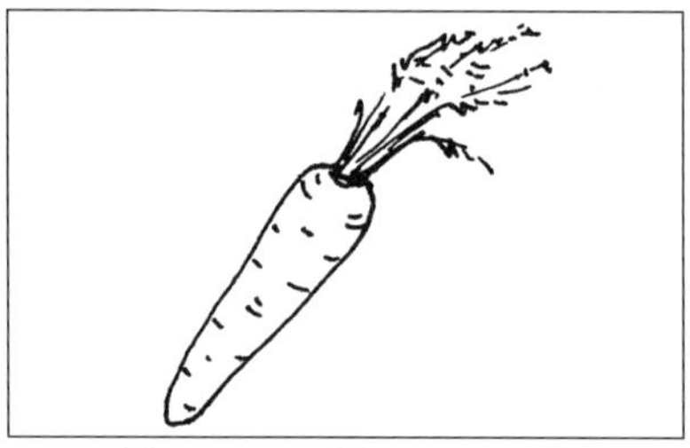 

Wo siehst du R/r ?

Я P R K R

R R Я R

r ɿ

m r ɿ r n

ɿ a r n r

R oder L ?

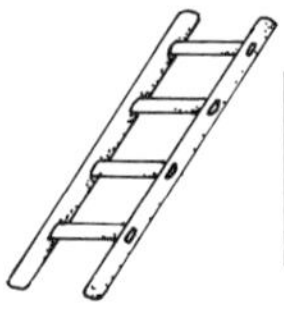  

Wir zaubern neue Wörter

Sim sala rim

Sam sala ram

Som sala rom

rufen	rennen	raufen	Roller
ruf	renn	rauf	Roll
ru	re	rau	Ro
r	r	r	R
rei	ro	ra	Rei
reit	roll	ras	Reit
reiten	rollen	rasen	Reiter

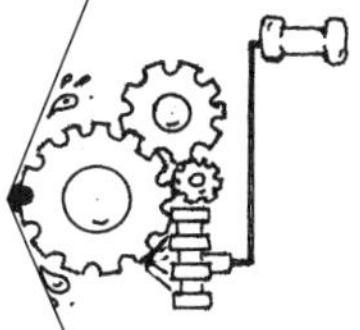
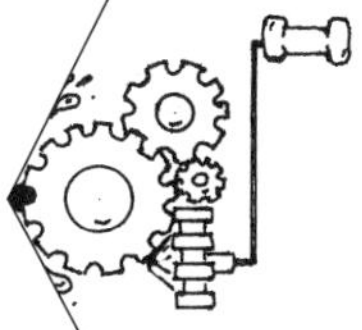
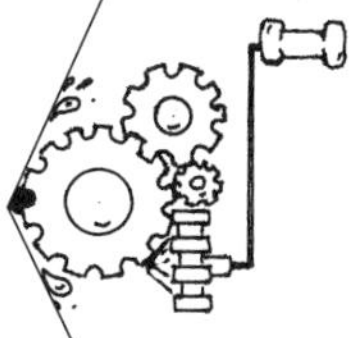
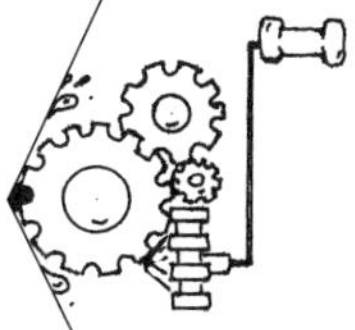

Viele Wörter enden auf

er	en	el
Mal er	lern en	Ams el
Mess er	reit en	Satt el
Wern er	reim en	Sess el
Eim er	rauf en	Rass el
Tell er	ruf en	Fess el

Ein anderer Buchstabe – ein anderes Wort.

Ros i/e H/R ose R o/a lf r/l aufen

Ein roter Roller

1. Es ist tolles Wetter.
2. Reiner will im Hof rollen.
3. Er hat einen roten Roller.
4. Reiner rast los.
5. Nun soll Rolf rollen.
6. Er will es lernen.
7. Rolf ruft: „Hilfe, Hilfe!“
8. Alle rennen hin.
9. Reiner hilft Rolf.
10. Nun ruft Mutter: „Wir wollen essen!“

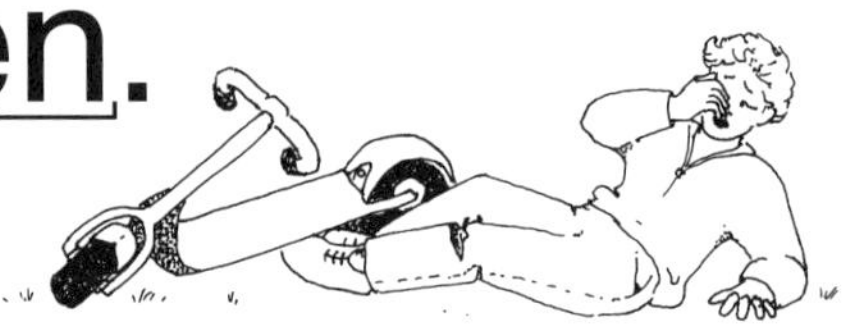

Alle antworten leise.

1. Wer will rollen?
2. Wo rollt Reiner?
3. Was ruft Rolf?

R 5

Wir spielen mit den Jnstrumenten.

Der Kasper sammelt Tr-Wörter.

Male oder schneide a‿us der Zeitung a‿us!

4.2.17 Lautzeichen P/p — Pinguin

Lautbildung und Abgrenzung: Wie /t/ ist auch /p/ ein Verschlusslaut oder Plosiv. Er unterscheidet sich von dem erstgenannten nur durch die Artikulationsstelle. /p/ entsteht infolge einer Sprengung der zunächst zusammengepressten Lippen. Als „harter" Laut hat er die typischen Merkmale der *Stimmlosigkeit* und des *starken Luftstromes.* Die Schriftzeichen müssen unterschieden werden von R, B a, q, b, d. Die Abgrenzung im auditiven Bereich muss gründlich gegen die Laute /b/, /t/, und /k/ erfolgen. Als Laut der 1. Artikulationsstelle treten bei seinem Gebrauch kaum Stammelfehler auf. Allerdings ist der sehr flüchtige Plosiv nur schwer wahrzunehmen und von den anderen Plosiva zu unterscheiden. Der Schwerpunkt der lautsprachlichen Förderung liegt deshalb besonders bei der auditiven Wahrnehmung. Die Differenzierung erfolgt, wenn weitere Plosiva erarbeitet worden sind, insbesondere gegenüber /b/.

Einführung der Mitlautverdopplung: In dieser Sequenz wird ausdrücklich auf das Problem der doppelt geschriebenen Schriftzeichen eingegangen: „Mitlautverdopplung" ist eigentlich nur Buchstabenverdopplung. An der Lautqualität ändert sich nichts. Die Verdopplung dient der Betonung der Kürze des vorhergehenden Vokals.

Dies ist später Gegenstand des Rechtschreibunterrichts. Die Kinder lernen, dass zwei aufeinanderfolgende gleiche Schriftzeichen als ein Laut gelesen werden.

Beim Lautieren und Wortaufbau gelten sie als ein Baustein: „Ich sehe zwei p, spreche aber nur eines aus."

Arbeitsblatt — P 1

Tier: Pinguin

Einstimmung: Geschichte oder Kinderbuch vom Pinguin, Pinguin als Symboltier

Artikulation: Stimmlosigkeit und starken Luftstrom betonen, Luftstrom verdeutlichen

- Sprechen gegen den Handrücken, Watteböllchen, Tempotaschentuch (wie bei /t/)
- Beobachtung am Handspiegel: Lippen zusammengepresst, springen durch Luftdruck auf, Geräusch entsteht, Spiegel muss beschlagen.
- Handzeichen

Buchstabenform:

- mehrfaches Nachspuren der Buchstaben oben (Buchstabenstraße)
- Nachspuren der Buchstaben im Pinguin

Wörter: *Raupe, Puppe, Teppich, Ampel, Rose, Pinsel*

Arbeitsblatt — P 2

Sprachförderung: verschiedene Kleidungsstücke ausprobieren, *spontan dazu sprechen: Wie es mir gefällt. Wie es mir passt. Was mich daran stört. Wann ich es anziehe, ... , Pulli – Pullover – T-Shirt, andere Kleidungsstücke, Oberbegriff „Kleidung"*

Sonne:

Lautlokalisation: *Pinsel, Papagei, Lampe, Pilz, Ampel, Puppe, Raupe, Paket, Treppe*

Mond:

- Wortaufbau: Synthese *„Peter", „Paul"*
- Setzen im Setzkasten
- Sprechvers vor- und nachsprechen, alle /p/ besonders deutlich artikulieren

Arbeitsblatt — P 3

Sonne:

- Phonemweiser Aufbau neuer Wörter
- Silbenbogen unter „Hampelmann"
- Lange Wörter in Silben zerlegen und Silbenbögen anbringen

Mond:

Reimwörter: Puppe – Suppe, Pappe – Mappe,
Wippe – Lippe

Hinweis: für /pp/ ist nur ein Lautfenster vorgesehen, weil es die Lautqualität von nur einem /p/ hat.

Stern:

Schriftzeichen P/p abwechselnd in Schreibzeilen eintragen

Arbeitsblätter — P 4/P 5

Inhaltliche und lesetechnische Erarbeitung der Texte:

- Fragen zum Thema stellen und beantworten, frei sprechen
- Alle Wörter mit P/p nachspuren und zusammenhängend lesen, im Setzkasten setzen
- Verbinden von Text und Bild, zur Illustration sprechen (P 4)

P p

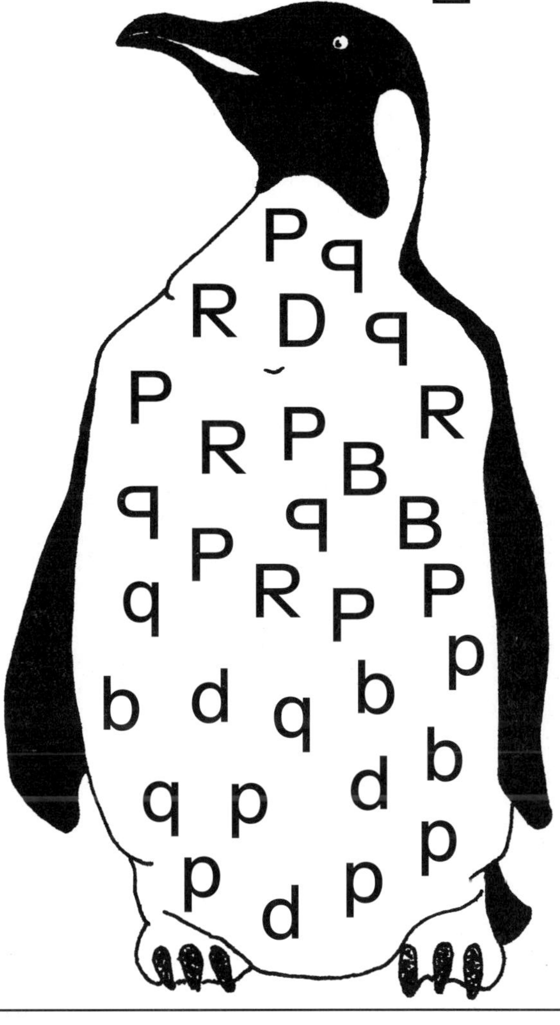

Wo hörst du P/p ?

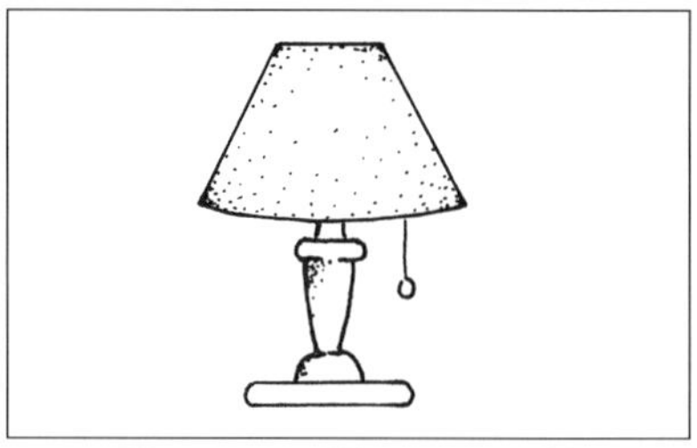

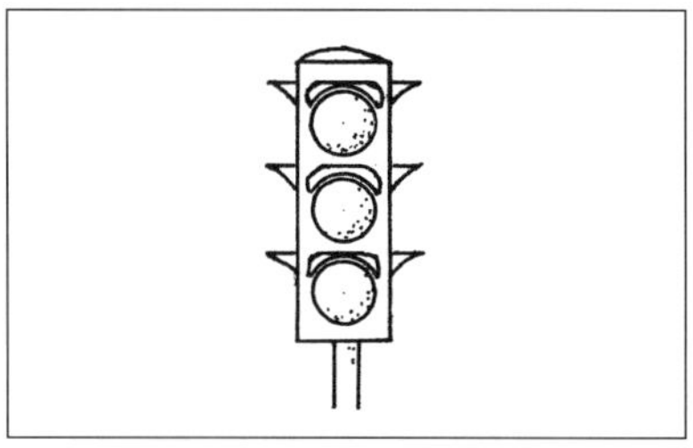

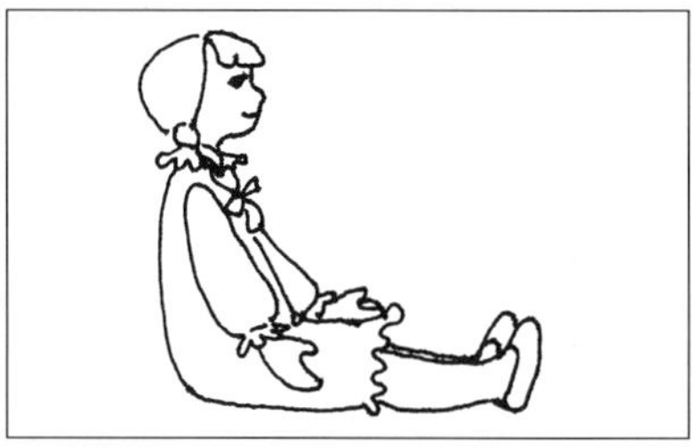

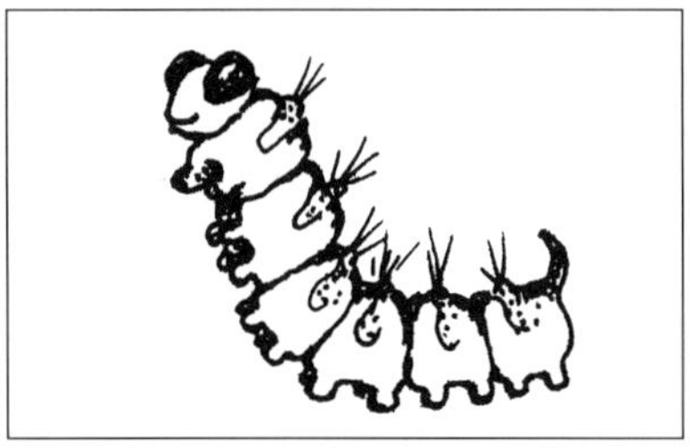

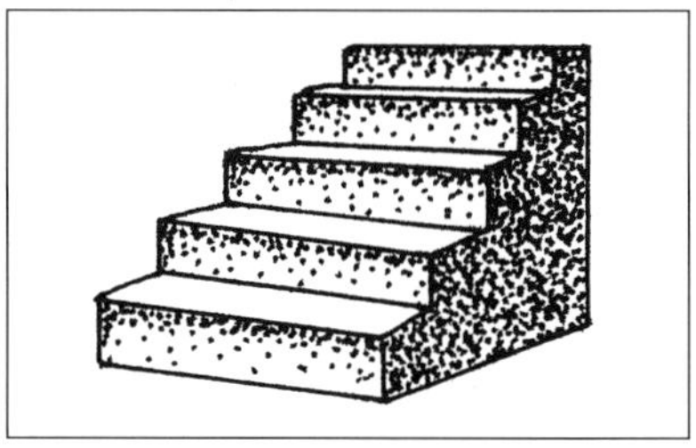

Lerne den P/p-Vers auswendig!
Spure alle P/p nach!

Paul passt Peters Pulli prima.
Prima passt Peters Pulli Paul.

Alle lesen laut.

P			
P	au		
P	au	s	
P	au	s	e

P			
P	a		
P	a	nn	
P	a	nn	e

W			
W	i		
W	i	pp	
W	i	pp	e

P				
P	a			
P	a	l		
P	a	l	m	
P	a	l	m	e

P				
P	i			
P	i	n		
P	i	n	s	
P	i	n	s	el

H	a	m	p	el	m	a	nn

Alle reimen laut.

P	u	pp	e
S			

P	a	pp	e
M			

W	i	pp	e
L			

Alle schreiben leise.

P p P p

Hurra, es ist Pause!

1. Alle tun etwas.

2. Paul malt in seiner Mappe.

3. Pit malt mit einem Pinsel.

4. Peter malt eine Palme.

5. Pia holt einen Hampelmann.

6. Petra holt eine Puppe.

7. Alle rufen:
   Eine Pause ist prima!

8. Nun laufen alle hinaus.

9. Was wollen alle tun?

P 5

Eine Pause ist prima!

1. Pit will eine Wurst essen.
2. Pia hat eine Tomate.
3. Petra hat ein Ei.

4. Nun will Pia mit Petra wippen.
5. Pit will mit Peter rollen.

6. Nanu, was ist los?
7. Peter hat eine Panne mit seinem Roller.
8. Ein Reifen ist platt.

9. Alle wollen Peter helfen.

4.2.18 Lautzeichen Pf/pf **Pferd**

Lautbildung und Abgrenzung:
/pf/ zählt zu der Lautgruppe der Affrikaten. Dies sind Laute, die aus jeweils einem Verschlusslaut (Plosiv) und einem eng damit verschmolzenen Reibelaut (Frikativ) bestehen. Bei /pf/ wird das /f/ mit Hilfe der den Verschluss /p/ sprengenden Luft gebildet. Der Verschlusslautanteil ist deutlich kürzer als der isolierte Verschlusslaut /p/, während der Engelautanteil genauso lange artikuliert wird wie der einfache Laut /f/.
Umgangssprachlich wird oft nur einer der beiden Anteile ausgesprochen, z. B. *Ferd (Pferd)* oder *Appel (Apfel)*.
Dementsprechend gibt es vor allem Wahrnehmungsprobleme, die auf die außerordentlich kurze Phonationsdauer des – wie schon beschrieben - schwer wahrzunehmenden Lautes /p/ zurückzuführen sind.
Das zweigliedrige Schriftzeichen sollte visuell zunächst durch einen Bogen zusammengeklammert werden. Die Abgrenzung im auditiven Bereich erfolgt gegen die Einzellaute /p/, /f/.

Arbeitsblatt — Pf 1

Tier: Pferd

Einstimmung:
- Pferd als Symboltier
- Lied und Singspiel „Hopp, hopp, hopp, Pferdchen lauf Galopp…"

Artikulation: An den „Wind" vom /p/ sofort den „Wind" vom /f/ anhängen. Einzellaute immer verschleifen, nie getrennt aussprechen!
- Sprechen gegen den Handrücken, Wattebällchen, Tempotaschentuch
- Beobachtung am Handspiegel: Lautbildung /p/ und /f/ in unmittelbarer Folge

Wörter: *Apfel, Pfanne, Pfeife, Pfeil, Feder, Topf*

Arbeitsblatt — Pf 2

Sonne:

Lautlokalisation: *Pfeife, Apfel, Topf, Knopf, Pfeil, Pfanne, Pfau, Zapfen, Pfote*

Mond:

Wörter deutlich sprechen, inhaltlich abklären, Sätze bilden: *Feder, Pfeife, Feuer, Pferd, Fisch, Pfanne, Pfeil, Fuß*
- Anfangslaute hören und richtige Schriftzeichen eintragen!
- Differenzierung Pf – F

Arbeitsblatt — Pf 3

Sonne:

- neuen Zauberspruch lesen und frei sprechen, Zauberer spielen
- Bogen unter zweigliedrigen Schriftzeichen: *„Dieses Zeichen klammert zwei Buchstaben zu einem Laut zusammen."*
- *Wir lesen die Zaubermühlen*

Mond:

Reimwörter: *Bei Reimwörtern ist immer das letzte Stück gleich, der Anfang aber unterschiedlich:*
Pfeil – Seil, Pfanne – Tanne – Wanne

Stern:

Siehe Arbeitsauftrag!

Arbeitsblatt Pf 4

Sonne:

Inhaltliches Erfassen der Sätze, Sprachförderung:

- Bilder betrachten und dazu sprechen, Eigenschaften finden
- Fragen zu den Bildern stellen und beantworten, frei sprechen
- Sätze mit Lesepfeil lesen, als Unsinnsätze erkennen
- Satzteile richtig zuordnen, mit Bleistift verbinden
- Welches Bild gehört zu welchem Satz? (Ziffern zu den Bildern schreiben)
- Verbinden von Text und Bild, zur Illustration sprechen

Mond:

Sprachförderung: Richtiger Gebrauch von Fragewörtern

- Wiederholung: Fragen, Fragezeichen, Stimmführung bei Fragestellung
- Mit „Wer?" frage ich nach Menschen (Tieren).
- Mit „Was" frage ich nach Dingen (Gegenständen).
- Lesen der Satzmuster und richtiges Beantworten der Fragen
- Transfer: Kinder stellen Fragen mit „Wer?" oder „Was?" und beantworten sie nach vorgegebenem Muster oder frei.

Arbeitsblatt Pf 5

Das Schneckenspiel (Würfelspiel zur auditiven Differenzierung):
Wörter: *Pferd (2 x), Feuer (3 x), Propeller (2 x), Pflaume (2 x), Feder (3 x), Finger (2 x), Pfanne, Fahne (2 x), Tabakspfeife, Trillerpfeife, Fuß, Pfeil, Fisch, Fernseher, Pfote*

- Bilder benennen, Inhalte abklären
- Begriff: Pfeife, Tabakspfeife – Trillerpfeife
- Begriffe: Pfote, Hand (Finger), Fuß

Spielregeln für das Spiel: Zwei Kinder würfeln abwechselnd und rücken vor.
Wer auf ein /pf/-Wort kommt, darf noch einmal würfeln. Sieger ist, wer zuerst in die Mitte des Schneckenhauses kommt. Wer verloren hat, darf neu beginnen.

Pf pf

Wo hörst du Pf/pf ?

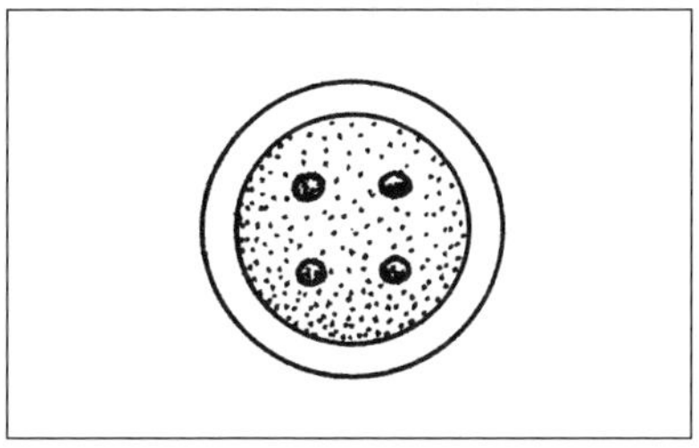
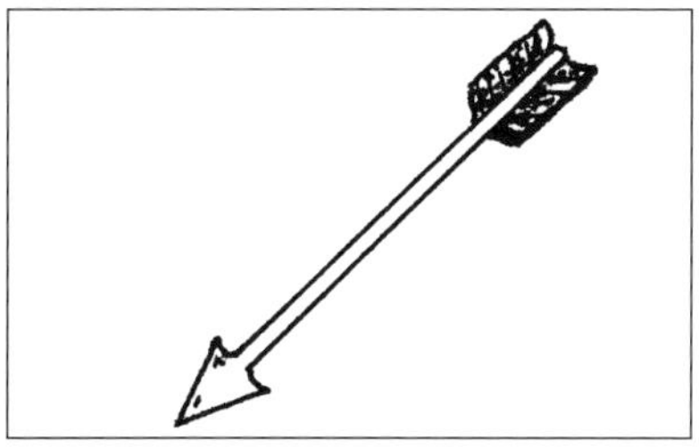
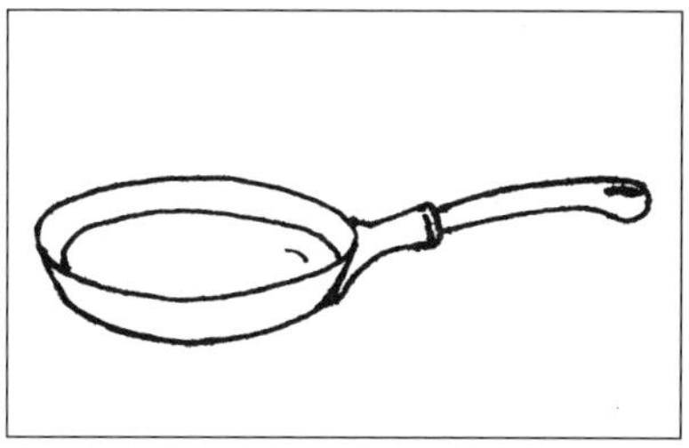

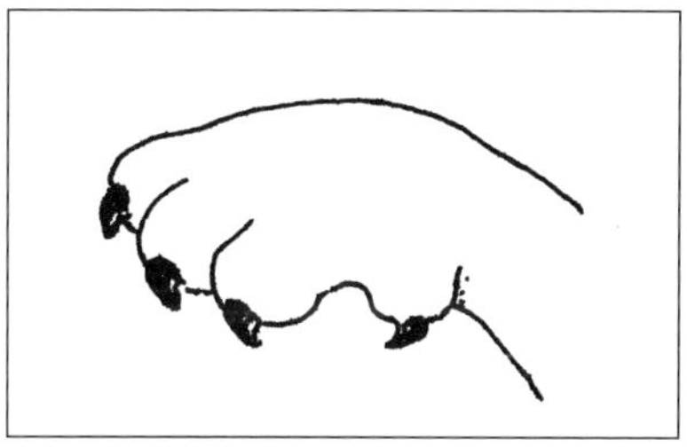

Pf oder F ?

Der Zauberer zaubert.

Sim sala pfim

Pfeife
Pfeif
Pfei
Pf
Pfa
Pfann
Pfanne

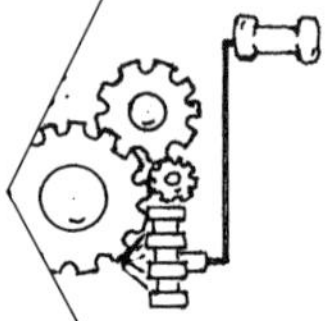

Pfeil
Pfei
Pf
Pfo
Pfot
Pfoten

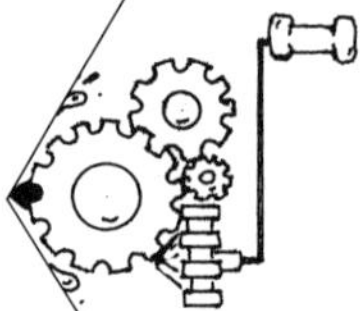

Pflaume
Pflaum
Pflau
Pfl
Pf
Pfl
Pfla
Pflast
Pflaster

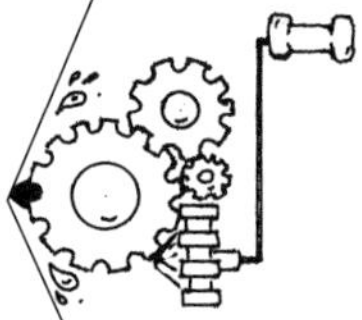

A		
A	pf	
A	pf	el

T		
T	o	
T	o	pf

Pf	
Pf	au

Alle reimen.

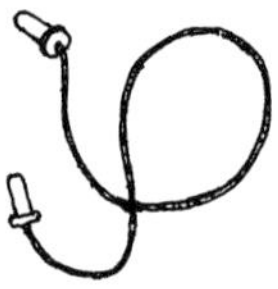

Pf
S
eil

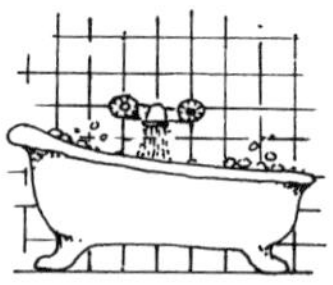

Pf
T
W
anne

Setze die Wörter im Setzkasten!

Pf 4

Hier stimmt doch etwas nicht.
Verbinde richtig!

1. Ein Apfel ist — Pfoten.
2. Eine Pflaume ist — Wasser.
3. Eine Pfeife ist — reif.
4. Jm Topf ist — rot.
5. Ein Wolf hat — laut.

Weiβt du es? Verbinde richtig!

1. Wer hat Pfoten?

2. Wer pfeift?

3. Was pfeift?

Das Schneckenspiel

Kommst du auf ein Wort, das mit Pf beginnt, darfst du nochmal würfeln.

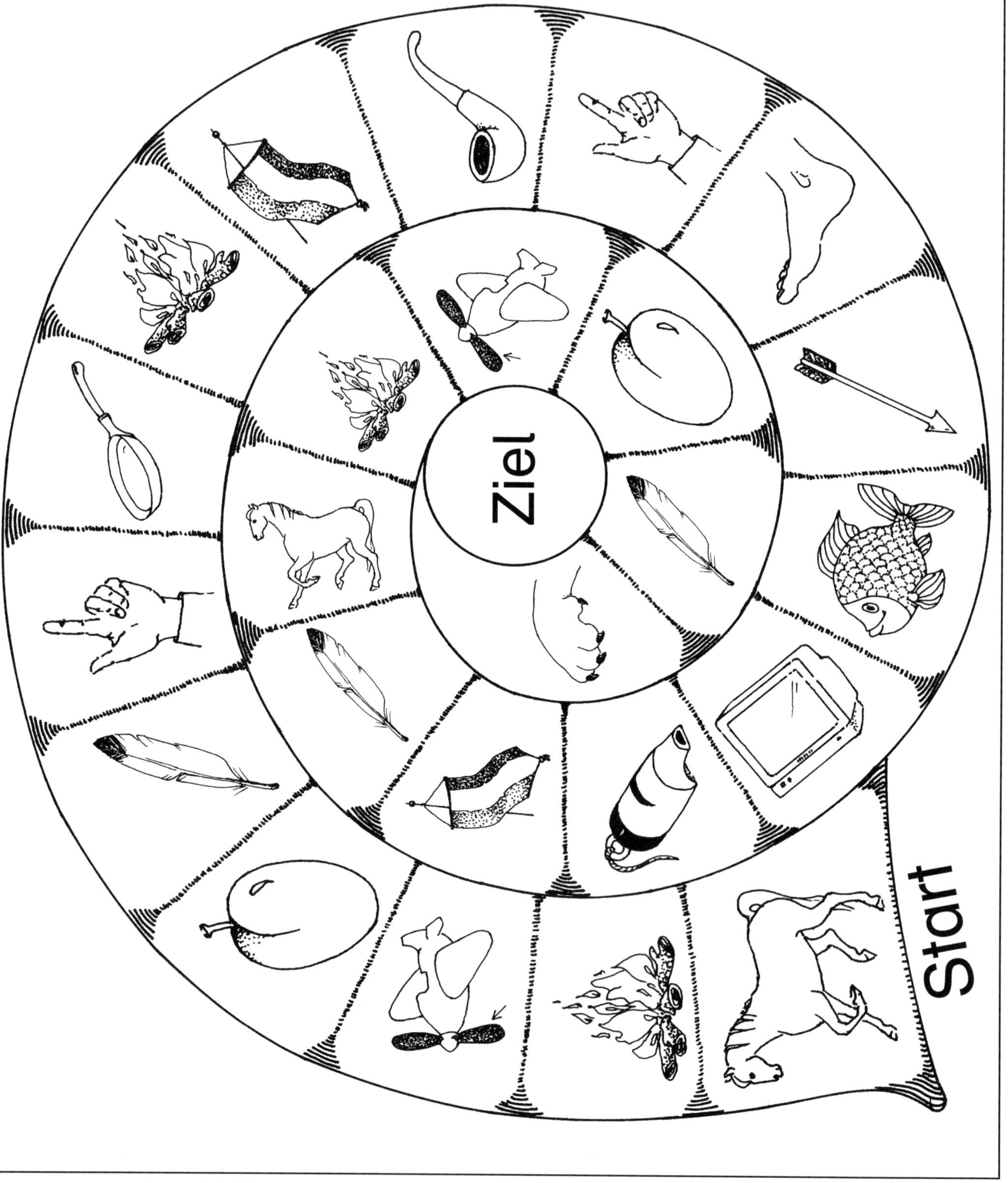

4.2.19 Lautzeichen Sch/sch — Schaf

Lautbildung und Abgrenzung:

/sch/ ist ein Vertreter der Reibelaute (Frikativa) mit einem eigenständigen Lautwert. Die Zungenränder liegen an den oberen Backenzähnen an. Die Zungenspitze befindet sich in der Nähe des oberen Zahnfleischrandes, ohne diesen jedoch zu berühren. Die Zungenmitte ist etwas abgesenkt und bildet gleichsam eine Rinne, die den Luftstrom nach außen leitet. Dabei entsteht ein zischendes Geräusch.
Der Laut /sch/ ist bei vielen Schulanfängern gestört oder wird unsauber artikuliert. Mehrere Formen des „Schetismus" treten auf:

1. /sch/ wird durch einen anderen Laut (meist /s/ oder den ich-Laut/Ch 1) ersetzt.
2. sch wird durch falsche Zungenstellung seitlich herausgepresst (Schetismus lateralis = „Hölzeln").

Während die unter 1. genannten Formen durch Übungsbehandlung leicht korrigiert werden können, stellt sich der „laterale Schetismus" (2.) meist sehr hartnäckig dar.
Kinder mit einem *Sigmatismus interdentalis (Lispeln),* neigen dazu diese S-Fehlbildung auch auf /sch/ zu übertragen. Sie bringen auch bei /sch/ die Zunge zwischen die Schneidezähne.

Im Rahmen der auditiven Differenzierung ist es notwendig, /sch/ insbesondere von /s/ und /ch 1/ abzugrenzen. Arbeitsblatt Sch 3 sieht dazu eine Übung vor, die mit entsprechendem Wortmaterial noch ergänzt werden kann.
Bei auditiven Wahrnehmungsübungen sollen die Kinder ganz bewusst hören und Lautsprache analysieren lernen. Diese Übungen erfordern ganz besondere Konzentration und Ruhe. Sie sollten regelmäßig stattfinden aber immer nur von kurzer Dauer sein! Als Hausaufgabe oder für Stillarbeitsphasen sind sie nur bedingt geeignet.
Sprechmotorische Schwierigkeiten treten oft noch sehr lange bei Konsonantenverbindungen wie *schr, schpr, str, schl, schn, schm, schkr* auf, auch wenn das betroffene Kind den Laut isoliert, im Anlaut und zwischen zwei Vokalen mühelos aussprechen kann.
Das *dreigliedrige* Schriftzeichen ist rein willkürlich festgelegt. Eine besondere Beziehung zu den darin repräsentierten Lauten gibt es nicht. Die Kinder sollen dieses Zeichen von Anfang an als eine untrennbare Einheit kennenlernen. Beim Wortauf- und -abbau ist stets das gesamte Schriftzeichen in einem Stück zu bewegen. Es sollte vermieden werden, den Kindern gegenüber von dem „es-tse-ha" zu sprechen.
Den Sonderfall *st/sp* lernen die Kinder später kennen.

Arbeitsblatt — Sch 1

Tier: Schaf

Einstimmung:

Symboltier „Schaf": Bilderbuch betrachten, Geschichte erzählen, Rätsel
- Bastelarbeit. Ein Schaf aus Wollresten kleben

Artikulation:

- Lippen wie einen Rüssel vorstülpen und dabei blasen
- Zischen wie eine Dampflok
- Beobachtung am Handspiegel: Zungenspitze bleibt hinter den Schneidezähnen, sie wird nach oben geführt und berührt „nur ganz leicht" den Gaumen.
- Rüssel bilden und blasen, Spiegel soll beim Anblasen beschlagen.

Buchstabenform gewinnen: Schriftzeichen c ist noch nicht bekannt. Es wird kurz erarbeitet, zwischen s und h positioniert und bleibt dann im Zusammenhang mit diesem Laut eine **untrennbare Einheit** mit den anderen beiden Teilen.
Sprechvers: Auf saubere Artikulation achten!
- Vers rhythmisch gestalten, sprechen und mit Bewegungen anreichern: Scherenbewegungen mit Armen, Händen, Fingern und Beinen ausführen.
- Nun gibt es nur noch einen unbekannten Buchstaben (d), im Sprechvers.

Arbeitsblatt — Sch 2

Sonne:

Lautlokalisation: *Fisch, Schal, Schirm, Schere, Tisch, Schaufel, Muschel, Schaf, Tasche*

Mond:

- Wörter lesen
- Bedeutung klären, dazu sprechen: Kinder sollen merken, dass die Wörter zu den Bildern oben passen
- Abschnitt von der Seite abtrennen
- Wörter ausschneiden und den Bildern zuordnen
- nach Selbstkontrolle durch lautes Vorlesen aufkleben

Arbeitsblatt Sch 3

Sonne:

- Neuen Zauberspruch lesen und frei sprechen, Zauberer spielen
- Bogen unter zwei- und dreigliedrigen Schriftzeichen:
  „Dieses Zeichen klammert drei Buchstaben zu einem Laut zusammen."
- Wir lesen die Zaubermühlen

Mond:

Phonematische Differenzierung/Hörübung: Erkennen des Anfangslautes: *Sonne, Schal, Schere, Sack, Säge, Schuh, Schirm, Sieb*

- Wörter deutlich aussprechen
- Kinder sollen ebenso deutlich nachsprechen und mit dem Handspiegel kontrollieren
- Erst dann entscheiden sie, welche Buchstaben sie eintragen müssen

Arbeitsblatt Sch 4

Inhaltliches Erfassen des Textes, Sprachförderung:

- Bild betrachten und dazu sprechen: *Wer sitzt auf dem Dach?*
- Sätze mit Lesepfeil lesen
- Text im Zusammenhang lesen, Gespräch über den Inhalt führen

Arbeitsblatt Sch 5

Sprachförderung, Förderung der visuellen Wahrnehmung und Beobachtungsfähigkeit:

- Bilder genau betrachten, Unterschiede feststellen und benennen
- Gezielte Aufgaben zur Beobachtung: Wo ist Mischa? (der Kater)
- Bilder der Reihe nach betrachten und zu jedem Bild einen Satz sprechen
- Eine kleine Bildergeschichte zusammenhängend erzählen
- Sätze lesen, ausschneiden und richtig zuordnen, nach Kontrolle aufkleben

Sch sch

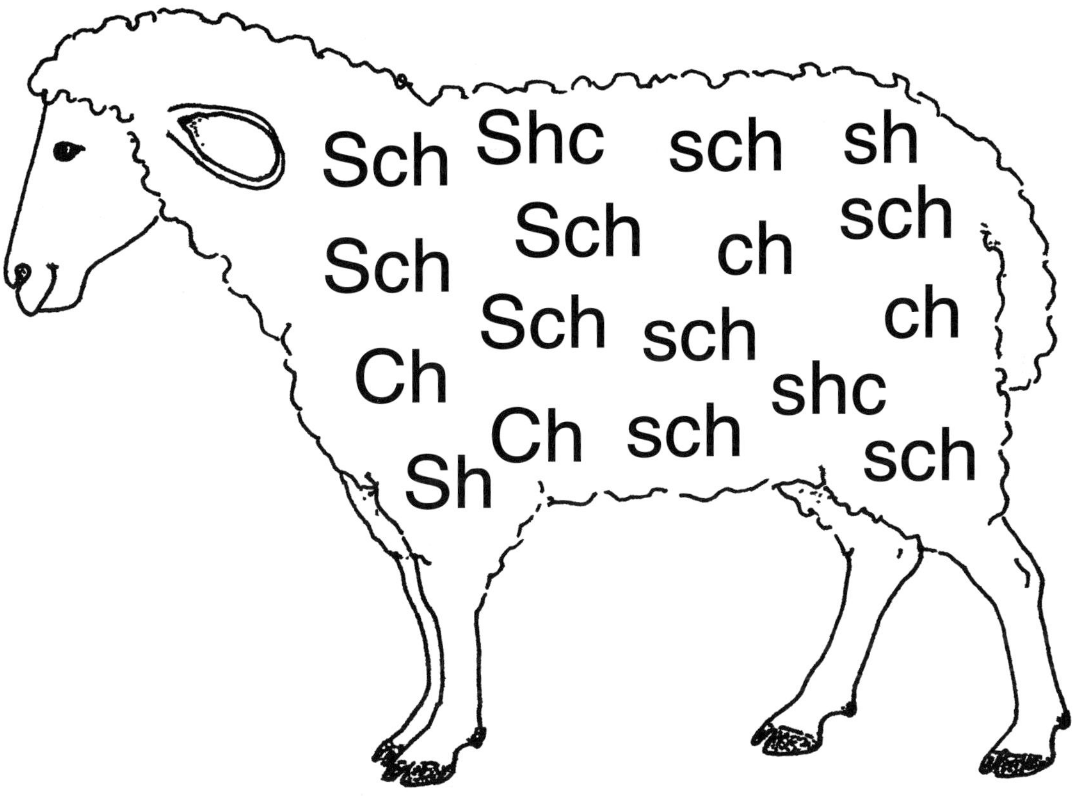

Lerne den Sch-Vers auswendig!

Schneiderschere schneidet
scharf,
scharf
schneidet Schneiderschere.

Wo hörst du Sch/sch ?

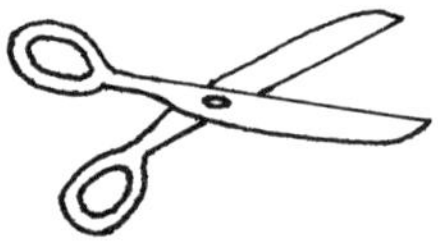

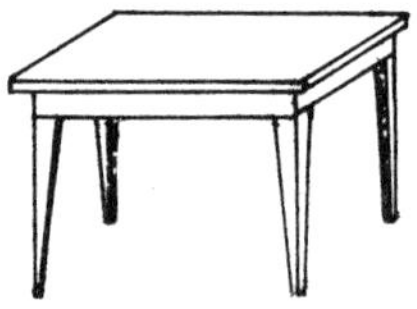

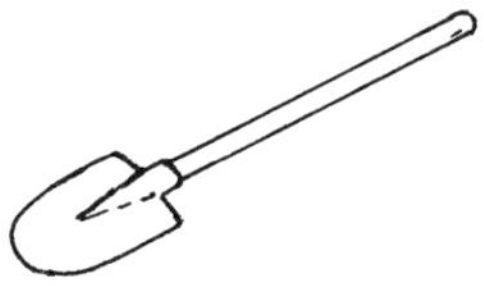

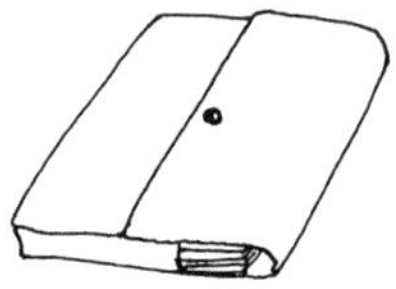

Welches Wort gehört zu welchem Bild?

Schaf	Schal	Schirm
Schere	Schaufel	Muschel
Tasche	Fisch	Tisch

Sch 3

Sim sala schim

Sam sala scham

Som sala schom

Mischa
Misch
Mi
M
Ma
Masch
Mascha

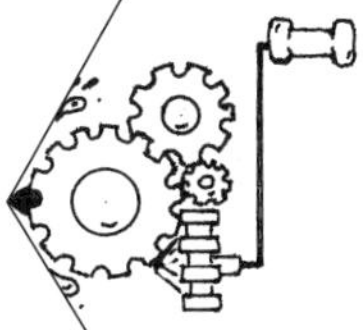

schauen
schau
sch
schr
schrei
schreien

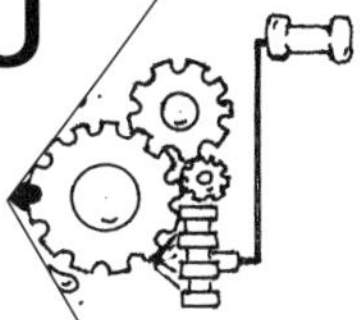

schon
scho
sch
scha
schar
scharf

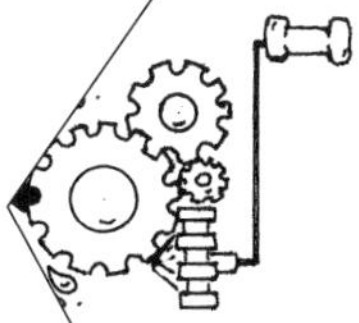

Sch oder S ?

 ☐

 ☐

 ☐

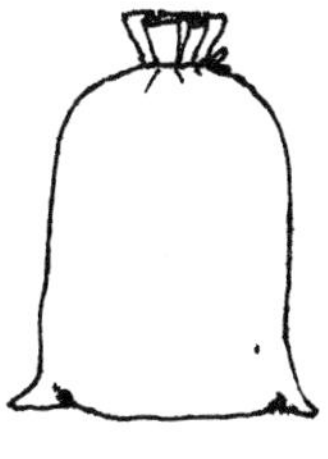 ☐

 ☐

 ☐

 ☐

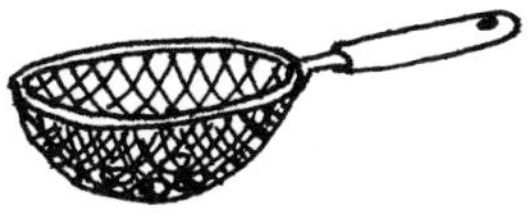 ☐

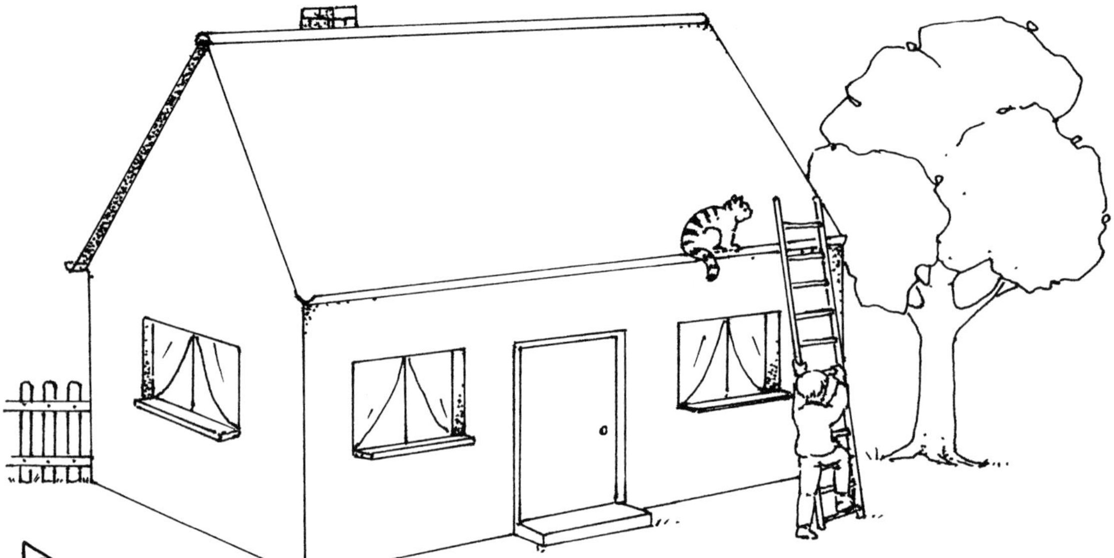

Wer rettet Mischa?

1. Schau, Mischa ist auf unserem Haus!
2. Mischa schreit laut: Miau!
3. Sascha will Mischa helfen.
4. Er schleppt eine schwere Leiter her.
5. Schnell will er hinauf.
6. Oh, nein! Sascha rutscht aus.
7. Er schreit: Au, au, au!
8. Papa rennt schnell her.
9. Er hilft Sascha auf.
10. Schau, Sascha! Mischa ist schon unten.

(Text: Johanna Dorndorf)

Sch 5

Welcher Satz passt zu welchem Bild?

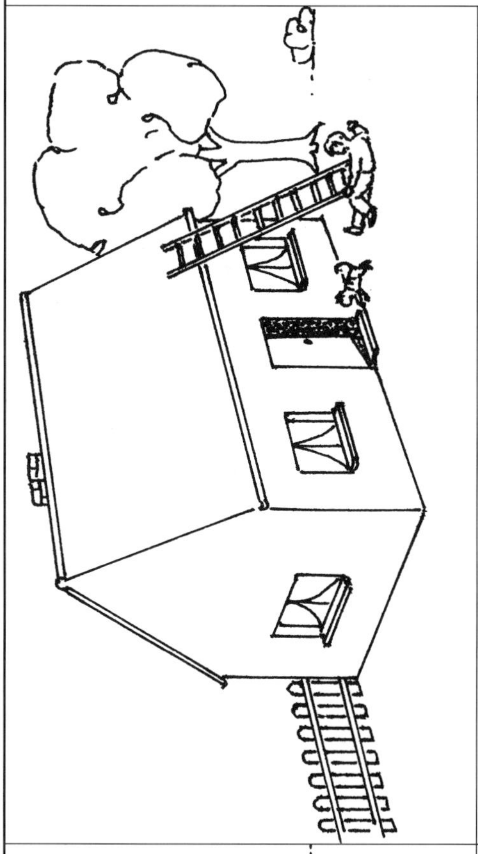

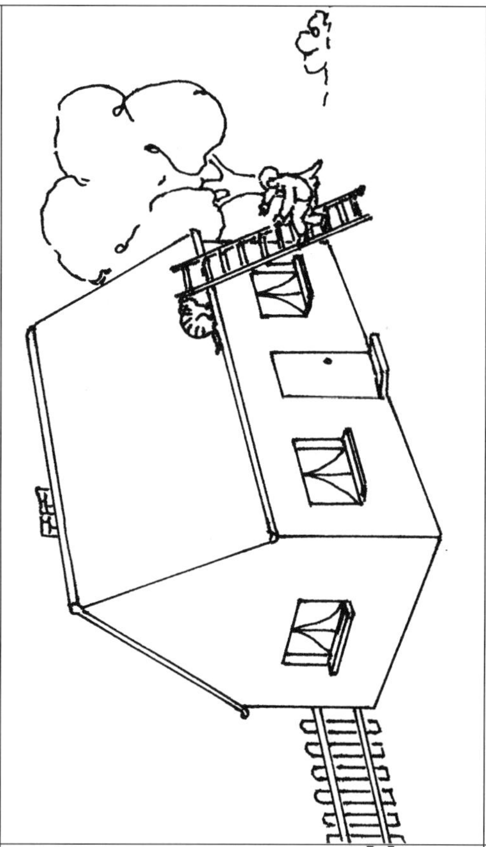

Mischa ist auf unserem Haus.

Sascha holt eine schwere Leiter.

Sascha rutscht aus.

Mischa rennt schnell ins Haus.

4.2.20 Lautzeichen K/k **Kamel**

Lautbildung und Abgrenzung:

/K/ gehört zur Gruppe der Plosiva. Es ist ein sogenannter „harter" Laut. Die Zunge liegt am Mundboden, ihre Ränder berühren die unteren Zähne, während der Zungenrücken zunächst einen Verschluss mit dem Gaumen bildet. Dieser Verschluss wird durch einen starken Luftstrom gesprengt. Beim isolierten Artikulieren darf kein angedeuteter Vokal, sondern nur ein hörbarer Hauch nachfolgen. Jeglicher Stimmeinsatz wird vermieden. Dies ist insbesondere wichtig, um im Kontrast zum /g/ (schwacher Luftstrom, Stimmhaftigkeit) beide Unterscheidungsmerkmale zu erhalten.
Schulanfänger ersetzen häufig /k/ durch /t/. Diese Kinder können den isolierten Laut /k/ meist ohne Schwierigkeit artikulieren, der Ersatzlaut /t/ wird oft nur im Wort gebraucht. In der Regel kann über Nachahmung, wie in K 1 beschrieben, der richtige Laut spontan gebildet werden.
Bei den *auditiven Wahrnehmungsübungen* sollen die Kinder /k/ von weiteren Plosiva abgrenzen: Wichtige Kontrastlaute sind:

- /t/ als Ersatzlaut, der an einer anderen Artikulationsstelle gebildet wird, aber mit dem /k/ bezüglich Stimmgebung und Luftstrom identisch ist. Er muss auch auditiv und über Handzeichen abgegrenzt werden.
- /g/ als Laut, der an derselben Artikulationsstelle gebildet wird und sich von /k/ durch das Merkmal der Stimmhaftigkeit und den schwachen Luftstrom unterscheidet.
- Handzeichen

Arbeitsblatt K 1

Tier: Kamel

Einstimmung:

Symboltier „Kamel": Bilderbuch betrachten, Geschichte erzählen, Anlaut auditiv und sprechmotorisch isolieren. Luftstrom abtasten oder – wie bei /t/ – mit Hilfe eines Papiertaschentuches sichtbar machen.

Individuelle Artikulationshilfe:

- Spielerische Hinführung mit Wurfspiel, Ball oder stumpfen Wurfpfeil auf eine Zielscheibe werfen
- Entstehendes Geräusch nachahmen (k-k-k-k-k-)
- Mittels Handzeichen die Artikulationsstelle und den kräftigen Luftstrom bewusst machen: Finger auf den Kehlkopf, dann ruckartig wegführen
- Es folgen Übungen in Silben (ka, ke, ki, ...), dann in Wörtern, in denen auf den Anlaut /k/ ein Vokal (Kanne, Kuh, Käse, kommen, ...) folgt.
- Es schließt sich die Übung von Konsonantenverbindungen an, z. B. Klammer, Knie, Kran. Hier ist oftmals eine kleine Pause zwischen /k/ und dem folgenden Laut hilfreich (K-lammer, K-nie).

Aufgaben: alle Schriftzeichen k und K einkreisen, /k/-Vers sprechen und auswendig lernen.

Arbeitsblatt K 2

Sonne:

Lautlokalisation: *Katze, Sack, Kleid, Rock, Kuh, Schnecke, Rucksack, Kuchen, Schokolade*

Mond:

Phonematische Differenzierung Anlaut /t/: *Tanne, Teller, Topf, Tasse*
Anlaut /k/: *Kanne, Käse, Kamm, Koffer, Korb*

- Lehrerin spricht die Wörter in der Reihenfolge des Arbeitsblattes vor.
- Kinder sprechen nach und kontrollieren mit dem Handspiegel.
- Kinder schreiben Anfangsbuchstaben in das jeweilige Kästchen.

Differenzierung: Leistungsstarke Schüler lösen die Aufgabe selbständig (Kontrolle)
Weitere Aufgabenstellungen:

- Reimwörter finden *(vgl. Minimalpaare)*
- Rätsel erfinden (Anlaute):

ein /k/-Wort: es ist ein Tier, das Milch gibt ...
ein /t/-Wort: daraus kann man Kaffee trinken ...

Arbeitsblatt K 3

Sonne:

- Ein neuer Zauberspruch: *Sim-sala-kim;*
- Vergleich mit dem letzten Zauberspruch, phonetischen Unterschied benennen
- Wortauf- und -abbau: Bausteine sind jeweils die Phoneme

k-au-f-en/k-o-mm-en/K-a-r-i-n/K-a-r-l-a/k-ei-n/k-l-ei-n/ P-a-p-r-i-k-a/K-a-r-t-o-ff-el-n/K-a-r-o-tt-en/K-e-k-s-e

- Diese Wörter in Silben zerlegen und mit Silbenbögen versehen

Mond:

Einführung des ck: ck ist die Verdopplung des /k/, c hat keinen eigenständigen Lautwert und ist Teil des Schriftzeichens; /ck/ folgt ausschließlich nach kurzem Vokal, auditive Wahrnehmung der kurzen Vokale vor /ck/. beim Lautieren wird /ck/ als /k/ angesagt.
Beim Wortaufbau wird /ck/ als ganzer Baustein verwendet.
Wörter zusammenhängend lesen

Stern:

Syntheseübung lt. Aufgabenstellung, ck als Einheit

Arbeitsblatt K 4

Sonne:

Lesetext:
„Was ist mit Kai nur los?"
Kranksein als Gesprächsanlass/Kinder berichten
Sprachförderung:

- Gebrauch von Adjektiven zur genaueren Beschreibung von Dingen:

kleine Kekse, kalten Kakao, harte Karotten, warme Kartoffeln, rote Kirschen

- Inhaltliche Erarbeitung, Fragen formulieren, Antworten geben.
- Frage- und Antwortspiel im Dialog zweier Kinder, auch als Partnerarbeit.

Mond:

Siehe Aufgabenstellung

Arbeitsblatt K 5

- Reimwortmemory basteln: Blatt auf ein Stück Karton kleben, Kärtchen ausschneiden und ausmalen
- Wörter oft sprechen, damit Kinder den Wortklang wahrnehmen können
- Memory spielen (Freiarbeit/Partnerarbeit), dabei Bilder benennen
- Variation: Lehrer hebt eine Karte hoch, jedes Kind zeigt das passende Reimwort.

Hinweis: Die phonematische Differenzierung von K- und T-Wörtern im Minimalpaar ist für sprachschwache Kinder das größte Problem. Deshalb sollten beim Auftreten von Schwierigkeiten die Handzeichen als unterstützende Maßnahme verwendet werden.

K 1

K k

Lerne den K/k-Vers auswendig!

Kleine Kinder können keine
kleinen Kirschkerne knacken.

K 2

Wo hörst du K/k ?

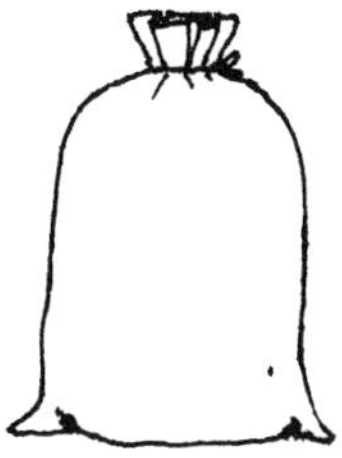

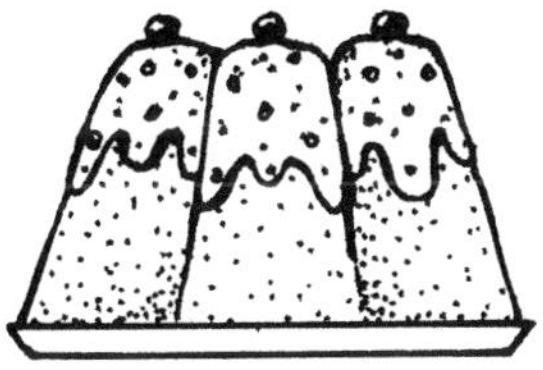

K oder T ?

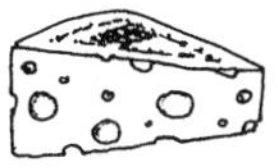

Sim sala kim

kaufen
kauf
kau
k
ko
komm
kommen

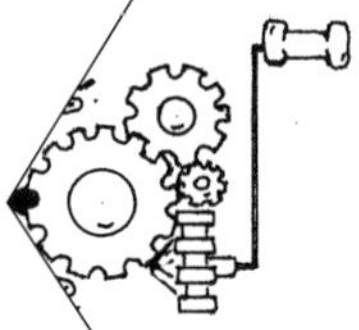

Karin
Kari
Kar
Ka
K
Ka
Kar
Karla

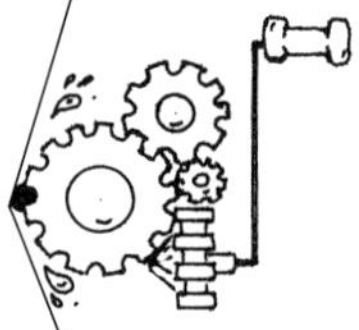

kein
kei
k
kl
klei
klein

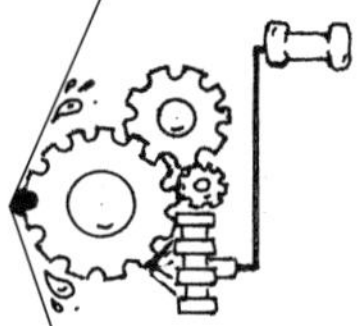

P	a	p	r	i	k	a

K	a	r	t	o	ff	el	n

K	a	r	o	tt	en

K	e	k	s	e

Wörter mit ck !

Verbinde Wort und Bild!

Rock

Sack

Rucksack

Fleck

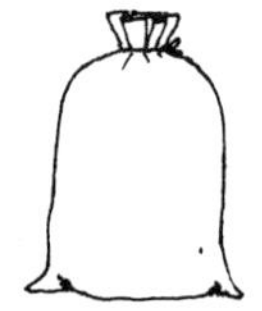

Setze die Wörter im Setzkasten!

K 4

Was ist mit Kai nur los?

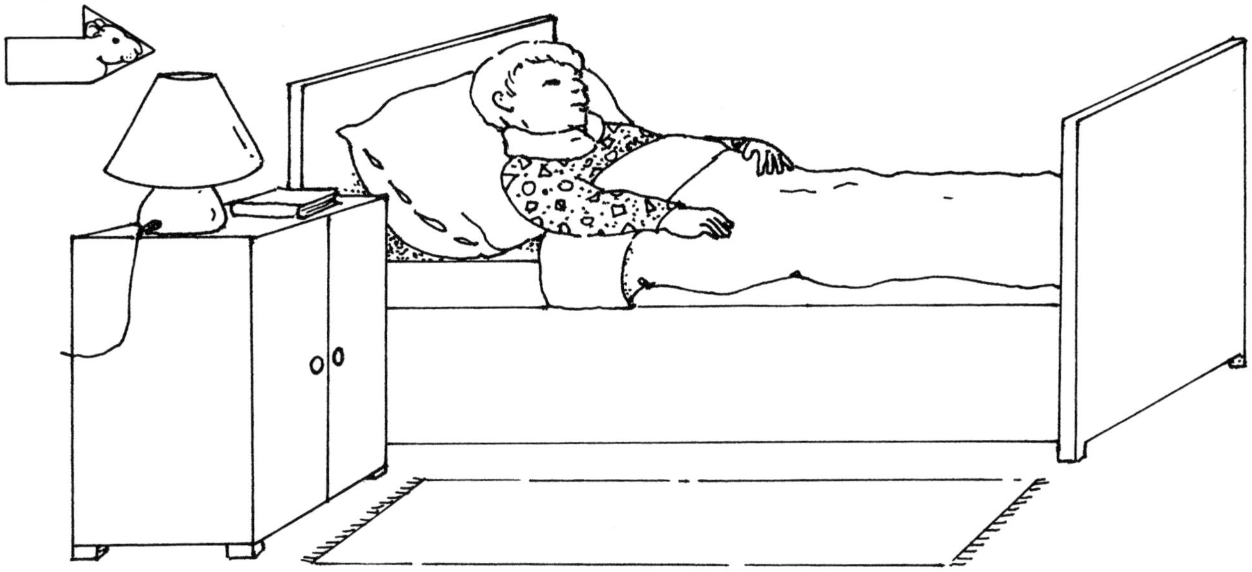

1. Kai ist im .
2. Er will keine kleinen Kekse.
3. Er will keinen kalten Kakao.
4. Er will keine harten Karotten.
5. Er will keine warmen Kartoffeln.
6. Er will keine roten Kirschen.
7. Was will er nur?
8. Er will nur einen Kamillentee.
9. Kai ist krank.

Male, was Kai nicht will! Erzähle!

K 5

Bastle ein Memory mit Reimwörtern!

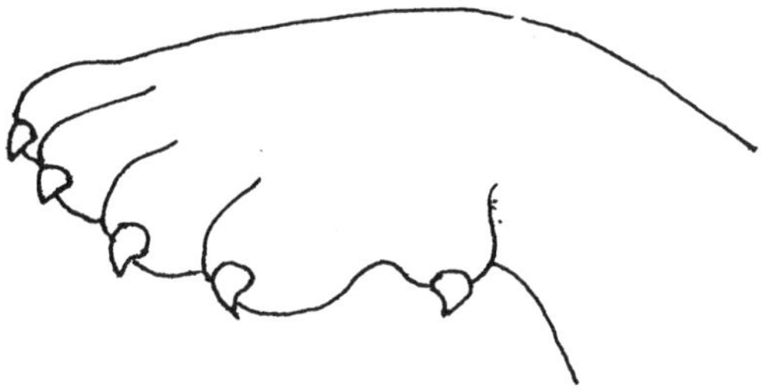

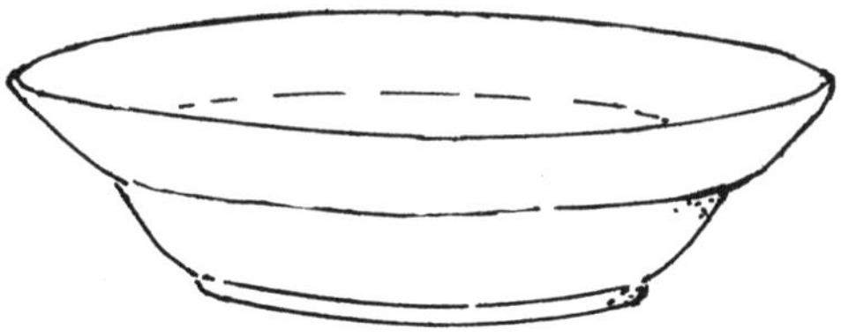

4.2.21 Lautzeichen ie **Biene**

Lautbildung und Abgrenzung:

Im Vordergrund stehen in dieser Sequenz die Übungen zum Hören und richtigen Wahrnehmen der Länge oder der Kürze des jeweiligen /i/-Lautes!
Wir halten die Fähigkeit, Länge und Kürze von Vokalen unterscheiden zu können, im Hinblick auf Rechtschreibung, für sehr wichtig. Deshalb haben wir diese spezielle Form der Vokaldehnung in den Leselehrgang aufgenommen.
Im Gegensatz zu den anderen Vokalen, bei denen nur Dehnungs-h oder Verdopplung die Länge bezeichnen, ist beim /i:/ das Lautzeichen /ie/ die häufigste Form der bezeichneten Länge. Allerdings können für den langgesprochenen Vokal /i:/ auch die Lautzeichen */ih/, /ieh/* und */i/ stehen.* Im Verlauf der Sequenz müssen die Kinder erfahren, dass nicht nur */ie/* für den langgesprochenen Laut /i:/ steht.

Wir unterscheiden:
/i/ kurzes, offenes i, wie: in, Milch, ist, irre
/i:/ langes i, wie: Biene, Ina, fliehen, ihre, Ire
Bei den auditiven Wahrnehmungsübungen sollen die Kinder lange /i:/ vor allem gegen kurzgesprochene, offene /i/ abgrenzen. Für die Übungen zum Erkennen von langgesprochenen („langen") und kurzgesprochenen („kurzen") Vokalen sind als Hilfe zunächst die motorische Begleitung (mit dem Finger einen langen Strich auf den Tisch zeichnen bzw. kurz auf den Tisch tippen) als Handzeichen sehr nützlich.
Handzeichen für den Laut: (.) kurzes, (–) langes i
Das Schriftzeichen ie gibt es nur als Kleinbuchstaben, der vor allem visuell von *ei* zu unterscheiden ist.

Arbeitsblatt ie 1

Tier: Biene

Einstimmung:
Gespräch über Bienen
Aufgaben:
- Erarbeitung des neuen Schriftzeichens *ie*
- Vergleich mit *ei*
- Dann alle Schriftzeichen *ie* nachspuren
- ei streichen

Wortmaterial: *Biene, Schleife, Ziege, Schwein, Brief, Sieb.*
Nach dem auditiven Ermitteln, ob ie oder ei zu hören ist, tragen die Kinder das richtige Schriftzeichen ein.

Arbeitsblatt ie 2

Sonne:

Differenzierungsübung: lang/kurz
Kissen, Fliege, Stiefel, Zwiebel, Kiste, Ziege, Brief, Spiegel, Brille
- Lehrerin spricht die Wörter in der Reihenfolge des Arbeitsblattes vor, Kinder sprechen nach
- Kinder machen unter Anleitung oder selbstständig die Handzeichen für kurz oder lang: (.), (–)
- Kinder schreiben Schriftzeichen *i* oder *ie* in die Kästchen
- Differenzierung: Leistungsstarke Schüler lösen die Aufgabe selbstständig (Kontrolle)

Mond:

Wörter aufbauend lesen: Phoneme */ie/* und */ei/* sind jeweils *ein* Baustein
alle *ie* unterstreichen; unter alle *ei* einen Bogen zeichnen
Märchen, in denen „Riesen" vorkommen, erzählen (Das tapfere Schneiderlein)
Geschichten über Riesen erfinden und erzählen, Wörter im Setzkasten aufbauen

Stern:

Siehe Arbeitsauftrag!

Arbeitsblatt ie 3

Sonne:

- ie und ei unterschiedlich kennzeichnen; Strich bzw. Bogen darunter (ie/ei).
- Gegensatzpaare: inhaltlich abklären, veranschaulichen: leise – laut; hart – weich; klein – groß
- Satzstruktur von Frage- und Antwortsätzen
- Wie-Fragen und Antwortsätze anwenden und auf andere Beispiele erweitern
- Text lesen

Mond:

Purzelwörter: Buchstaben in der richtigen Reihenfolge mit Bleistiftstrichen verbinden, erst danach in Zeilen schreiben!

Arbeitsblatt ie 4

Sonne:

Sprechanlass: Rücksicht nehmen
Wiederholung:
- Gegensätze *(laut und leise)* finden
- Weitere Gegensätze finden (hart-weich), (süß-sauer)

Fragen zum Inhalt stellen und beantworten, Vermutungen äußern
Visuelle Differenzierung von /ie/ und /ei/.

Arbeitsblatt ie 5

Würfelspiel: Zuerst alle Wörter entsprechend der Aufgabenstellung erarbeiten, danach in Partnerarbeit selbstständig spielen

Lotto: zwei Tafeln mit leeren Feldern gestalten, Bilder ausschneiden, auf einen Stapel legen, abwechselnd ziehen, entscheiden, ob ie- oder ei-Wort, dann auf die Lottotafel legen.

ie

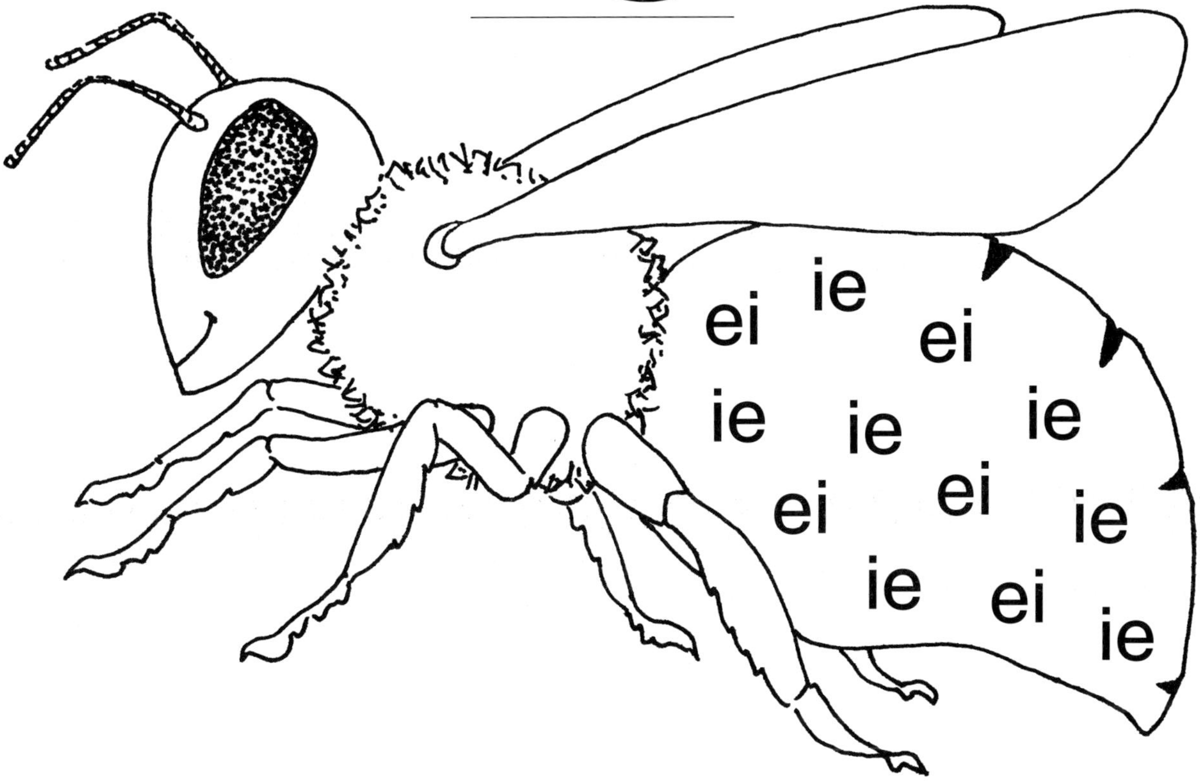

ie oder ei ?

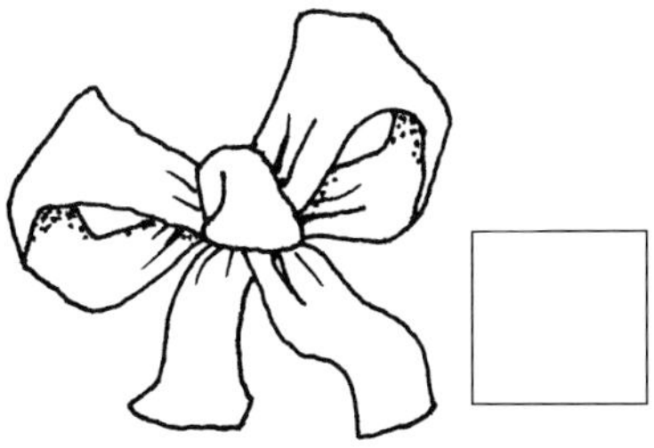

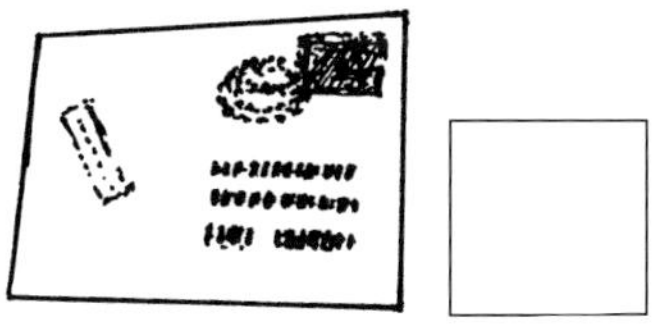

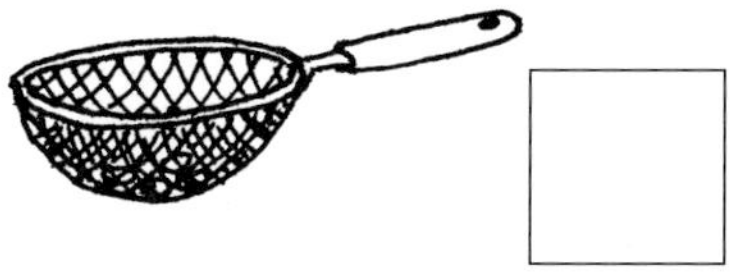

ie lang oder i kurz?

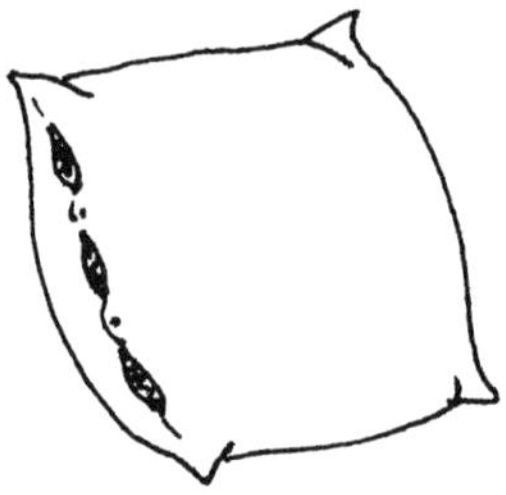

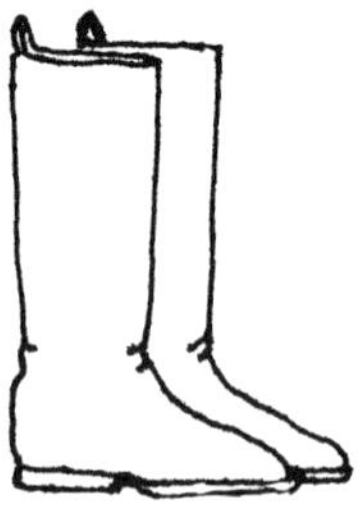

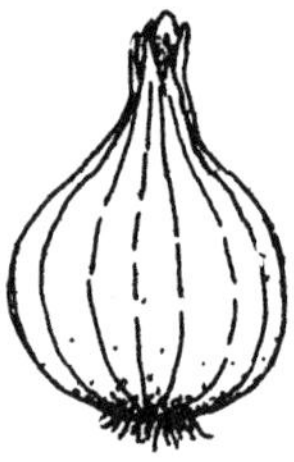
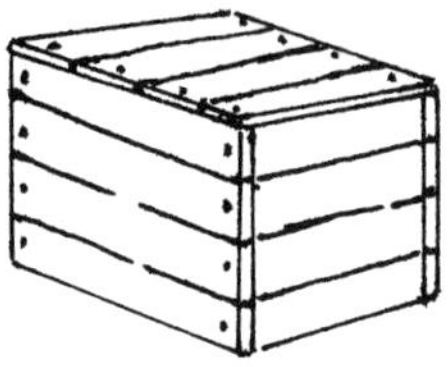

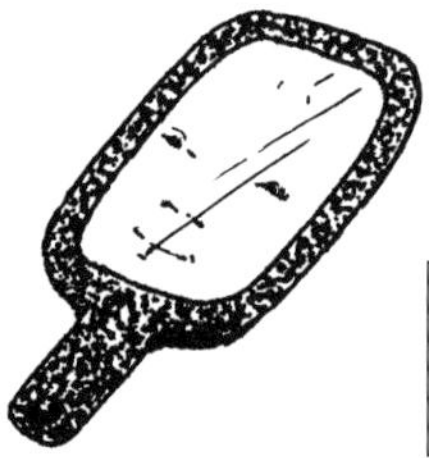

Kennzeichne ei und ie !

W	ie	s	e	L	ei	t	er	R	ie	s	e
R	ei	t	er	L	ie	s	e	l	ei	s	e
H	ei	n	er	sch	r	ei	en	h	ie	r	

Lies laut!

Finde Gegensätze!

1. Wie ist Liese?
   Liese ist leise.
   Wie ist Heiner?
   Heiner ist laut.

2. Wie ist Eisen?
   Eisen ist hart.
   Wie ist Wolle?
   Wolle ist ______.

3. Wie ist eine Maus?
   Eine Maus ist klein.
   Wie ist ein Elefant?
   Ein Elefant ist _____.

Verbinde richtig! Schreibe auf!

W s ie e

s ie e L

t er L ei

ie 4

laut – leise

1. Wie ist Heiner?
2. Heiner ist laut.
3. Wieso ist er so laut?
4. Heiner ist so laut,
   weil er schreit:
5. „Opa! Opa! Komm schnell her!
   Komm hierher!“
6. Wie ist Liese?
7. Liese ist leise.
8. Warum ist Liese so leise?
9. Sie ist so leise,
   weil Oma schlafen will.
10. Liese ruft leise: „Uschi! Uschi!
    Sei leise!“
11. Unsere Oma will schlafen.

ie oder ei ?

Sprich das Wort laut und deutlich!
Hörst du ie , dann darfst du weiterrücken!
Hörst du aber ei , dann musst du warten!

4.2.22 Lautzeichen D/d **Delfin**

Lautbildung und Abgrenzung:

Nachdem von den Plosiva die drei sogenannten „harten" Laute bekannt sind, folgt mit dem /d/ der erste „weiche". Diese Gruppe, zu der noch /b/ und /g/ zählen, unterscheidet sich von den harten Plosiva durch Stimmhaftigkeit und schwachen Luftstrom. In der Stellung der Artikulationsorgane entsprechen sie jeweils ihrem Pendant aus der anderen Gruppe. Deshalb müssen die beiden oben genannten Unterscheidungskriterien bewusst gemacht, und mit den Kindern muss die Differenzierung geübt werden. Auf die speziellen Handzeichen für Plosiva von Kossow wird hingewiesen.
/d/ wird selten gestammelt. In den hartnäckigen Fällen der Rückverlagerung (Backing) der vorne gesprochenen Laute ist eine Korrektur äußerst schwierig und sollte durch einen Logopäden oder Sprachheillehrer vorgenommen werden.
Bei der Lautlokalisation der drei „weichen" Plosiva tritt folgendes Problem auf: Wenn sie im Auslaut stehen, so verlieren sie ihre Lautqualität. Man spricht von der Auslautverhärtung, die im Rahmen des Rechtschreiblehrganges ausdrücklich behandelt werden muss. Aus diesem Grund wird hier auf die Auslautstellung des /d/ verzichtet.
In dieser Sequenz werden die *Artikel der, die und das* zusätzlich eingeführt und geübt. Die Übung des richtigen Gebrauchs der Artikel ist für Kinder mit nicht deutscher Muttersprache und für dysgrammatisch sprechende Kinder besonders wichtig!

Arbeitsblatt D 1

Tier: Delfin

Einführung und Arbeit mit diesem Arbeitsblatt wie gewohnt!

Artikulation: Zungenspitze hinter die oberen Schneidezähne legen, Zungenspitze tippt leicht an die Zähne, bewusster Stimmeinsatz, wenig „Wind" (Spiegel darf nicht beschlagen!)

Arbeitsblatt D 2

Hinweis:
Nicht alle Übungen an einem Tag durchführen, sondern auf 4 Übungseinheiten verteilen!

Sonne:

Lautlokalisation: *Dusche, Feder, Pudel, Drachen, Dose, Schokolade*

Mond:

Anfangslaut ermitteln und eintragen: *Tanne, Tasse, Deckel, Topf, Dach, Delfin*

Stern:

Inlaut ermitteln und eintragen: *Nadel, Feder, Krokodil, Tomate, Kette, Leiter*
Wörter vorher deutlich artikulieren, Kinder sollen selbst sprechen!

Wolke:

- Wörter mit beiden möglichen Anfangslauten laut vorlesen
- Kinder entscheiden, begründen ihre Meinung anhand der bekannten Unterscheidungskriterien zwischen /d/ und /t/ (Stimme und Luftstrom!)
- Zur Kontrolle Handspiegel verwenden!

Arbeitsblatt D 3

Sonne:

neuer Zauberspruch: *Sim sala dim*
Wörter verzaubern: Wortab- und -aufbau entsprechend Arbeitsblatt
Einführung: *„der, die, das begleiten viele Wörter"*
Artikel *der, die, das* als kleine Wörtchen kennenlernen, die andere Wörter begleiten

- Begriff *„begleiten"* szenisch darstellen und klären, z. B. jemanden zum Bahnhof, ins Theater, zum Arzt begleiten, heißt immer bei ihm sein
- Übertragung auf Wörter: 3 Wortkärtchen mit den Artikeln *der/die/das* vorbereiten und mit den Kindern gemeinsam lesen
- Einrichtungsgegenstände aus dem Klassenzimmer nennen lassen, den jeweils richtigen „Begleiter" an Schrank, Tafel, Waschbecken u. a. Gegenständen befestigen
- lange Wörter in Silben gliedern, mit Silbenbogen kennzeichnen

Mond:

- Zusammenfassung: Beispiele *„der Dackel", „die Sonne", „das Eis"*
- Wörter *Dose, Eimer, Messer, Ei, Flasche, Deckel* mit Lesepfeil lesen
- Wörter im Setzkasten setzen, entscheiden, welcher „Begleiter" passt und ebenfalls setzen
- richtigen „Begleiter" in die Schreibzeile auf dem Arbeitsblatt eintragen

Arbeitsblatt D 4

Sprechanlass: „Der Kaufladen"

- Einkaufsspiel
- Kinder berichten von eigenen Erfahrungen beim Einkaufen

Illustration:
Frage Zeile 3 anhand der Illustration beantworten
„Was würdest du in dem Kaufladen einkaufen?"
„Wo ist die Wurst, die Ananas, die Limonade? (Suchbild)
Dieses Rätselspiel ist eine Übung zum richtigen Gebrauch der Artikel!
Hinweis: Leseschwache Kinder können die Bögen unter sch, au, ei und die eckigen Klammern unter -el, -en und -er selbst eintragen.

Lesetext:

- Kann in drei Abschnitten erarbeitet werden
- Differenzierung: Zeile 1–4 schwache, 1–8 mittelstarke, 1–12 starke Leser
- Im Lesetext alle *„der, die* und *das"* markieren
- Letzte Frage (Zeile 12) beantworten
- Lange Wörter in Silben gliedern und mit Silbenbögen kennzeichnen

Querverbindung zu anderen Fachbereichen: Jedes Kind schreibt einen Einkaufszettel

Arbeitsblatt D 5

Artikel im Spiel üben; Oberbegriff *„Lebensmittel"* erarbeiten (auch Wasser ist ein Lebensmittel, vielleicht sogar das wichtigste!)
Lottospiel:

- Arbeitsblatt auf Karton kleben
- Feld mit Bezeichnungen für Lebensmittel als Legetafel ausschneiden
- Kärtchen mit Artikeln einzeln ausschneiden
- Artikel den Wörtern richtig zuordnen, Kärtchen auflegen (Artikel zu Wort)

Memoryspiel:
alle Felder als Kärtchen einzeln ausschneiden, Memory spielen, dabei sprechen *„der" passt zu „Salat" – der Salat*
Die Kärtchen mit den Artikeln können weiterverwendet werden. Für Kinder mit Schwächen in diesem Bereich sind weitere Wiederholungen mit anderen Substantiven besonders wichtig. Die Lehrerin nennt Substantive, die Kinder halten die jeweils richtigen Kärtchen hoch. Durch dieses Verfahren sind Lernzielkontrollen besonders leicht zu praktizieren.

D d

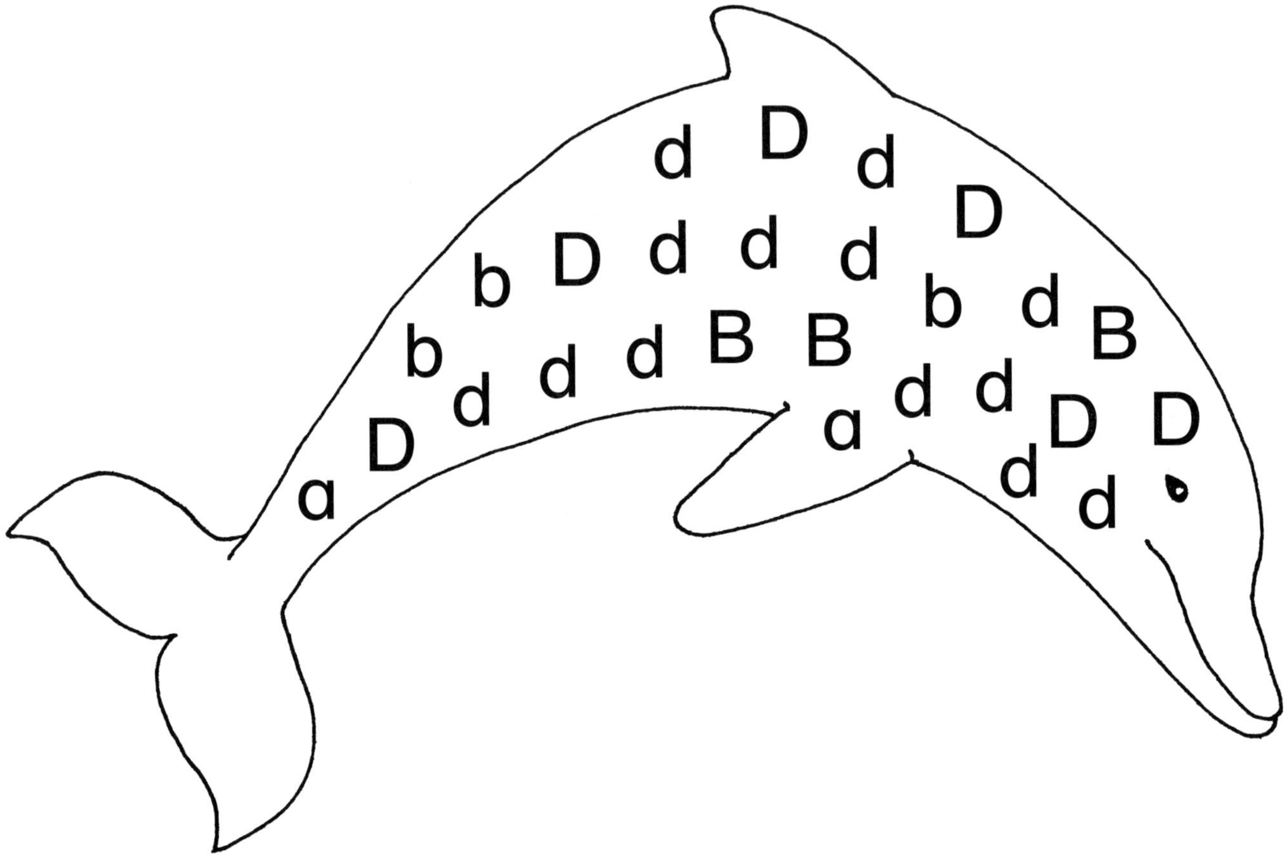

Lerne den D/d-Vers auswendig!

Der dicke Dieter
trägt den dünnen Dieter
durch das
di da dunkle Dorf.

Wo hörst du D/d ?

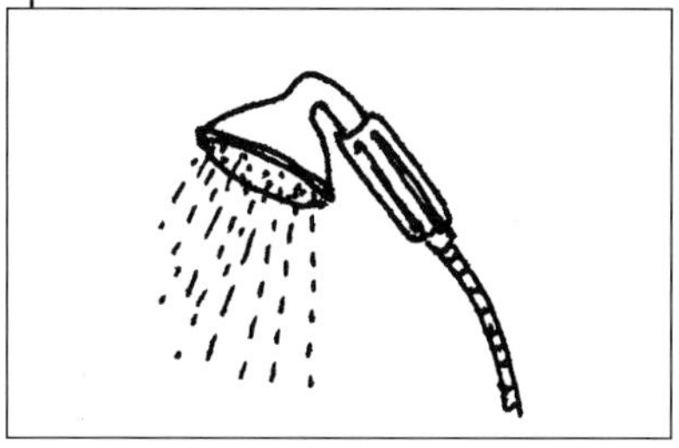

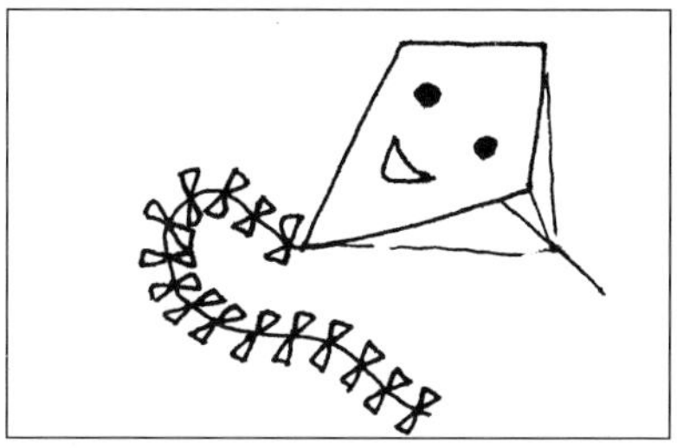
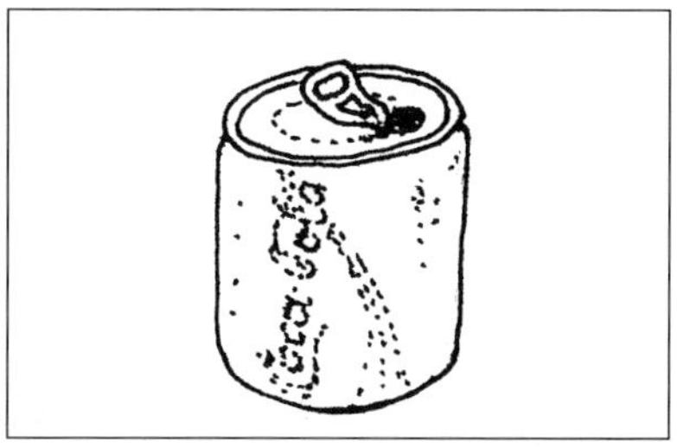

D oder T am Anfang?

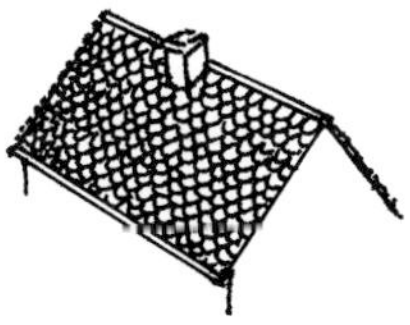

d oder t in der Mitte?

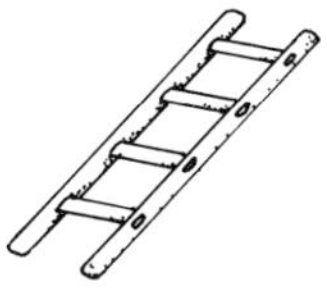

Welcher Buchstabe ist richtig? Male an!

T / D anne

T / D ose

Na t / d el

Sim sala dim

Dose
Dos
Do
D
Do
Dor
Dori
Doris

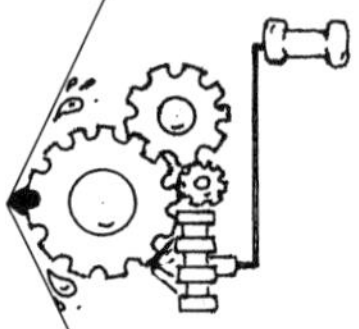

Dieter
Diet
Die
D
Da
Dack
Dackel

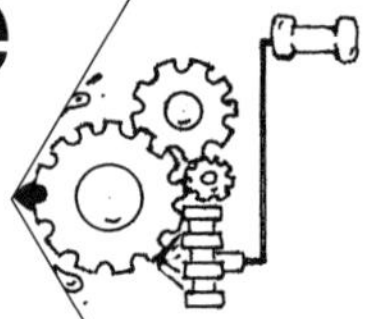

der
die
das

da
und
dort

Sch	o	k	o	l	a	d	e

L	i	m	o	n	a	d	e

Der, die und das begleiten viele Wörter!

der — die — das

der Dackel — die Sonne — das Eis

Dose

Eimer

Messer

Ei

Flasche

Deckel

Der Kaufladen

1. Doris hat einen Kaufladen.
2. Dieter und Udo wollen einkaufen.
3. Was kann man dort alles kaufen?
4. Sie schauen und schauen.

5. Da ist die Schokolade.
6. Dort sind die Flaschen mit Limonade.
7. Auf dem Tisch sind die Dosen mit Ananas.
8. Wo ist die Wurst?

9. Doris schaut unter den Tisch.
10. Aha! Da ist Mischa mit der Wurst.
11. Wie schade!

12. Was kaufen nun Udo und Dieter ein?

D 5

Es gibt viele Lebensmittel.
Du kannst Lotto oder Memory spielen!

das	das	das	das
die	die	die	die
der	der	der	der
Eis	Wasser	Pfeffer	Karotte
Tomate	Paprika	Ei	Dill
Salat	Schoko-lade	Wurst	Fleisch

B P b p

Fahre alle B/b rot, alle P/p blau nach!

B	P	b	B	p	P	B
P	p	B	b	p	B	b
B	p	b	B	P	p	B

B oder P am Anfang

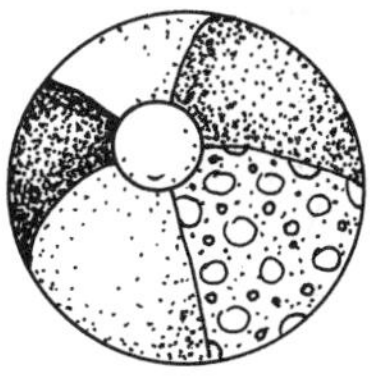   

b oder p in der Mitte

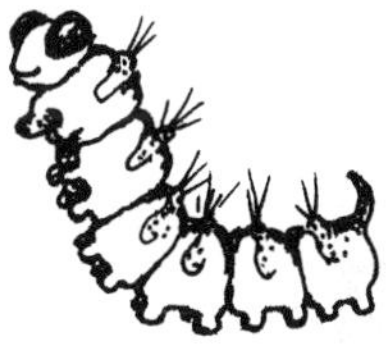   

b d

Fahre alle b rot, alle d blau nach!

b	b	d	d	b	b	d	b	d	b
d	d	b	b	d	d	b	d	b	d
b	b	d	d	b	b	d	b	d	b

B oder D am Anfang

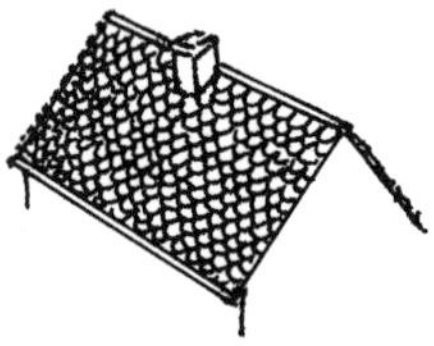

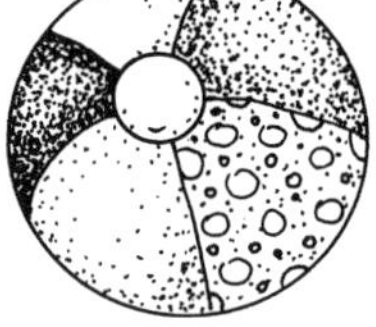

b oder d in der Mitte

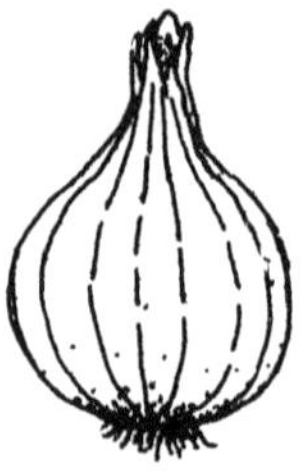

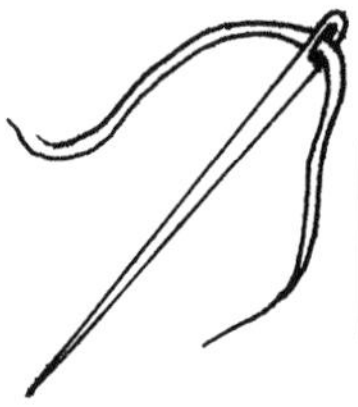

Sim sala bim

Bienen
Bien
Bie
B
Bl
Blu
Blum
Blumen

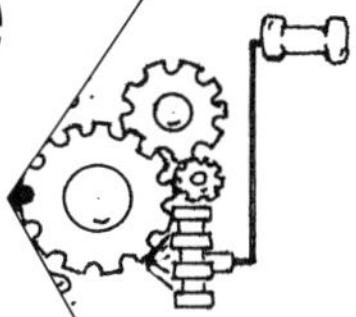

Bodo
Bod
Bo
B
Ba
Ball

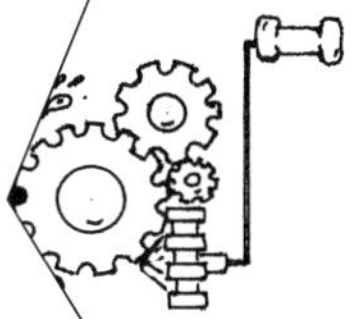

B
Bä
Bär
Bärb
Bärbel

b
bu
bun
bunt

b oder d

Spure alle b rot, alle d blau nach!
Lies laut!

bald Wald der da
die Salbe Tube Arbeit
Rabe das Nadel Traube
Nudel Nabel Narbe
Kalb bunt

B 5

Auf der Wiese

1. Es ist schön warm.
2. Die Blumen blühen und die Bienen summen.
3. Bodo und Bärbel laufen auf die Wiese.
4. Sie haben ihren bunten Ball dabei.
5. Nun werfen sie den Ball hin und her.

6. Auf einmal fällt der Ball herunter.
7. Der Ball rollt und rollt und rollt.
8. Bärbel rennt hinterher.
9. Sie will den Ball holen.
10. Aber der Ball rollt …

4.2.25 Lautzeichen G/g — Giraffe

Lautbildung und Abgrenzung:

/G/ ist ein Plosiv der dritten Artikulationsstelle, der mit Stimmeinsatz und schwachem Luftstrom gebildet wird. Die Zähne liegen an den Zungenrändern an, der Zungenrücken bildet mit dem Gaumen einen lokalen Verschluss, der durch einen sanften Luftstoß gesprengt wird. Dabei wird ein kurzer Stimmeinsatz hörbar.
Auditiv muss er von den anderen Plosiva, besonders von /k/, aber auch von /d/ und /b/ abgehoben werden. Kinder, die /k/ durch /t/ ersetzen, sprechen analog dazu /d/ für /g/.
Eine hartnäckige Störung der korrekten Artikulation der Vorsilbe ge- ist häufig mit dieser Lautfehlbildung verbunden, auch wenn das Kind /g/ isoliert schon sicher sprechen kann. In diesem Fall ist ein vorsichtiges, aber konsequentes korrektives Feedback (Lehrer wiederholt das falsch gesprochene Wort sofort noch einmal richtig, das Kind muss aber nicht nachsprechen!) notwendig. Oft haben die Kinder auch die Schwierigkeit, nach dem /g/ einen weiteren Konsonanten richtig zu sprechen oder wahrzunehmen. Dafür sind die Übungen auf Arbeitsblatt G 2 vorgesehen. Es sollten weitere dieser Übungen hinzugefügt werden, auch mit anderen Konsonanten nach /g/: gr/gl/gn/
Die Lautlokalisation erfolgt wegen der Auslautverhärtung nur im An- und Inlaut.

Arbeitsblatt — G 1

Tier: Giraffe

Artikulationshilfe:

- Lippen leicht geöffnet, sanfte Sprengung
- Es folgt ein leiser Stimmeinsatz.
- Am Spiegel wird beobachtet, wie die Mundöffnung etwas größer wird.

Wortmaterial: *Gabel, Säge, Vogel, Gitarre, Fliege, Gans*

Lautlokalisation:

- Hörst du /g/ am Wortanfang oder in der Mitte?
- Handzeichen

Arbeitsblatt — G 2

Immer nur eine Hörübung an einem Tag durchführen!

Sonne:

/G/ oder /K/ am Anfang: *Käfer, Geige, Koffer, Kamm, Gürtel, Geld*

Mond:

/g/ oder /k/ in der Mitte: *Igel, Tiger, Rucksack, Wecker, Vogel, Schnecke*
Hinweis: Bei der Auswahl der Wörter *Rucksack, Wecker* und *Schnecke* hören die Kinder nur /k/. Es soll deshalb auch nur k und nicht ck ins Kästchen geschrieben werden.

Stern:

/Gr/ oder /Dr/ am Anfang: *Grill, Gräten, Dreirad, Gras, Drachen, Dreieck*
zusätzlich: *Gleis, Glas, Glocke, Glatze, Glück, Kloß, Klaus, Klingel, Kleber, Klasse*
(Bilder dazu selbst zeichnen!)

Arbeitsblatt G 3

Sonne:

Wörter aufbauen, Konsonantenverbindung /gl/ und /gr/ beachten: Bei Schwierigkeiten im Zusammensprechen zwischen /g/ und /l/ bzw. /r/ Pause einlegen: *G-las, g-ril-len*

-en, -er sind beim Wortaufbau je ein Baustein!

- Mehrsilbige Wörter klatschen
- Wort rhythmisieren
- Silbenbögen mit dem Finger rhythmisch nachspuren, Silbenanzahl feststellen
- Grill-würs-te: 3 Silben; Gur-ken-sa-lat: 4 Silben
- Silbenbögen als Lesehilfe verwenden

Mond:

- Vorsilbe Ge-/ge- richtig und bewusst artikulieren (Kontrolle!)
- Wörter im Setzkasten setzen
- Vorsilbe und Wortrümpfe zusammenlesen

Hinweis: Für sprachschwache Kinder ist diese Übung wichtig, da sie oft für ge- noch de- gebrauchen oder die Vorsilbe ge- ganz weglassen.

Stern:

- Oberbegriffe *Geschirr* und *Getränke*
- Kinder nennen verschiedene Getränke, dabei achtet die Lehrerin auf korrekte Artikulation des Wortanfangs *Ge-*
- Kinder entscheiden, was zu den jeweiligen Oberbegriffen gehört bzw. nicht passt
- KIM-Spiel mit Geschirr: 5 Geschirrteile liegen auf einem Tisch, Kinder schließen die Augen, die Lehrkraft nimmt einen Gegenstand weg, die Kinder erraten, was fehlt.

Arbeitsblatt G 4

- Text wie gewohnt erarbeiten
- Wörter *Kindergeburtstag, Geburtstag, Gurkensalat, Getränke, Geschenke* rhythmisch sprechen und in Sprechsilben gliedern
- Silbenbögen unter die langen Wörter zeichnen
- Geburtstagslied, z. B. „Wie schön, dass du geboren bist" von Rolf Zychowski
- Bögen und Klammern bei mehrgliedrigen Schriftzeichen anbringen

Arbeitsblatt G 5

Sonne:

Geburtstagsgeschenke: Mehrsilbige Wörter lesen, Silben klatschen, Silbenbögen zeichnen

Mond:

- Zu jedem Wort ein Bild malen
- Wort und Bild mit Bleistift verbinden

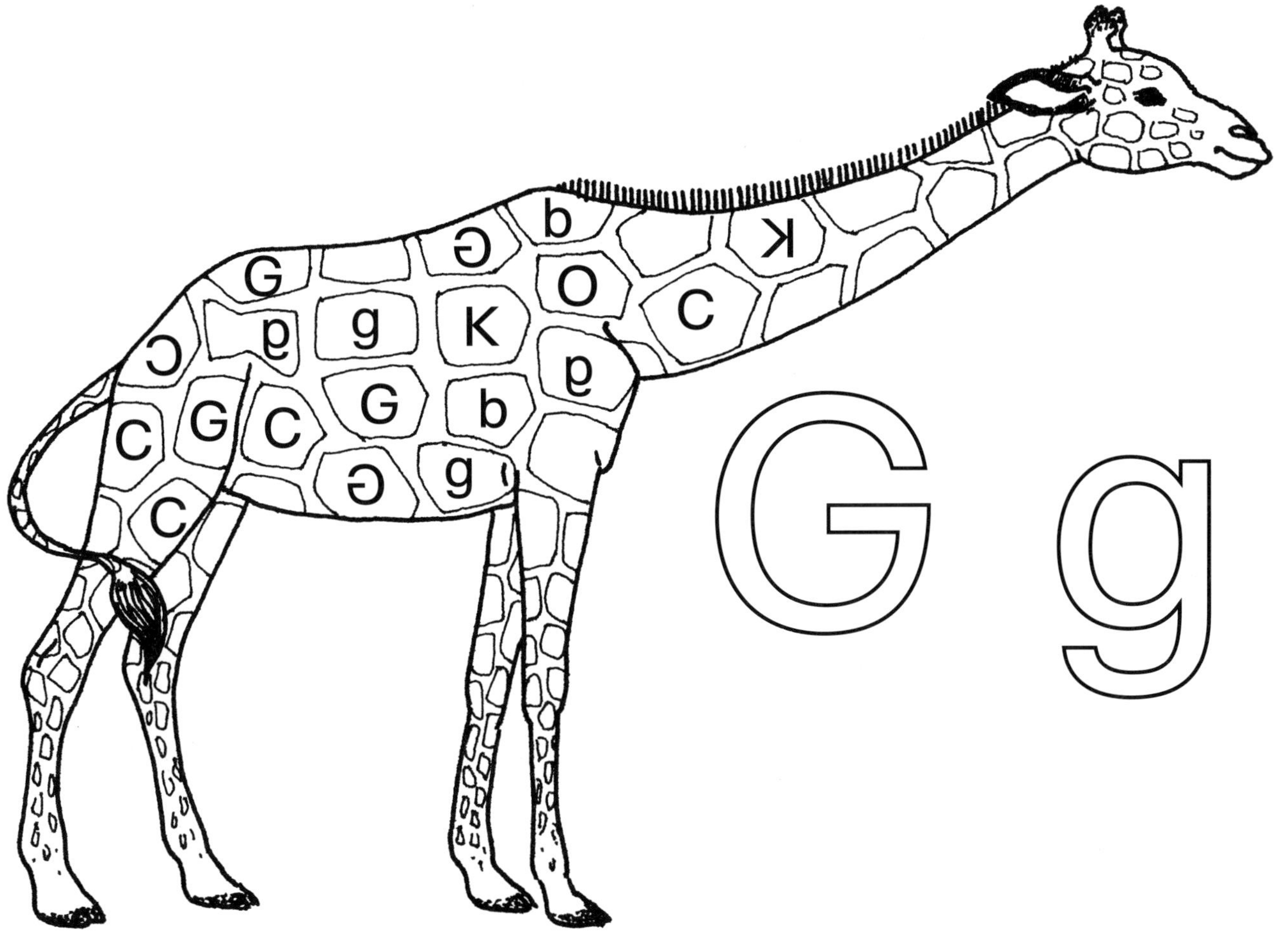

G g

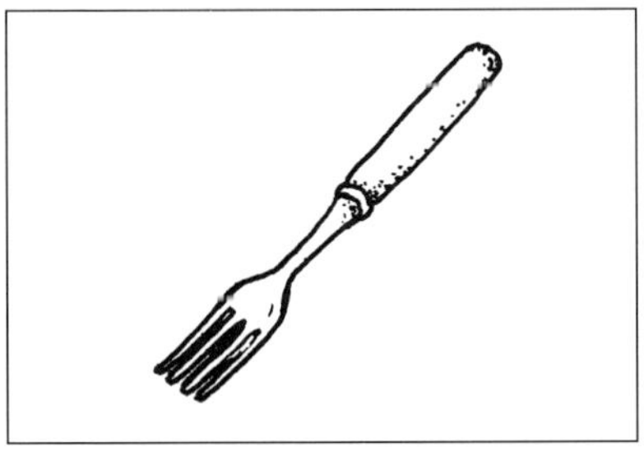

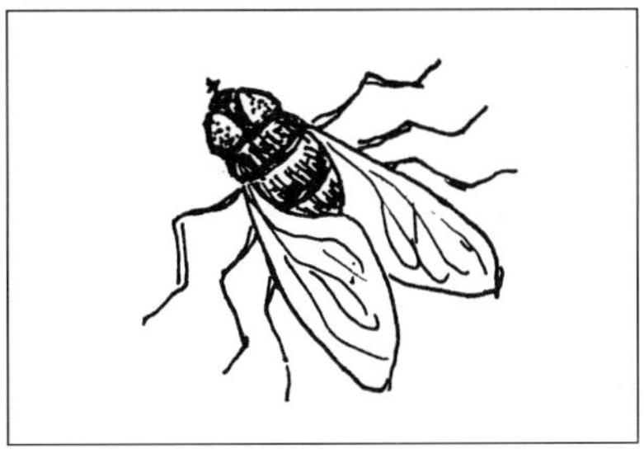

G oder K am Anfang?

 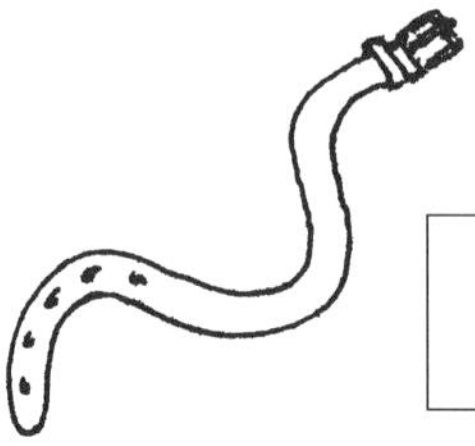 

g oder k in der Mitte?

Gr oder Dr am Anfang?

 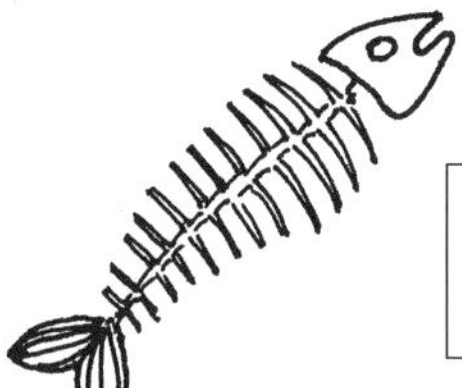 

  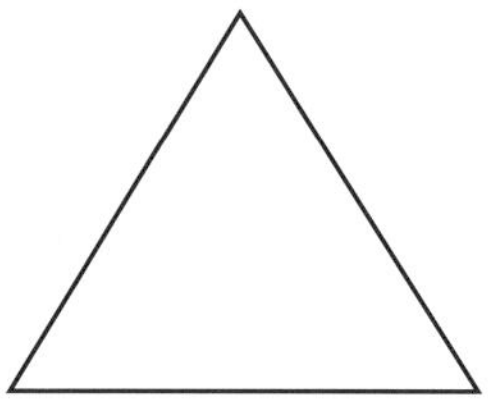

Lies die Wörter einmal leise – einmal laut!

G	G	G	g
Ga	Gu	Gl	gr
Gar	Gur	Glä	gri
Gart	Gurk	Gläs	grill
Garten	Gurken	Gläser	grillen

Grillwürste

Gurkensalat

Ge- und ge-

Ge – tränke, schirr, schenke

ge – rufen, laufen, fallen

G 4

Kindergeburtstag

1. Gabi hat Geburtstag.
2. Sie feiert im Garten.
3. Alle helfen mit.

4. Gabi legt Messer und Gabeln auf den Tisch.
5. Jhr Bruder Gerd holt das Geschirr.
6. Mama schneidet Gurken für den Gurkensalat.
7. Papa ist am Grill und legt die Würste drauf.

8. Mama ruft:
   Wo sind die Getränke?
9. Onkel Kurt holt sie schnell aus dem Keller.
10. Tante Gisela nimmt die Gläser.

11. Da kommen schon die Gäste.
12. Alle haben Geschenke dabei.

Gabis Geschenke

Ball | Puppe | Malkasten

Rollschuhe | Rucksack

Blumen | Bär

Schokolade | Federbälle

Male Gabis Geschenke!

4.2.26 Lautzeichen Z/z — Zebra

Lautbildung und Abgrenzung:

/ts/ gehört zur Gruppe der Affrikaten, ist also eine Verbindung eines Plosivs mit einem Frikativ: Hier werden /t/ und /s/ eng miteinander verschmolzen /ts/ ist ein stimmloser Laut.
Zur Lautbildung und möglichen Störungen: siehe Ausführungen zum /s/.

/ts/ muss vor allem vom /s/, aber auch von dessen Verbindungen mit anderen Konsonanten auditiv unterschieden werden.
Bezüglich der Formauffassung sind kaum Schwierigkeiten zu erwarten. Kinder mit einer Rechts-Links-Labilität drucken das Schriftzeichen bisweilen seitenverkehrt. Eine Klärung ist im Vergleich mit dem Buchstaben s oft problemlos möglich.

Arbeitsblatt — Z 1

Tier: Zebra

Die Lautlokalisation wurde auf dieses Arbeitsblatt vorgezogen, um den Lautunterscheidungsübungen mehr Platz einzuräumen.

Wortmaterial: *Zahn, Kerze, Brezel, Zitrone, Herz, Pilz*
- Hörst du /z/ am Wortanfang, in der Mitte oder am Ende?

Arbeitsblatt — Z 2

Auditive/phonematische und sprechmotorisch-kinästhetische Differenzierung:
(Nur eine Übung pro Tag durchführen, hohe Konzentration ist erforderlich):
- Lehrerin spricht ein Wort akzentuiert vor
- Ein Kind spricht es nach
- Jedes Kind spricht für sich das Wort nach und kontrolliert mit dem Handspiegel
- Kind entscheidet und trägt das richtige Schriftzeichen ein
- Gemeinsame Kontrolle der Arbeitsergebnisse

Hinweis: „Zwicke-zwacke-Spiel" aus: Frühling, Spiele, Herbst und Lieder."

Sonne:

Sack, Zitrone, Zange, Sonne, Zauberer

Mond:

Kerze, Vase, Hose, Tatze, Katze

Stern:

Blitz, Maus, Herz, Haus, Pilz

Wolke:

Zwei, Zehn, Zwerg, Zitrone, Zwiebel

Arbeitsblatt — Z 3

Einstieg spannend gestalten: Zaubermantel, Zauberstab und Zauberkoffer mitbringen
Endlich erscheint der Zauberer in voller Größe und nennt seinen Namen

Sonne:

Schon wieder ein neuer Zauberspruch?
- Zuerst Wortaufbau (Setzkasten) erarbeiten, Silbenklatschen
- Schwierige Lautverbindung: *Zw* isoliert üben (Handspiegel)
  Bei Schwierigkeiten: Pause zwischen /ts/ – /w/ (Z–wiebel, Z–werg)
- Weitere Zw–Wörter anbieten!
- Die Kinder sollen durch selbstständiges Lesen herausfinden, welchen neuen Zauberspruch es heute gibt. Danach wird der Inhalt erarbeitet.
- Neuer Zauberspruch: *Hokus – pokus – zi-za-zu* sprechen, Zauberer spielen und Zauberspruch anwenden
- Wörter mit Hilfe der Silbenbögen lesen, Silben klatschen
- Anzahl der Silben feststellen (Zau-be-rer; Zir-kus-zelt)

Mond:

Einführung des Lautzeichens /tz/
/tz/ ist die Verdopplung des /z/, Doppelschreibung des z gibt es nicht.
Die Kinder lernen tz als Einheit kennen, die nur nach kurzem Vokal steht (wie ck).
/tz/ wird wie /z/ gelesen (ausgesprochen). Es gibt keine Änderung der Lautqualität des /ts/
- Wörter lesen, im Setzkasten setzen
- *Wortaufbau:* tz ist ein Baustein

Arbeitsblatt Z 4

- **Sprechanlass:** Im Zirkus
- Kinder berichten aus ihrer Erfahrung und erzählen zur Illustration
- Text wie üblich erarbeiten
- Die Kinder dürfen, wie der Zauberer im Text, Tiere verzaubern (Mantel, Hut und Zauberstab nicht vergessen!)
- **Sprachförderung:** Zauberspruch nachsprechen und abändern (andere Tiernamen)
- Alle Z/z markieren, Reimwörter finden, lange Wörter in Silben zerlegen
- Bögen und Klammern bei mehrgliedrigen Schriftzeichen

Spielblatt

Das Z-Spiel:
Gespielt wird im Rahmen der Partner- oder Freiarbeit.
Wortmaterial besprechen und inhaltlich sichern
Wörter: *Blitz, Zebra, Flugzeug, Zaun, Zelt, Latz, Zahnpasta, Kerze, Zitronenpresse, Netz, Zähne, Zwerg, Zug, Herz, Zitrone, Brezel, Ziege, Mütze, Zehn, Zwiebel, Tatze, Zange, Pilze, Zwei, Glatze, Zahn, Katze, Zauberer*

Spielregeln:
- Würfeln
- Vorrücken
- Wort benennen und feststellen, wo /ts/ zu hören ist (Anlaut, Auslaut oder Inlaut)
- Wer die Lautposition falsch ermittelt, muss einmal aussetzen
- Sieger ist, wer zuerst beim Zauberer ankommt
- Kinder können sich auch selbst Spielregeln ausdenken und sich darauf einigen

Z z

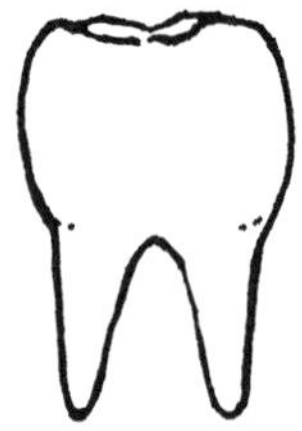

Z oder S am Anfang?

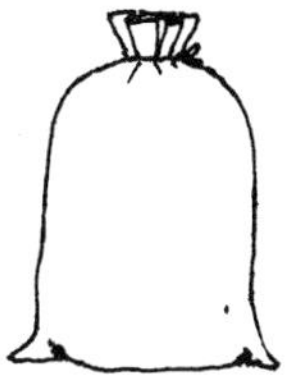    

☐ ☐ ☐ ☐ ☐

Z
S
Z
S
Z

z oder s in der Mitte?

 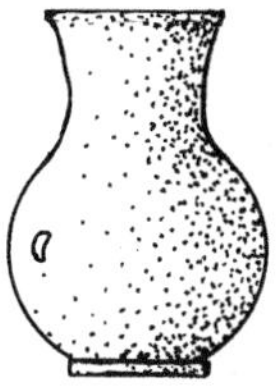   

☐ ☐ ☐ ☐ ☐

s
z
s
z
s
z

z oder s am Ende?

☐ ☐ ☐ ☐ ☐

z
s
z
s
z

Zw oder Z ?

2 ☐ 10 ☐

 ☐  ☐  ☐

Kennst du das zwicke-zwacke-Spiel?

Zw
zw
Zw
zw
Zw
zw

Z 3

Lies laut!

1. Hokus pokus zi za zu
   hier ist der Zauberer Zizibu.
2. Sein Hut ist spitz
   zu weit sein Rock,
   alles kann sein Zauberstock.
3. Hokus pokus zi za zu
   hier steht der Zauberer Zizibu.

Z
Zi
Zir
Zirk
Zirku
Zirkus

Z
Zie
Zieg
Ziege

Z
Zw
Zwie
Zwieb
Zwiebel

Z
Zw
Zwer
Zwerg

Zauberer

Zirkuszelt

tz

kratzen

Spatz

Netz

Pfütze

Katze

Platz

Tatze

Mütze

schwitzen

schwatzen

Z 4

Jm Zirkuszelt

1. Hurra, der Zirkus ist da!
2. Zuerst kommen zehn Zebras.
3. Sie können laufen, rennen und tanzen.
4. Die zwei kleinen Zebras schwitzen.
5. Es ist zu warm.
6. Warum klatschen nur alle?
7. Ah, da kommt der Zauberer Zizibu.
8. Er hat eine schwarze Katze dabei.
9. Nun sagt er laut:

   „Hokus pokus zi za zu
   ich zaubere eine Ziege dazu.
   Und eins und zwei und drei
   schon ist eine Ziege dabei."

10. Wer kann raten, was der Zauberer Zizibu alles gezaubert hat?

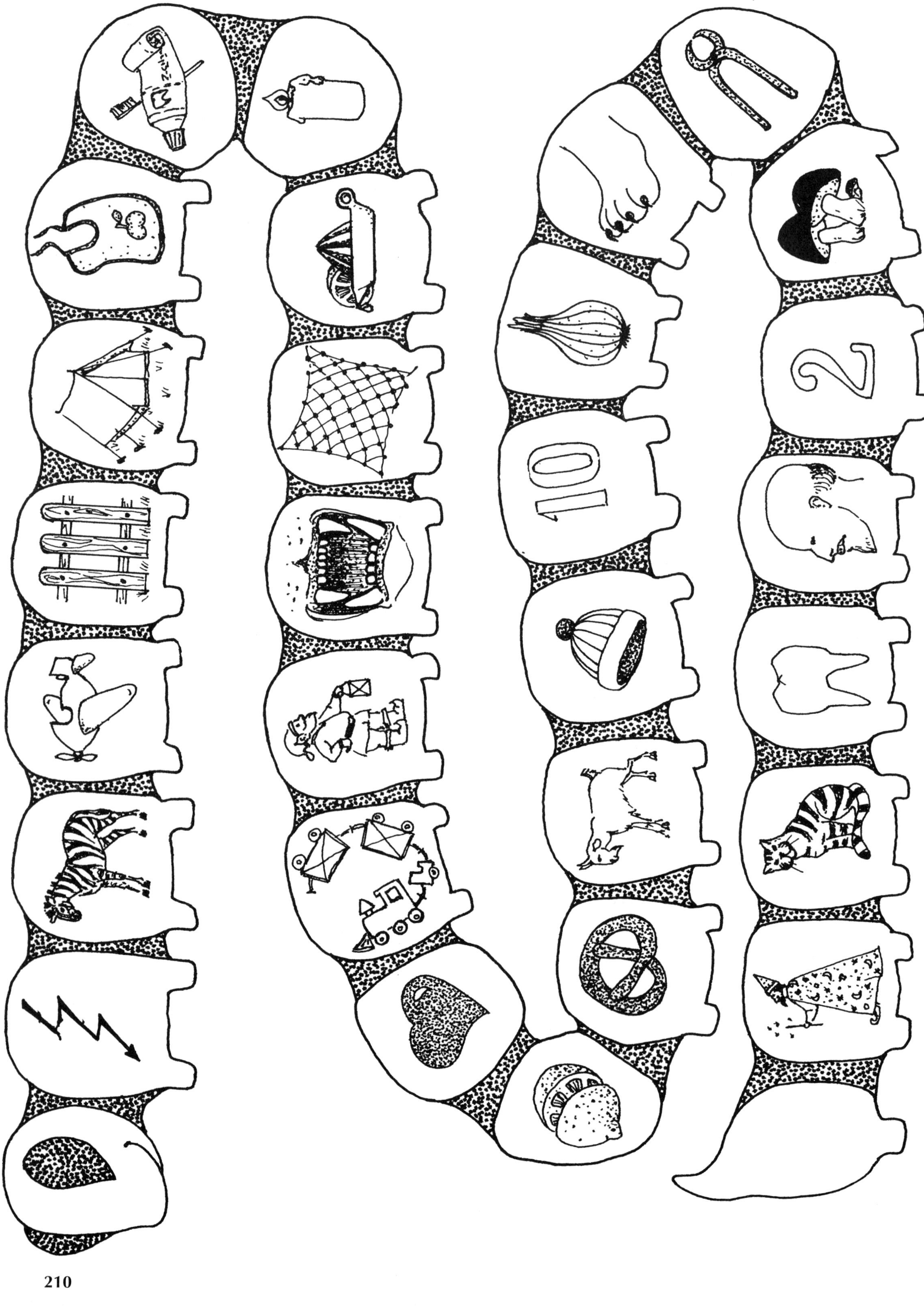

Jch lese laut.

M	r	k	mich
Mi	rie	kr	
Mich	riech	krie	rechnen
Micha	riechen	kriech	
Michael		kriechen	

Was tust du am Morgen?

1. Jch wasche mich.
2. Jch ziehe mich an.
3. Jch kämme mich.
4. Jch laufe in die Küche.
5. Jch hole einen Becher.
6. Jch trinke Milch.
7. Jch esse ein Brötchen.
8. Jch hole Michael ab.

große Tiere		kleine Tiere
eine Ente	→	ein Entchen
ein Hund	→	ein Hündchen
eine Katze	→	ein Kätzchen.
ein Schaf	→	ein Schäfchen.
eine Maus	→	ein Mäuschen.

Kennst du dieses Märchen?

Die sieben Zwerge fragen:

1. „Wer hat auf meinem Stühlchen gesessen?“
2. „Wer hat aus meinem Becherchen getrunken?“
3. „Wer hat aus meinem Schüsselchen gegessen?“
4. „Wer hat mit meinem Messerchen geschnitten?“
5. „Wer hat mit meinem Gäbelchen gegessen?“
6. „Wer hat mit meinem Löffelchen gegessen?“
7. „Wer hat in meinem Bettchen gelegen?“

Du hast Recht! Es ist Schneewittchen .

ch

wie ach

Buch
Tuch
Bach
Dach
Kuchen
Drachen
Schachtel
Knochen
Strauch

ch oder r ?

Fahrrad | Knochen

Kuchen | Schere | Taucher

- ach
- uch
- auch
- och

Jch kann laut und leise lesen.

A
Ach
Achi
Achim

D
Dr
Dra
Drach
Drachen

l
la
lach
lachen

m
ma
mach
machen

ch oder ck ?

Dach | Buch | Sack

Drachen | Schnecke | Schachtel

- ach
- och
- uch
- auch

Wo ist Achims Drachen?

1. Achim ist mit seinem Drachen auf der Wiese.
2. Sein Drachen fliegt hoch und immer höher.
3. Plötzlich kann er ihn nicht mehr sehen.
4. Was soll er nur machen?

5. Achim sucht und sucht.
6. Auch am Bach ist der Drachen nicht.

7. Jn der Nacht kann Achim nicht schlafen.
8. Er schaut aus dem Dachfenster.
9. Ach, da ist doch mein Drachen!
10. Endlich kann Achim wieder lachen.

4.2.28 Lautzeichen ß — Strauß

Lautbildung und Abgrenzung:

Das Zeichen ß, das es nur als Kleinbuchstaben gibt, repräsentiert den stimmlosen Laut /s/, das „scharfe s".

Neue Rechtschreibregel: /ß/ wird nur geschrieben nach langen Vokalen, langen Umlauten und nach au, ei und ie.
Dieser Buchstabe ist gegenüber den Großbuchstaben B und R abzugrenzen.

Arbeitsblatt — ß 1

Tier: Strauß

Artikulationshilfe:
- Die Kinder erfahren, dass es für /s/ noch einen weiteren Buchstaben gibt, der aber nur im Wort oder am Wortende vorkommt.
- /ß/ wird stimmlos gesprochen.
- Hier kann, besonders mit Kindern, die noch einen Sigmatismus haben, die Lautbildung wiederholt und geübt werden (siehe Anleitung zum S/s).

Visuelle Unterscheidung:
- B, R, P, ß an der Tafel vergleichen, verschieden markieren
- Alle ß im Vogel Strauß nachspuren
- B, P und andere Zeichen durchstreichen, Unterschiede der Buchstabenformen benennen
- Lesen der Wörter in den Straußeneiern: *weiß, Fuß, schließen, heiß, groß, draußen, Geiß*

Arbeitsblatt — ß 2

Sonne:

Leseübung und Sprechförderung:
Wortaufbau

Mond:

- Welche Füße kennst du? Kinder benennen die Füße
- Lesen, zusammenlesen und in die Schreibzeilen schreiben

Stern:

Reimwörter: *Weiß – heiß, beißen – heißen, gießen – schießen*

Wolke:

Gegensätze: Die verschiedenen Gegensätze veranschaulichen (Gegenstände mitbringen):
weißes Tuch – schwarzes Tuch
kaltes Wasser – warmes Wasser
großen Ball – kleinen Ball
Kinder finden weitere Gegensatzpaare *(Adjektive)*
Text lesen, fehlende Wörter *(schwarz, kalt, klein)* in Schreibzeilen eintragen

Arbeitsblatt — ß 3

Märchenstunde:
- Märchen „Der Wolf und die sieben Geißlein" erzählen oder aus einem Märchenbuch vorlesen
- Kinder erzählen nach
- Welche Szenen zeigen die Bilder? – freies Erzählen
- Text lesetechnisch erarbeiten, alle ß markieren,
- ß-Wörter im Setzkasten setzen
- Märchen szenisch nachspielen und gestalten
- Suchbild: Wo hat sich das Geißlein versteckt?

Hinweis: Bögen und Klammern unter mehrgliedrige Schriftzeichen setzen!

ß

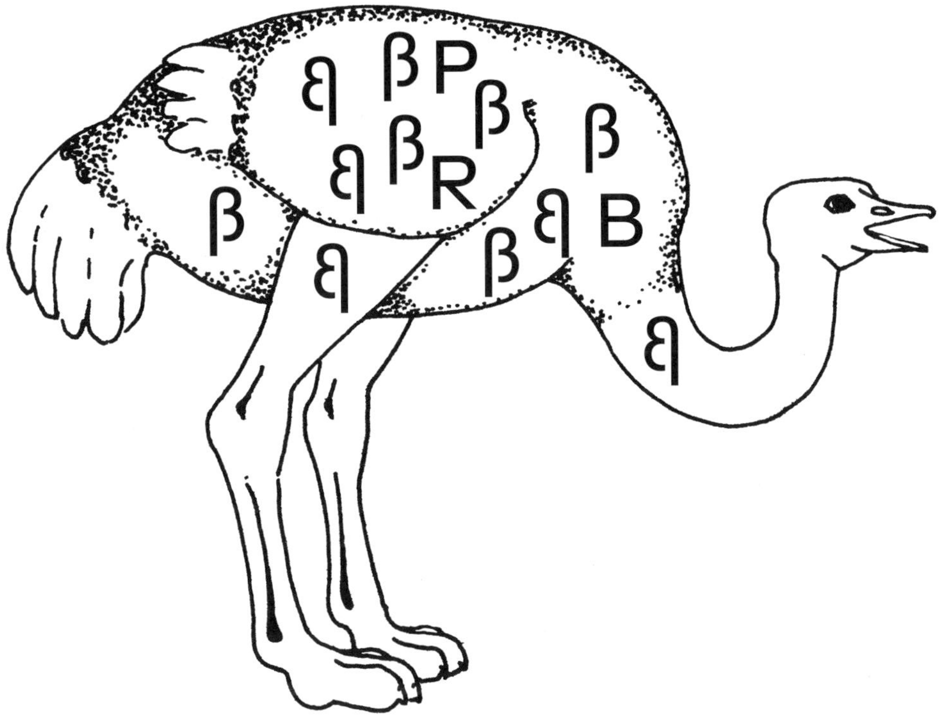

schließen

weiß

heiß

groß

Fuß

Geiß

draußen

Das kannst du laut lesen!

g	b	h	sch
gie	bei	hei	schie
gieß	beiß	heiß	schieß
gießen	beißen	heißen	schießen

Welche Wörter kannst du bilden?

Pferde

bar

Hahnen

Platt

fuß

Reime!

weiß	beißen	gießen
h.. .	h.. . ..	sch.. . ..

Gegensätze

1. Was nicht weiß ist, das ist
2. Was nicht heiß ist, das ist
3. Was nicht groß ist, das ist

ß 3

Kennst du das Märchen?

1. Die alte Geiß ging in den Wald.
2. Sie wollte Futter holen.
3. Draußen war es heiß.
4. Sie sagte zu den kleinen Geißlein:
5. „Passt gut auf!
6. Schließt die Tür gut zu!
7. Denn draußen im Wald ist der große Wolf."
8. Dann ging sie fort.

9. Es dauerte nicht lange, da kam die alte Geiß nach Hause.
10. O Schreck, was musste sie da sehen?

4.2.29 Lautzeichen J/j — Jaguar

Lautbildung und Abgrenzung:

/j/ ist ein Reibelaut, der mit dem /ch 1/ (ich-Laut) eng verwandt ist. Bei beiden Lauten ist die Stellung der Artikulationsorgane identisch: Die Zunge liegt flach hinter den Schneidezähnen am Mundboden. Die Vorderzunge ist zum harten Gaumen hin angehoben, die Zungenränder liegen an den Backenzähnen und berühren seitlich den Gaumen. Eine flache Rinne am angehobenen Zungenrücken ist die Stelle, an der das Reibegeräusch entsteht. Dazu kommt die Stimmgebung, die zusammen den charakteristischen Lautklang entstehen lassen.

Wenn die Stimmgebung unterbleibt, so entsteht /ch 1/. Eine gewisse Ähnlichkeit zu /i/ ist ebenfalls gegeben. Von diesen beiden Lauten ist /j/ in den auditiven Übungen zu unterscheiden.
In einigen Dialekten, z. B. in Berlin, wird /g/ durch /j/ ersetzt. Wo das zutrifft, müssen zusätzliche Differenzierungsangebote gemacht werden.
Die Schriftzeichen J/j ähneln dem I/i, insbesondere in der Druckschrift für bayerische Schulen. Demzufolge sind die Differenzierungsübungen in diesem Bereich anzusiedeln.

Arbeitsblatt — J 1

Tier: Jaguar

Artikulationshilfe:

- /ch 1/ artikulieren, Stimme bewusst einsetzen
- Schüler beobachtet, ob sein Spiegel beschlägt (/ch 1/ Spiegel beschlägt, /j/ Spiegel beschlägt nicht)
- Eintragen der richtigen Anfangsbuchstaben J oder I.

Wortmaterial: *Jacke, Insel, Joghurt, Iglu, Igel, Jäger*

Arbeitsblatt — J 2

Sonne:

- I oder J am Anfang? *Igel, Jäger, Jacke, Jojo, Insel, Joghurt, Johannisbeere, Iglu*
- Bevor die Kinder die Anfangsbuchstaben eintragen, spricht die Lehrerin jedes einzelne Wort vor, die Schüler sprechen nach und entscheiden dann! Höchste Konzentration ist erforderlich! Deshalb sollte die andere Übung auf diesem Blatt erst am folgenden Tag erledigt werden
- Schreibzeile ausfüllen: Groß- und Kleinbuchstaben abwechselnd drucken

Mond:

- Lautwerte des /ie/ wiederholen, einige Wörter zum Hören anbieten
- Feststellung: ie ist ein langgesprochenes /i/
- Erarbeitung: Es gibt einige Wörter, da wird /ie/ wie /j/ gesprochen
- Wörter werden betont gelesen (Lesepfeil, Setzkasten), ie wird farbig markiert
- Kinder erfahren, dass in einigen Ausnahmefällen ie den Lautwert /j/ hat
- Die Wörter werden mehrfach gelesen, anschließend Bild und Wort verbinden

Arbeitsblatt — J 3

Sonne:

- Namen mit J/j lesen, aufbauen und im Setzkasten setzen
- Silben klatschen, Silbenzahl feststellen

Mond:

- Bildung zusammengesetzter Substantive mit dem Grundwort *Johannisbeer-*
- Geschmacksproben mitbringen, Schüler probieren lassen (Sinnesschulung als Grundlage der Begriffsbildung)
- Schilder schreiben und den mitgebrachten Proben zuordnen

Stern:

- Monatsnamen kennenlernen (Querverbindung zu Heimat- und Sachkunde)
- Namen lesen und in der richtigen Reihenfolge ansagen
- Ohne schriftliche Vorlage feststellen: Drei Monatsnamen beginnen mit J. Welche?

Arbeitsblatt J 4

Sonne:
– Inhaltliches Erfassen des Gelesenen

Mond:
– Satzteile lesen, ausschneiden, entsprechend der Aufgabenstellung zusammensetzen, vollständige Sätze lesen und auf Richtigkeit überprüfen.

Arbeitsblatt J 5

Sprechanlass: Süße Sachen zum Selbermachen:
– Text erarbeiten
– Zutaten vorbereiten und mitbringen
– Mit den Kindern nach Anleitung Desserts herstellen

J j

J oder J am Anfang?

Setze I oder J ein!

gel

äger

acke

ojo

nsel

oghurt

ohannisbeere

glu

J j J j

Wir schreiben ie, lesen aber j!

Familie

Daniel

Geranie

Ferien

Namen mit J / j

Jan	Jakob	Judith
Julia	Josef	Johanna
Jens	Johannes	Jürgen
Anja	Sonja	Tanja

Male alle Namen für Jungen blau, alle Namen für Mädchen rot aus.

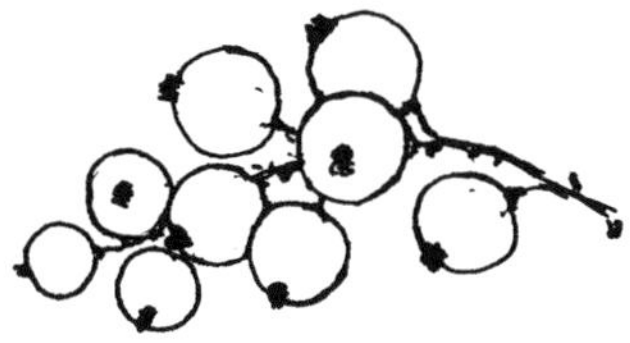

Johannisbeer – joghurt, saft, kuchen, marmelade

Monatsnamen:

Januar Februar März April

Mai Juni Juli August September

Oktober November Dezember

J 4

Was passt zusammen? Male mit der gleichen Farbe aus!

① Anja mag	◯ ist es oft sehr heiß.
② Die Japaner	◯ aus Milch gemacht.
③ Jm Juli	◯ gern Johannisbeeren.
④ Joghurt wird	◯ einen guten Jagdhund.
⑤ Ein Jäger braucht	◯ ein Jungenname.
⑥ Johannes ist	◯ leben in Japan.

Schneide die Sätze aus und klebe sie richtig auf!

Süße Sachen zum Selbermachen

Joghurt-Apfelsinen-Traum

für 2 Personen

1 Becher Joghurt
2 Esslöffel Milch
1 Tasse Apfelsinensaft
etwas Zitronensaft
nach Belieben etwas Zucker
zugeben

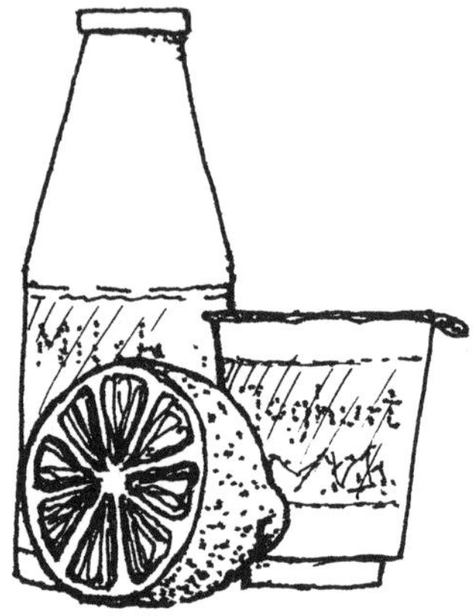

Alle Zutaten ganz einfach mit dem Schneebesen durchrühren.

Obstsalat mit Joghurt

4 – 6 Personen

Jn eine Schüssel kommt
der Saft von 1 Zitrone
1 Becher Joghurt
200 g Johannisbeeren
200 g Ananasstücke aus der Dose
1 Apfel (in kleine Stücke geschnitten)
1 Banane (in Scheiben)

Mische alle Zutaten gut und stelle die Schüssel 30 Minuten kühl.
Gib den Salat dann in Glasschälchen.

4.2.30 Lautzeichen ng/nk — Schmetterling

Lautbildung und Abgrenzung:

/ng/ ist ein Nasallaut, der in der Stellung der Artikulationsorgane dem /g/ entspricht. Es ist ein *eigenständiger Laut* ohne eigenes Lautzeichen im deutschen Alphabet, dessen Verhältnis zu /g/ dem Verhältnis des /m/ zu /b/ und des /n/ zu /d/ entspricht. Das sind jeweils Nasallaute, deren Artikulation mit der des entsprechenden Plosivs identisch ist, sich von diesen aber dadurch unterscheidet, dass die Lautbildung über den Verschluss des Gaumensegels erfolgt. Dadurch wird der Luftstrom durch die Nase abgeleitet, was das Charakteristikum aller Nasale ist. Im Gegensatz zu den anderen beiden Nasalen gibt es keine Wörter mit /ng/ als Anlaut. Ebenso kommt auch /nk/ nicht am Wortanfang vor.

/ng/ kann bei beliebiger Lippenöffnung gesprochen werden. Der Zungensaum liegt hinter den Schneidezähnen auf dem Mundboden, der Zungenrücken wird zum Gaumen hochgewölbt und schließt mit dem Gaumensegel den Mundraum ab. Der Luftstrom entweicht durch die Nase. Nennenswerte Störungen in der Aussprache dieses Lautes sind nicht zu erwarten.

Schwierigkeiten bei der auditiven Diskrimination sind gegenüber /n/ möglich, weitere Irritationen entstehen im Zusammenhang mit der Zeichenkombination nk, die die *Kombination der Phoneme /ng/ und /k/* (nicht /n/+/k/) repräsentiert.

Folgende Probleme können dadurch auftreten: Zum einen wird von schriftsprachkundigen Erwachsenen /ng/ nicht gleichermaßen ernstgenommen wie /n/ oder /m/. Da es kein eigenes Schriftzeichen gibt, könne es sich auch nicht um einen eigenständigen Laut handeln. Zum anderen nehmen wahrnehmungstüchtige Kinder sehr genau die Lautkombination /ng/+/k/ wahr. Logische Rechtschreibfehler wie „dangke", „Bangk", „krangk" sind die Folge.

Diese beiden Zeichenkombinationen wurden in den Leselehrgang aufgenommen, um mit den Kindern den oben dargelegten Sachverhalt zu erarbeiten und dadurch späteren Unsicherheiten und nachfolgenden Rechtschreibschwierigkeiten vorzubeugen.

Arbeitsblatt — ng/nk 1

Die Kinder lernen den Laut /ng/ kennen und erfahren, dass es ein eigenständiger Laut ist. Die Anlautmethode kann hier nicht angewendet werden, weil es /ng/ als Anlaut nicht gibt.

Tier: Schmetterling

Lied: z. B.: „Schmetterling, du kleines Ding …" o. ä.
Kinderbuch: „Die kleine Raupe Nimmersatt".

Artikulationshilfe:

- Die Schüler artikulieren das Wort Ring oder ein anderes beliebiges Wort mit auslautendem /ng/. Wenn der letzte Laut des Wortes anhaltend gesprochen wird, hat man den Ziellaut isoliert.
- Mit Hilfe des Handspiegels wird anschließend die unterschiedliche Zungenstellung im Vergleich zu /n/ festgestellt und verbalisiert:
  /n/ Zunge vorn oben; /ng/ Zunge vorn unten, Zungenrücken am Gaumen

Wortmaterial:

Schlange, Zange, Fliege, Nagel, Angel, Ring
Wörter mit /ng/ auditiv ermitteln und ausmalen

Arbeitsblatt ng/nk 2

Sonne:

/ng/ wiederholen und von /n/ auditiv unterscheiden

- richtige Artikulation wiederholen, Schriftzeichen isoliert als Laut /ng/ lesen
- deutlich sprechen, Kinder hören zu: *Ring, Zahn, Schmetterling, Schlange, Wanne, Angel;* danach: Buchstaben *n* oder *ng* in die Kästchen unter den Bildern eintragen

Mond:

Vorbereitung für die Arbeit im Setzkasten: jedes Kind klebt auf einen genügend breiten Tesastreifen die Buchstaben n und g aneinander, damit sie dann als ein Baustein im Setzkasten verwendet werden können. Der Klassensetzkasten wird ebenfalls präpariert.

- Wörter erlesen, im Setzkasten setzen
- Wörter und Bilder miteinander verbinden

Stern:

- Reimwörter finden, sprechen und Klangähnlichkeit erfassen
- Bei den Reimwörtern ist nur der Wortanfang verschieden.
- **Sprachförderung:**
  Reimwörter häufig nacheinander sprechen: Nur durch häufiges Hören können sprachentwicklungsverzögerte Kinder die Klangähnlichkeit erleben und damit den Reim erfassen.

Arbeitsblatt ng/nk 3

nk als schriftsprachliche Darstellung der Lautverbindung /ng/+/k/ kennenlernen
Artikulationshilfe:
Kinder artikulieren vor dem Handspiegel abwechselnd *Ring – Bank, Ring – Schrank.* Sie sollen anhand der beobachteten Sprengung feststellen, dass in *Bank* und *Schrank* nach /ng/ noch ein /k/ folgt. Anschließend stellt die Lehrerin die Buchstabenkombination vor.

Sonne:

Lautlokalisation: *Anker, Schrank, Bank, Lenker, Krankenwagen, Schranke*

Mond:

Wörter lesen, im Setzkasten setzen

Stern:

Reimwörter, siehe Hinweise AB 2

Arbeitsblatt ng/nk 4

Sonne:

Ring, Bank, Schrank, Anker, Schmetterling, Lenker, Schranke, Schlange deutlich artikulieren, bei jedem Wort einzeln feststellen:
Im Wort/ am Wortende höre ich (den Einzellaut) /ng/ / (die Lautverbindung) /ng/k/.
Die Kinder tragen die richtigen Lautzeichen ein.

Mond:

- Entsprechende Schriftzeichen eintragen und Wörter lesen
- Wörter mit Bildern bei ***SONNE*** verbinden.
- *Zu welchen Bildern gibt es kein Wort?*
- Zusammenfassung: *In Schranke, Anker und Lenker höre ich /ng/k/, schreibe aber nk*

Stern:

- Fragen lesen und beantworten
- Sprachförderung: Struktur und Satzmelodie von Fragesätzen bewusst anwenden. Im ganzen Satz antworten.
- Fragen und passende Bilder miteinander verbinden

Arbeitsblatt ng/nk 5

Sprechanlass: Kranksein, Hilfe und Unterstützung, Krankenbesuch

Text inhaltlich und lesetechnisch erarbeiten

ng

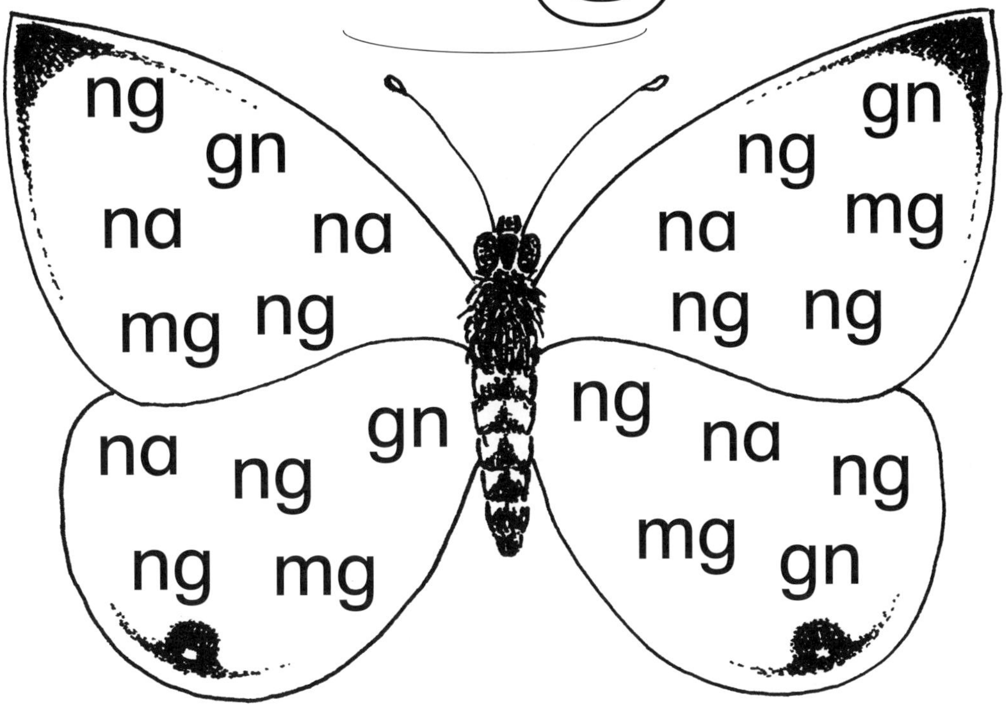

Ringlein, Ringlein, du musst wandern,
von der einen Hand zur andern.
Bist nicht hier, bist nicht da,
bist wohl in Amerika.

ng oder n ?

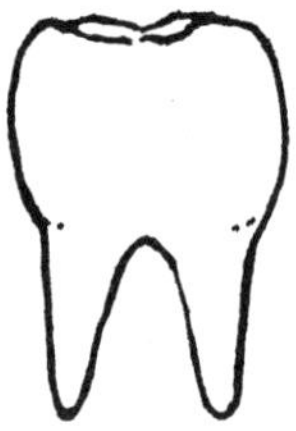

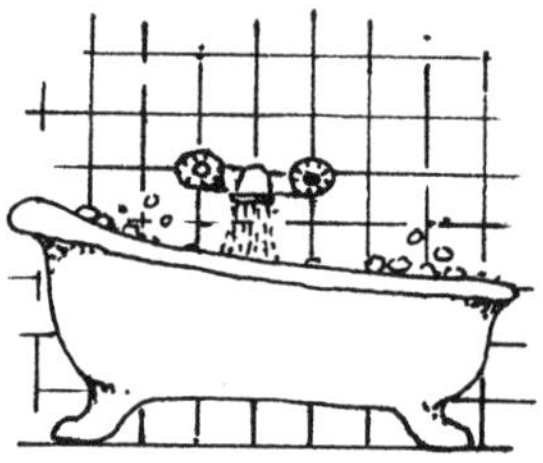

Wörter mit ng
Verbinde Wort und Bild!

Angel | Ring | Schlange | Jnge

Schmetterling | Finger | Engel

singen | ringen | bringen

lange | bangen

Reime!

singen	Wange
r.	l . .. .
br.	b. .. .

Wo hörst du nk?

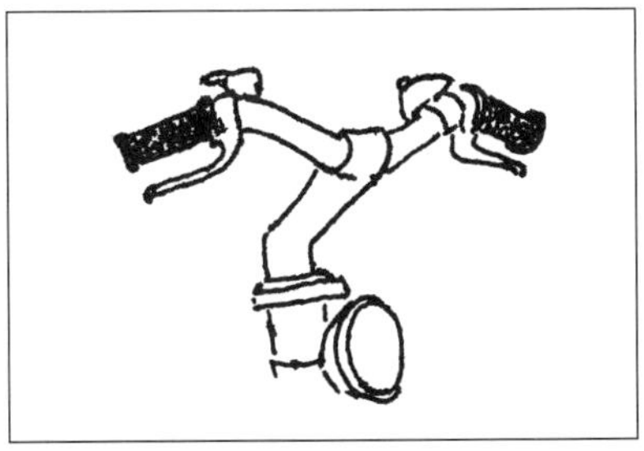

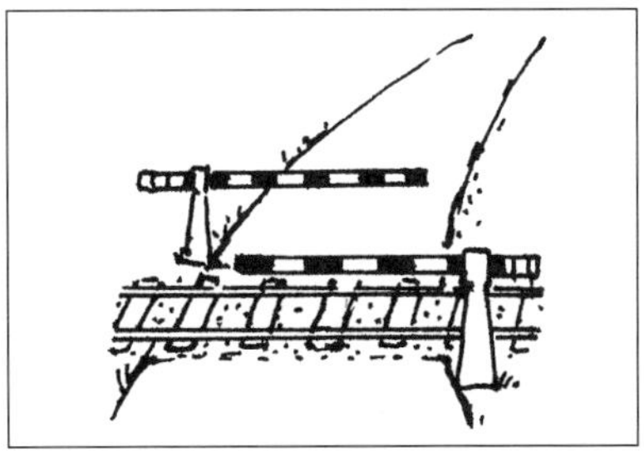

Wörter mit nk
Verbinde Wort und Bild!

Bank	Frank	Anke	Anker
Schrank	Lenker	krank	dunkel
denken	schenken	danken	
trinken	lenken		

Reime!

Schrank	lenken
B . ..	d . .. ..
kr . ..	sch . .. ..

ng oder nk ?

 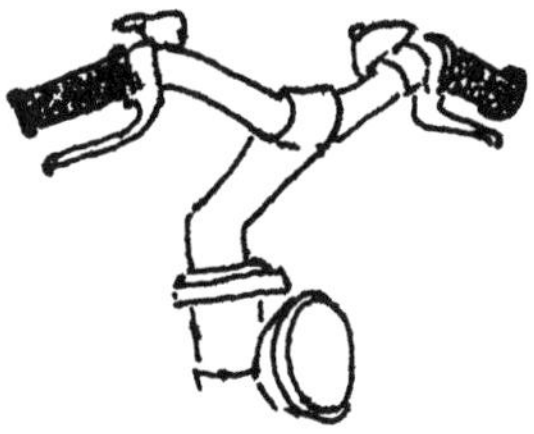 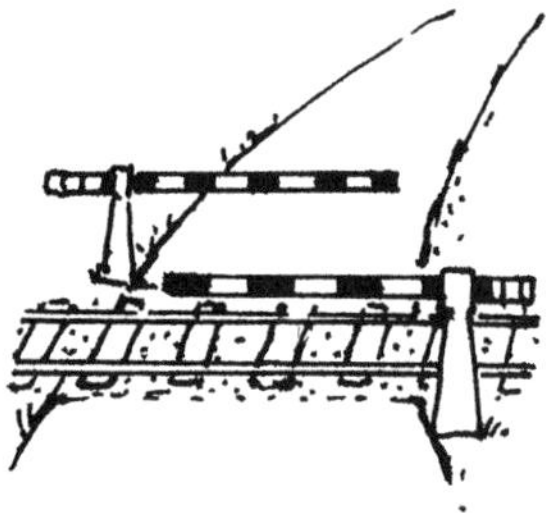 

ng oder nk

Ri ..   Schra .. e   Schla .. e

Le .. er   A .. er   Schmetterli ..

Fragen

1. Wer kann singen?
2. Was kannst du trinken?
3. Wo ist deine linke Hand?
4. Kennst du deine Finger?
5. Wohin fährt der Krankenwagen?

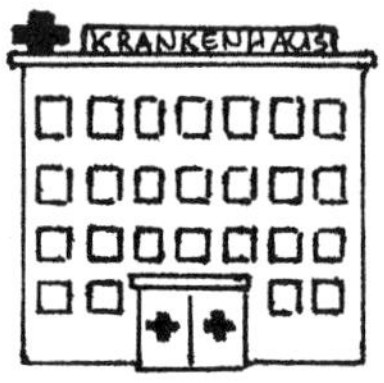

Jnge ist krank

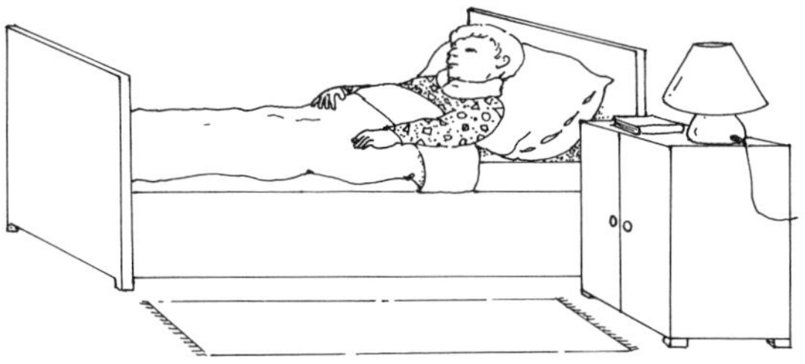

1. Es ist Sonntag.
2. Frank will Jnge ein Geschenk bringen.
3. Denn Jnge ist krank.
4. Er nimmt sein Fahrrad mit dem bunten Lenker und rast los.
5. Aber was ist das?
6. Frank sieht eine dunkle Schlange auf dem Weg.
7. Schnell lenkt er nach links und fällt hin.
8. „Au, mein Finger“, schreit er.
9. Sein Ringfinger blutet und sein Lenker ist krumm.
10. Er denkt an Jnge.
11. Sie wird schon lange warten.

4.2.31 Lautzeichen V/v — Vogel

Lautbildung und Abgrenzung:

Das Schriftzeichen V/v repräsentiert die Laute /f/ und /w/. Daher gibt es auch keine auditive Abgrenzung. Es geht vielmehr darum, Wörter mit jedem der beiden Anlaute und der Schreibung mit V/v kennenzulernen, sie korrekt auszusprechen und sich bewusst zu sein, dass eine auditive Unterscheidung nicht möglich ist.
Die Beschreibung der Lautbildung findet sich in den jeweiligen Kapiteln (F bzw. W).
Visuell wird das Schriftzeichen von W/w abgegrenzt.

Arbeitsblatt — V 1

Tier: Vogel

Nach Einführung (Geschichte, Poster oder Lied „Vogelhochzeit") sollen die Kinder die Zielangabe nennen. Daran schließt sich die Identifizierung des Anlautes als /f/ an. Die Kinder erfahren nun, dass /f/ auch durch ein anderes Schriftzeichen dargestellt werden kann.
An der Tafel oder am Tageslichtprojektor wird nun der Buchstabe vorgestellt und mit den Kindern erarbeitet.
Die Kinder sollen dann die Wörter in der unteren Hälfte erlesen, im Setzkasten setzen und deutlich vorlesen. Sie stellen dabei fest, dass V/v genau wie F/f gelesen wird.
In der Zeile unten spuren die Kinder nur diejenigen Zeichen nach, deren Raumlage dem V/v entspricht. „Indianerzelte" werden nicht berücksichtigt.

Arbeitsblatt — V 2

Sonne:

Diese Übung ist schon aus der vorangehenden Sequenz bekannt. Zusammengesetzte Substantive bilden, Grundwort: *Vogel-*

Mond:

- Wort *„viele"* lesen und sprachlich anwenden
- Satzmuster sprechen 1. *„Ich habe viele Äpfel, Sterne, Blumen, …"*
  2. *„Ich wünsche mir viele Bonbons, Kirschen, …"*
- Weitere Satzmuster erfinden und wiederholen

Stern:

- Einführung: V/v kann in manchen Wörtern auch wie /w/ gelesen werden
- Weiteres Vorgehen wie auf Arbeitsblatt V1, bei Lautwert /f/

Arbeitsblatt — V 3

Sonne:

- Vorsilben *vor-* und *ver-*
- Silben und Wortrümpfe zusammenlesen
- Vorsilbe als bedeutungsunterscheidende Einheiten
- Unterschiedliche Bedeutungen szenisch darstellen *vorlassen – verlassen / vorlaufen – verlaufen / vorlesen – verlesen / vorsagen – versagen*

Mond:

Bildung zusammengesetzter Substantive mit den Vorsilben Vor- und Ver-:
Vor-/-name, -sicht, -mittag, -fahrt
Ver-/-kehr, -such, -rat, -kauf

Stern:

- Text erlesen (V-Wörter mit beiden Lautwerten sind vertreten)
- Kinder suchen alle V-Wörter heraus
- Gemeinsam die Aussprache des V/v im jeweiligen Wort abklären
- Farbig markieren: *Lautwert /w/ rot, Lautwert /f/ grün*

Arbeitsblatt V 4

Bei der Texterarbeitung Lautwerte abklären und entsprechend markieren (wie oben).

Arbeitsblatt V 5

Suchbild: *Im Bäckerladen haben sich vier Mäuse versteckt.*

- Kinder lesen den kurzen Text ganz selbstständig und finden die Aufgabenstellung heraus
- Kinder suchen die Mäuse und markieren sie farbig

Sprachförderung:

- Oberbegriff *„Backwaren"*
- Backwaren benennen (Was schmeckt dir besonders gut?), spontane Äußerungen
- Von manchen Backwaren gibt es nur noch *vier*. Suche sie!
- Satzmuster *„Im Bäckerladen gibt es noch vier…"*

V v

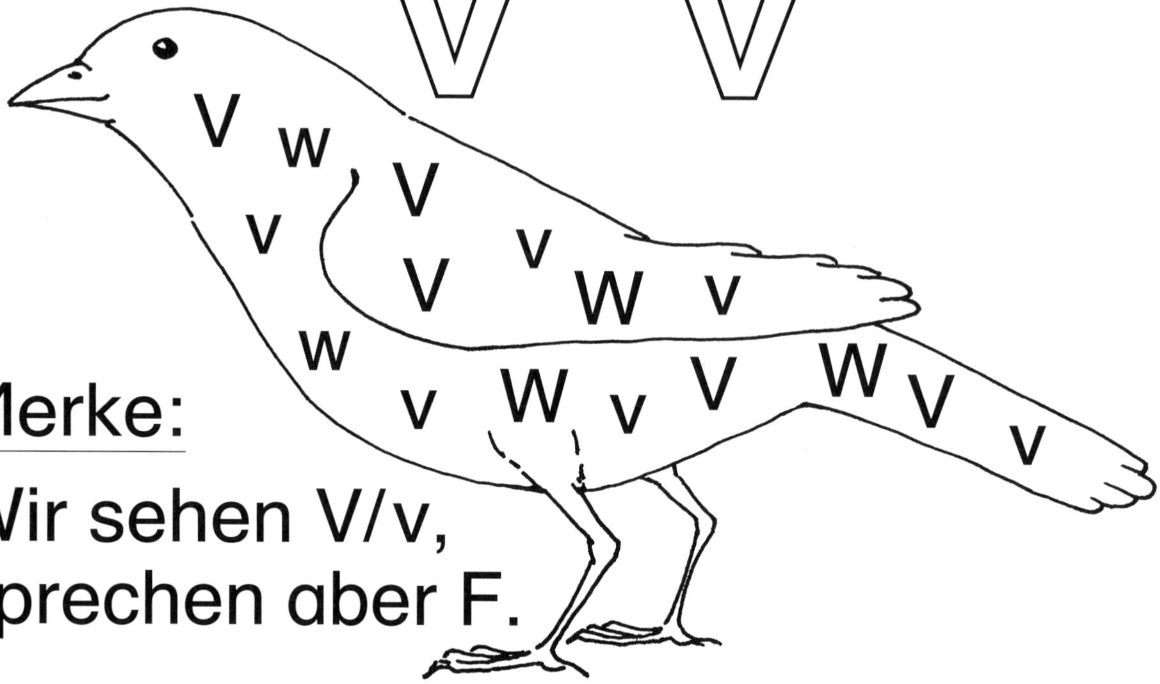

Merke:

Wir sehen V/v,
sprechen aber F.

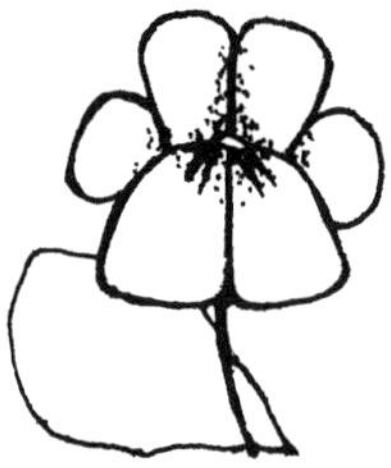

V	a	t	er

V	o	g	el

V	ei	l	chen

4

v	ie	r

v	o	ll

v	ie	l	e

Spure V im Muster nach!

V Λ V Λ V Λ V Λ V Λ V Λ V Λ V Λ

V 2

futter

käfig

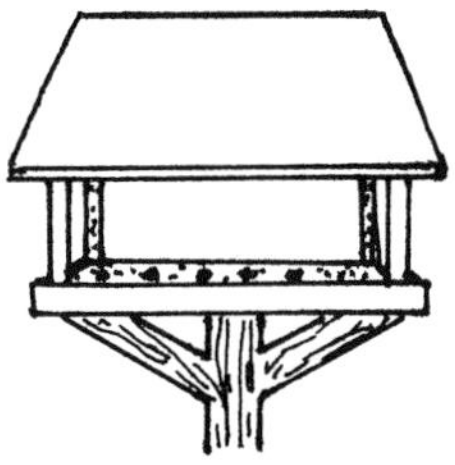

haus — Vogel — feder

ei

nest

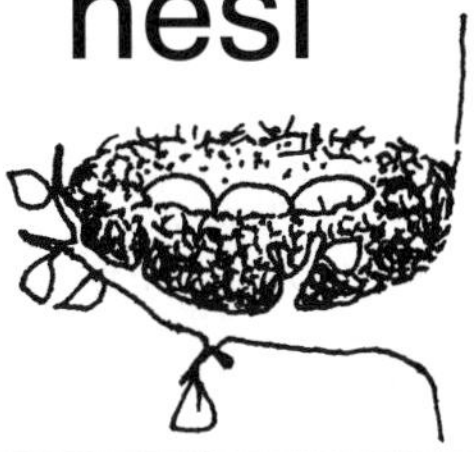

viele	viele	viele	viele	viele
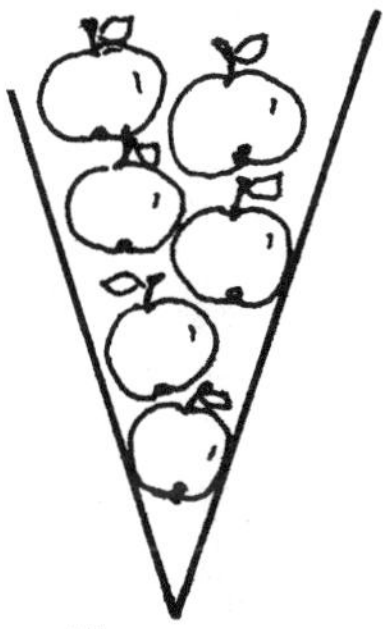	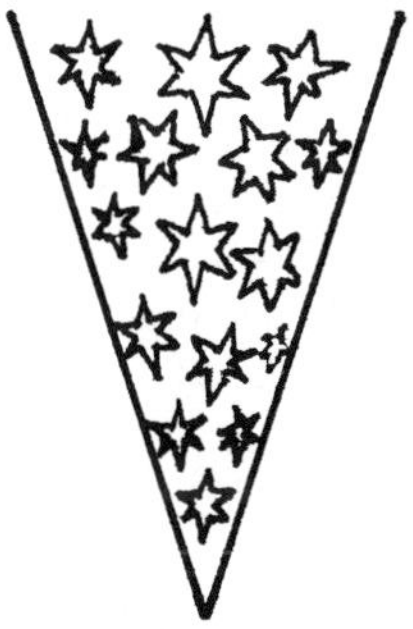			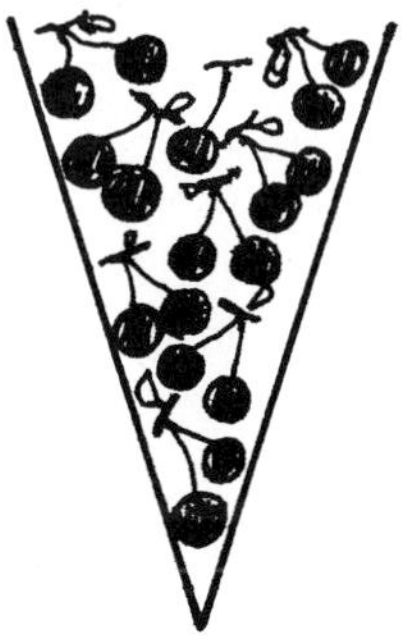
Äpfel	Sterne	Blumen	Bonbons	Kirschen

V	e	r	a

V	a	s	e

K	l	a	v	ie	r

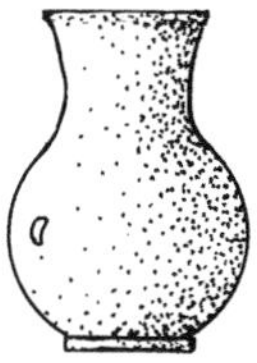

Wir sehen v,
sprechen aber w.

V	i	ll	a

N	o	v	e	m	b	er

A	d	v	e	n	t

vor ver

vor / ver – lassen

vor / ver – lesen

vor / ver – laufen

vor / ver – sagen

Vor Ver

Vor – name, sicht, mittag, fahrt

Ver – kehr, such, rat, kauf

1. Vera will Eva vorlassen.
2. Volker hat um 8 Uhr das Haus verlassen.
3. Verena soll vorlesen.
4. Eva hat sich verlesen.

V 4

Die Maus in der Torte

1. Eine Maus kam einmal beim Bäcker vorbei.
2. Vorsichtig schaute sie durch das Fenster.
3. Sie sah viele Torten.
4. Da knurrte ihr der Magen vor Hunger.
5. Heimlich schlüpfte sie in den Laden.
6. Sie kostete von der Sahnetorte.
7. Mmm, wie lecker.
8. Bald war sie in der Torte verschwunden.
9. Da kam eine Frau in den Laden.
10. Von dieser Torte, bitte, sagte sie.
11. Als der Bäcker die Torte anschneiden wollte, schaute die Maus hervor.
12. Vor Schreck ließ er die Torte fallen.
13. Die Sahne verteilte sich auf dem Boden.
14. Die Maus aber lief schnell davon.

V 5

Jm Bäckerladen haben sich vier Mäuse versteckt!

4.2.32 Lautzeichen St/st Storch

Lautbildung und Abgrenzung:

Die Lautverbindung /scht/ wird, wenn sie in Anlautposition steht, durch die Buchstabenkombination St/st verkörpert. Das führt dazu, dass viele Schulanfänger, z. B. *S–torch* lesen oder später, im Diktat, *Schtorch* schreiben. Dieser Sachverhalt muss schon im Leselehrgang geklärt werden, um Rechtschreibschwierigkeiten vorzubeugen.
Auditive Unterscheidung verschiedener Konsonantenverbindungen mit sch und entsprechende Sprechübungen helfen Kindern mit unsauberer Aussprache, diese Schwierigkeiten zu überwinden.

Arbeitsblatt **St 1**

Tier: Storch

- Lied: „Auf unsrer Wiese gehet was" (Text auf AB 2)
- Poster oder farbiges Bild von einem Weißstorch; Naturschutz
- Nach dem einstimmenden Lied sollen die Kinder mit Hilfe des Handspiegels und durch Hören die ersten beiden Laute des Wortes *Storch* feststellen.
- Die Lehrerin stellt ihnen dann die ersten beiden Buchstaben vor.
- Die Kinder stellen fest, dass das so nicht stimmen kann
- Sie werden dann zusammenfassend über diese Diskrepanz informiert
- Wörter unten lesen, /scht/ deutlich artikulieren, im Setzkasten setzen
- Wörter mit Bildern verbinden

Arbeitsblatt **St 2**

Sonne:

- Rätselspiel / Bilder der Illustration auf Tageslichtprojektor vergrößern
- Spiel zur Sprachförderung:
  „Ich seh' etwas, was du nicht siehst,
  … das hat einen Stiel
  … darüber kann man stolpern
  … das steht im Stall,
  … der braucht einen Stock
  … der steigt auf das Dach"
- Sätze selbstständig lesen und Fragen beantworten (Hilfe nur bei Bedarf)
- Vorlesen lassen und auf scht am Wortanfang achten

Hinweis: Es gibt auch kleine st.

Mond:

- **Sprechanlass:** Der Storch als ein vom Aussterben bedrohtes Tier
- Lied (Gedicht) lesen, singen, rhythmisch begleiten, auswendig lernen

St st

Merke:

Wir sehen st,
sprechen aber scht
am Wortanfang.

Stein	Stern	Storch

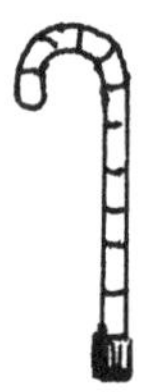

Stiefel	Stuhl	Stock

Viele Rätsel

1. Worüber kann man stolpern?

2. Was hat einen Stiel?

3. Welche Tiere stehen im Stall?

4. Wer braucht einen Stock?

5. Wer steigt auf das Dach?

Du kannst es erraten!

Auf unsrer Wiese gehet was,
watet durch die Sümpfe.

Es hat ein schwarzweiß Röcklein an,
trägt auch rote Strümpfe.

Fängt die Frösche schnapp, schnapp, schnapp.
Klappert lustig klapper-di-klapp.

Wer kann das erraten?

4.2.33 Lautzeichen Sp/sp **Spinne**

Lautbildung und Abgrenzung:

Diese Sequenz steht mit der vorangehenden in engem Zusammenhang. Die Lautverbindung /schp/ wird in Anlautposition durch Sp/sp verkörpert. Auch hier können Fehlleistungen im Lesen, z. B. *S–pinne*, oder später, im Diktat *Schpinne* auftreten, wenn dieser offensichtliche Widerspruch zwischen Lautung und Schreibung nicht geklärt wird. Wichtig sind vor allem Wahrnehmungsübungen der Wortanfänge mit Sch plus Konsonant und die Klärung, dass von diesen nur St/Sp so, alle anderen Sch-Verbindungen aber mit einem wirklichen Sch geschrieben werden. Die Wortsammlung auf AB 3 bietet dazu Möglichkeiten an. Das Arbeitsblatt 2 fasst St und Sp in einem Lesetext zusammen. Beim Vorlesen durch die Kinder muss darauf geachtet werden, dass die Buchstabenverbindungen st/sp tatsächlich als scht/schp gelesen und ausgesprochen werden.

Arbeitsblatt **Sp 1**

Tier: Spinne

- Bild oder Kinderbuch über eine Spinne
- Nützlichkeit der Spinnen; Spinnen sind schützenswerte Tiere
- Die Anlautung des Wortes *Spinne* wird von den Kindern selbst ermittelt
- Auf S-t verweisen und Sp als gleichen Fall vorstellen
- Wörter sprechen lassen: *Spinne, Spiegel, Spatz, Spaten, Specht, Sparschwein*
- Kinder stellen fest, dass /Schp/ im Anlaut gesprochen wird. Dann werden die geschriebenen Wörter gegenübergestellt und gelesen.
- Kinder formulieren die Diskrepanz zwischen gehörtem und geschriebenem Wort (siehe Zusammenfassung auf dem Arbeitsblatt).
- Wörter unten lesen, /scht/ deutlich artikulieren, im Setzkasten setzen
- Wörter mit Bildern verbinden

Arbeitsblatt **Sp 2**

Sprechanlass: Wenn kein Kind dich mag!
- Kinder berichten, erzählen und werten
- Text *„Keiner mag Stefan“* lesetechnisch und inhaltlich erarbeiten
- Kinder markieren *St/st-* sowie *Sp/sp-*Wörter farbig unterschiedlich

Arbeitsblatt **Sp 3**

Sprechübung für Kinder mit noch gestörter Aussprache des /sch/ (Schetismus):

Specht, Schaf, Schwein, Spaten, Schmetterling, Sparschwein
Schwan, Sperling, (Spatz), Schrank, Schloss, Schwalbe, Spiegel
Stuhl, Schnecke, Stock, Schlange, Stern, Schneemann
Schleife, Stiefel, Spinne, Schlitten, Stein, Storch

- Tiere benennen, Tierlaute nachahmen, zu jedem Bild etwas erzählen
- Lehrerin spricht Wörter, Kinder nennen die ersten zwei Laute, also: /schp/ oder /schw/, …
- *Würfelspiel:* Beim Specht beginnen, vorrücken, Wortanfang des erreichten Bildes nennen; wer den Wortanfang falsch benennt, muss aussetzen; Sieger ist, wer zuerst den Storch erreicht hat.
- Kärtchen sortieren (nur St/Sp-Bilder…)
- *Memory:* je zwei Kinder legen ihre Kärtchen zu einem Spiel zusammen

Sp sp

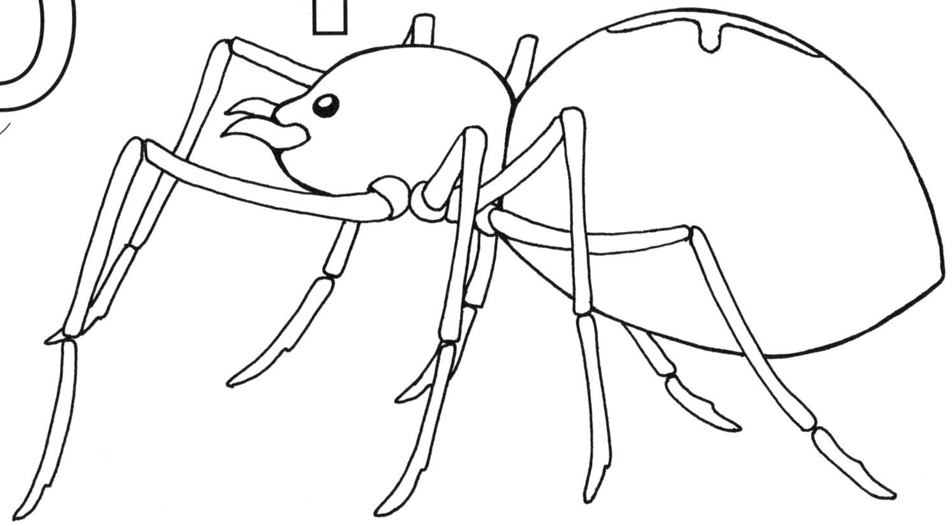

Merke:

Wir sehen sp,
sprechen aber schp am Wortanfang.

Spinne Spiegel Spatz

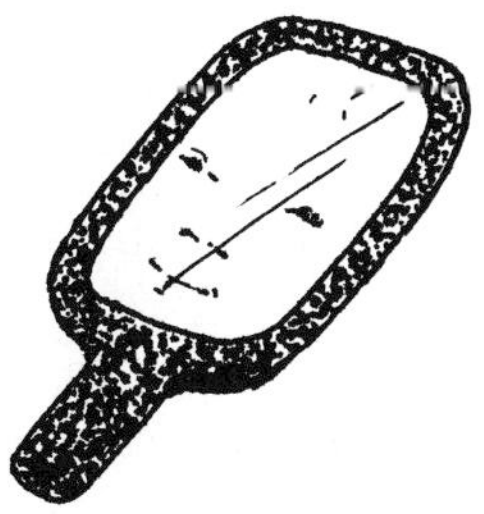

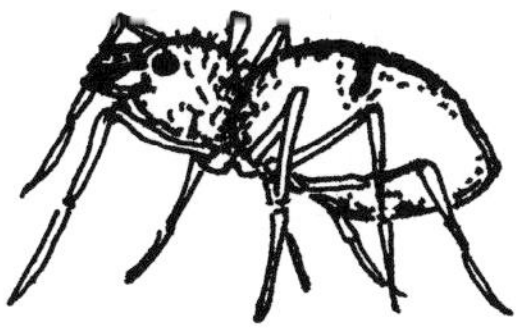

Spaten Specht Sparschwein

Keiner mag Stefan

1. Stefan geht auf den Spielplatz.
2. Es sind viele Kinder dort.
3. Steffi spielt allein im Sand.
4. Volker und Jana schaukeln.
5. Achim und Anja wippen.
6. Jan und Michael spielen Federball.
7. Stefan steht allein da.
8. Das macht keinen Spaß.
9. Plötzlich springt Stefan auf Steffis Sandburg.
10. Dann spottet er über Achim und Anja.
11. Nun spritzt er Jan und Michael mit Wasser voll.
12. Alle Kinder sind verärgert.
13. Sie nehmen einen Ball und spielen Fußball.
14. Aber Stefan darf nicht mitspielen.
15. Nun ist er ganz still.
16. Keiner mag mich.
17. Warum nur?

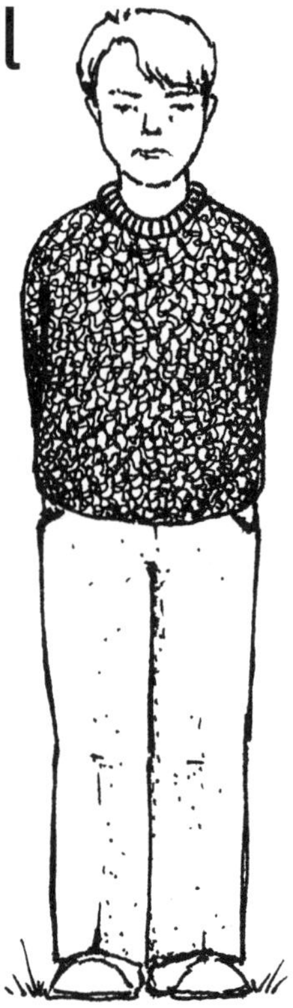

Sp 3

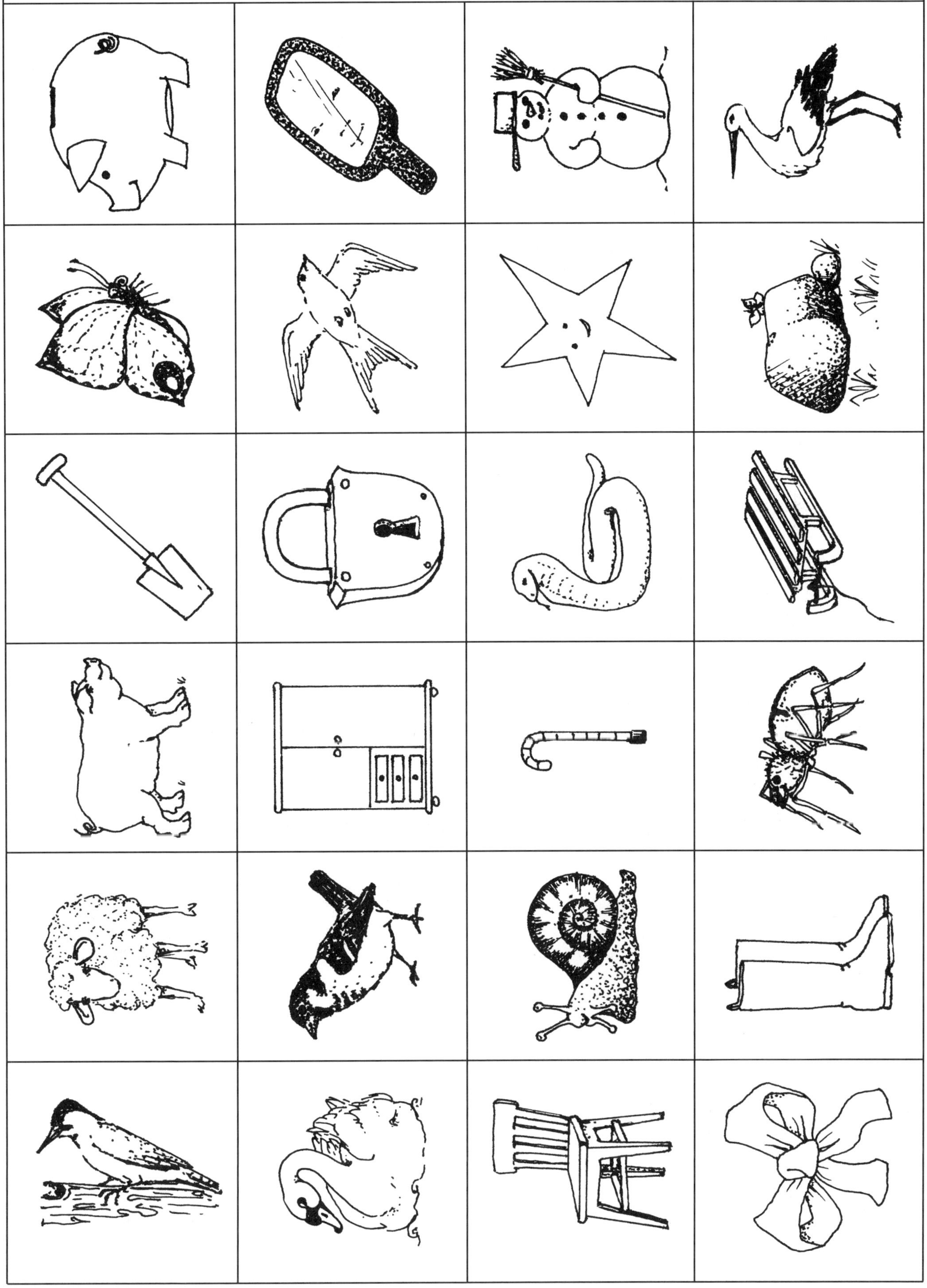

4.2.34 Lautzeichen Eu/eu (Äu/äu) — Eule

Lautbildung und Abgrenzung:

Eu/eu ist die schriftliche Darstellung des Lautes /oe/. Es gibt für den Diphtong oder Zwielaut noch ein zweites Schriftzeichen: Äu/äu. Phonetisch sind beide identisch. Zur Schreibung von Äu/äu kommt es in Wörtern, bei denen eine Veränderung durch grammatikalisch richtigen Gebrauch eine Umlautung notwendig macht: Wörter, in denen /oe/ durch Umlaut repräsentiert wird, haben in ihrer Grundform /au/.
Da es phonetisch keine Unterschiede gibt, werden beide Schriftzeichen in dieser Sequenz eingeführt. Die Kinder lernen, dass es für ein und denselben Laut zwei Schriftzeichen gibt und erfahren, dass Gesetzmäßigkeiten bei der Wortbildung die Ursache dafür sind (Prinzip der Wortstammbewahrung).
Wiederholend wird nochmals auf Verkleinerungsformen eingegangen. Neben dem bekannten *Diminutiv durch -chen* lernen die Kinder *-lein* kennen.
Ebenso bietet sich hier das *Üben der Mehrzahlbildung* durch Umlautung an.
Diese beiden grammatikalischen Sachverhalte fallen vielen Kindern noch schwer. Sie werden hier als sprachfördernde Übungsmöglichkeit angeboten. Nachdem sie erarbeitet worden sind, können sie im inhaltlichen Zusammenhang angewendet und von Kindern mit grammatischen Unsicherheiten auch in Satzmustern geübt werden.

Arbeitsblatt — Eu 1

Tier: Eule

- Vergleich mit Uhu, Unterschiede feststellen
- **Wortmaterial:** *Eule, Euter, Leuchter, Schleuder, Kreuz, Feuer, Keule, neun*
- Begriffsklärung und Gespräch *„Euter" – Wo kommt die Milch her?*
- *Verbinden von Wort und Bild*

Arbeitsblatt — Eu 2

Sonne:

Phonematische Differenzierungsübung:
eu oder ei?
Eimer, Eule, Leiter, Feuer, eins, zwei, neun

Mond:

- Wortab- und -aufbau (Zaubermühle)
- Wörter lautieren (nach Lautkasten). In jeder Kiste wohnt ein Laut.

Stern:

Eu/eu – Vers auswendig lernen

Arbeitsblatt — Eu (Äu) 3

Erarbeitung:
Es gibt noch ein anderes Zeichen für /oe/: Äu/äu
- Merkmale des Lautzeichens beschreiben: Au/au mit zwei Punkten drauf
- Vermutung: *Das muss etwas mit Au/au zu tun haben, weil es so ähnlich ist.*
- Alle Äu/äu nachspuren, Au/au in Äu/äu verwandeln: Punkte draufsetzen!
- Wörter im Setzkasten setzen (ä/u auf Tesa zusammenkleben = 2 Buchstaben, ein Laut)
- Wörter lesen und mit Bildern verbinden

Arbeitsblatt — Eu (Äu) 4

Sonne:

Erarbeitung:

- Verkleinerung – Manche Dinge sind klein (-chen oder -lein)
- Der Zauberer Zizibu verzaubert alles, macht alles klein (Zauberutensilien)
  Kinder hören aufmerksam zu, was sich am Wort verändert
- Wir hören und schreiben: *Aus au wird äu*
  Die Lehrerin deckt nach jedem gehörten Wort entsprechende Wortkarten auf
  die Maus – das Mäuschen,
  das Haus – das Häuschen,
  der Zaun – das Zäunchen,
  der Baum – das Bäumchen,
  aber: das Auge – die Äuglein
  Wer findet selbst Verkleinerungen mit *-lein?*
- Das Zusammentreffen von s-ch (Mäuschen, Häuschen) ist eine zusätzliche Schwierigkeit, da die Kinder diese Buchstabenverbindung als /sch/ kennen. Es sollte ihnen erklärt werden, warum hier anders gelesen wird (Formbetrachtung bei Wortbildung).

Mond:

Übung: Wir zaubern selbst: *ein Ding – viele Dinge* (Mehrzahlbildung)
Baum – Bäume, Maus – Mäuse, Haus – Häuser, Zaun – Zäune, Strauch – Sträucher, Traum – Träume
Hinweis: Diese Übungen eignen sich besonders für sprachschwache Kinder, die Schwierigkeiten beim Bilden der Mehrzahl und der Verkleinerungsform haben.

Arbeitsblatt — Eu (Äu) 5

Sprechanlass:
Was ich schon einmal geträumt habe

- Erarbeitung: Wortbetrachtung: Traum, Träume (aus au wird äu)
- Eu/eu und Äu/äu verschiedenfarbig markieren

Sonne:

Erzählen laut Arbeitsauftrag

Eu eu

Eu Eu Fu Ei Lu Eu

Eu Lu Fu Eu Ei Eu

Eule

Kreuz

Euter

Feuer

Leuchter

9

Keule

Schleuder

neun

Eu/eu oder Ei/ei?

 ☐  ☐ 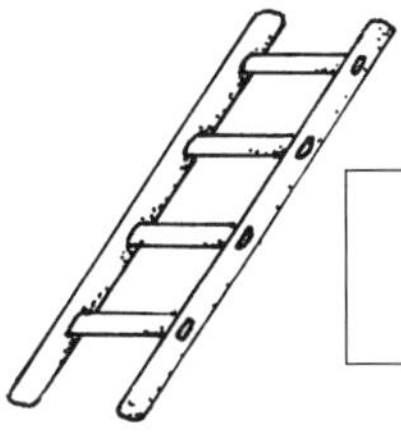 ☐  ☐

1 ☐ 2 ☐ 9 ☐

Au, eu, ei, eine Zauberei!

Freund
Freun
Freu
Fr
F
Fr
Freu
Freud
Freude

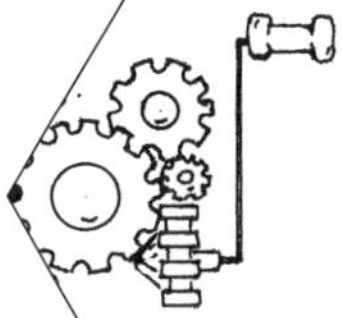

heulen
heul
heu
h
heu
heut
heute

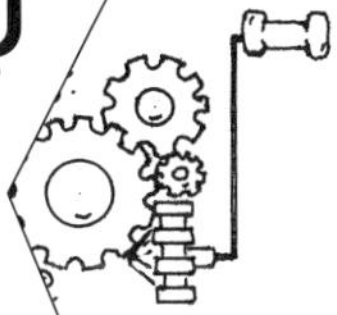

Eu	g	en
t	eu	er

L	eu	t	e

eu	er
eu	ch

n	eu

t	r	eu

sch	eu

Lerne den Eu/eu-Vers auswendig!

Eine kleine Eule
heulte heute Nacht im Wald.
Eulenmama, Eulenpapa,
kommen aber bald.

Äu äu

Mäuse

Räuber

Äuglein

Zäune

Bäume

Läufer

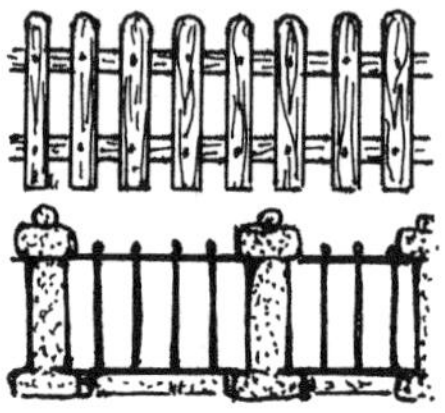

Häuser

Sträucher

Eu (Äu) 4

Hokus, pokus, o wie fein,
Zizibu macht alles klein.
Nimmt dazu nur -chen und -lein,
schon sind alle Dinge klein.

Die Maus wird zum

Das Haus wird zum

Der Zaun wird zum

Der Baum wird zum

Die Augen werden zu den

Hier kannst du zaubern! Aus au wird äu!

 Ein Baum,  vier

 Eine Maus,  zwei

 Ein Haus,  drei

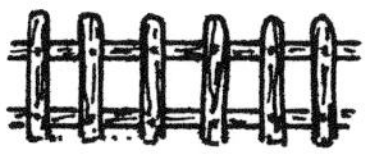 Ein Zaun,  zwei

 Ein Strauch,  vier

 Ein Traum,  viele

Träume

1. Eugen wohnt in einer großen Stadt.
2. Jn seiner Straße stehen viele Häuser.
3. Dort gibt es keine Gärten und Bäume.
4. Wenn Eugen aus dem Fenster schaut, sieht er nur Autos und viele Leute.
5. Oft liegt er abends im Bett und träumt.
6. Er hat dann viele Freunde.
7. Sie klettern zusammen auf Bäume.
8. Dann verstecken sie sich hinter Sträuchern.
9. Sie steigen über Zäune, machen Wett-läufe oder spielen Räuber und Polizist.
10. Doch das sind alles nur Träume.

 Hast du auch manchmal Träume?

4.2.35 Lautzeichen Qu/qu — Qualle

Lautbildung und Abgrenzung:

/kw/ hat keinen eigenen Lautwert, sondern steht für eine Lautverbindung: Hier werden /k/ und /w/ verbunden. Es handelt sich nicht um einen selbständigen Laut der deutschen Sprache.
In seinem Lautwert ist es ähnlich wie andere Konsonantenverbindungen des /k/, etwa /kl/, /kn/, /kr/ und sollte deshalb in auditiven Übungen von diesen abgegrenzt werden. Das Schriftzeichen ist zweigliedrig, und ist nicht wie bei den anderen K-Verbindungen „lauttreu". Deshalb muss es auch extra erarbeitet werden. Aus der Buchstabenbezeichnung „KU" lässt sich der Laut /kw/ ebenfalls nicht ableiten. Es ist auch hier notwendig, die Buchstabenform als Ganzheit aufzufassen, und sie zunächst ausschließlich als /kw/ zu bezeichnen. Die Bezeichnung „Ku" kommt später, bei der Einführung des Alphabets!

Arbeitsblatt — Qu 1

Tier: Qualle

Lautlokalisation: *Quartett, Kaulquappe, Quadrat, Quirl, Qualm, Aquarium, Quark*

Sprachübung für Kinder mit K-Fehlbildung möglich! Pause zwischen K—w! (K—walle)

Arbeitsblatt — Qu 2

Auditive/phonematische und sprechmotorisch-kinästhetische Differenzierung wie gewohnt!

Sonne:

- *Quirl, Qualle, Klammer, Qualm, Quark, Kleeblatt* (Sprechübung für K-Stammler!)
- Weitere Übungen (Wörter mit K-Verbindungen) anbieten, auch ohne Arbeitsblatt

Mond:

- Lautzeichen als Ganzheit erfassen: Unterklammer zeichnen, jedesmal */kw/* sprechen
- Wortaufbau wie gewohnt, Setzkasten verwenden
  Hinweis: Für sprachschwache Kinder sind diese Wortaufbauübungen immer noch wichtig.

Arbeitsblatt — Qu 3

Sonne:

- *Geräusche v. Kassette vorspielen* oder selbst nachahmen: *quieken, quaken, quietschen*
- Wörter lesen, Bilder zuordnen, Bilder ausmalen
- Geräuschespiel/Sprachförderung: Ein Kind ahmt ein Geräusch nach, ein anderes Kind nennt die passende Bezeichnung; auch weitere bekannte Geräusche einbeziehen

Mond:

- *Was ist ein Quiz* (Kinder erzählen vom Fernsehabend)

Auch wir wollen heute ein Quiz machen

- Gute Leser lesen selbstständig, die anderen unter Anleitung
- Fragen stellen und beantworten; wiederholt in Partnerarbeit

Stern:

Froschkonzert: Text lesen, auswendig lernen,
eine Melodie erfinden und gemeinsam das Froschkonzert aufführen

Arbeitsblatt — Qu 4

Sprechanlass: Am Teich – Umwelt und Naturschutz – Frösche sterben durch Autos
- Anleitung unten: So kannst du einen Frosch malen
- Klanggeschichte: „Quaki, der kleine freche Frosch"

Arbeitsblatt — Qu 5

- Text erarbeiten
- Nach Anleitung selbstständig, in Arbeitsgruppen Quark-Äpfel machen und gemeinsam essen

Qu qu

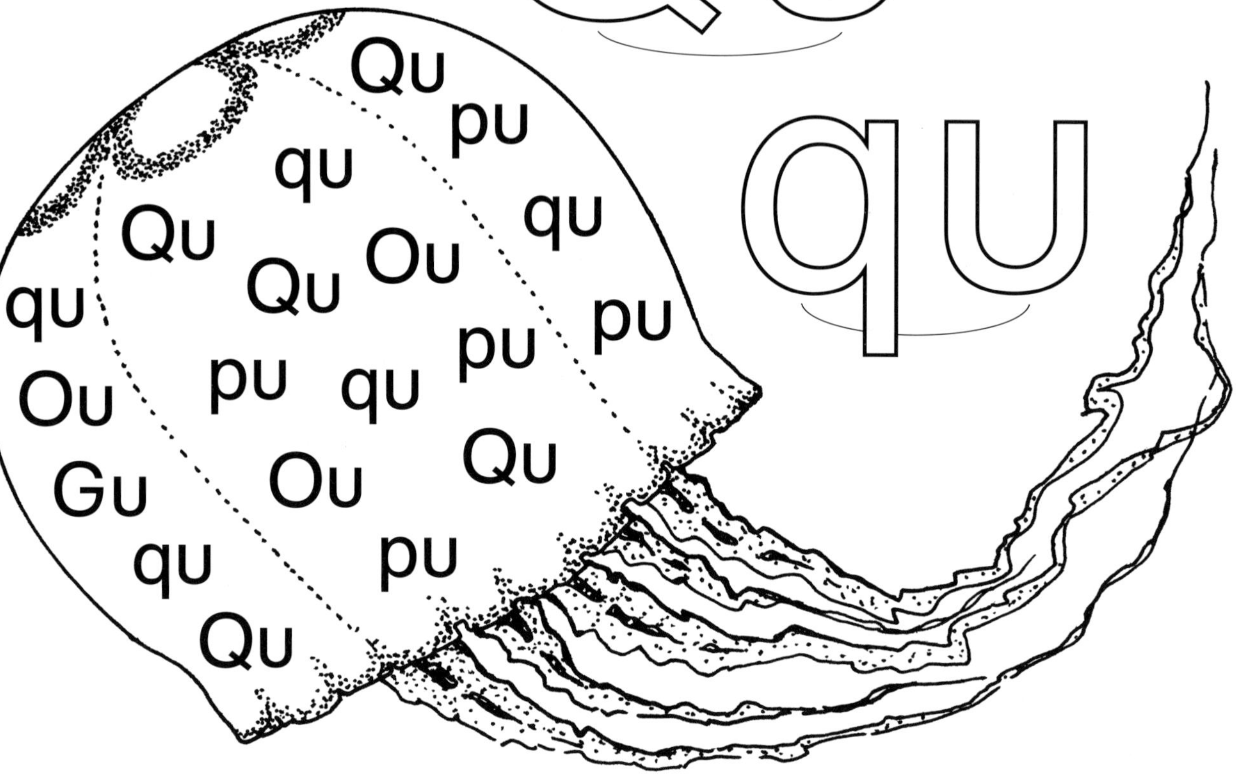

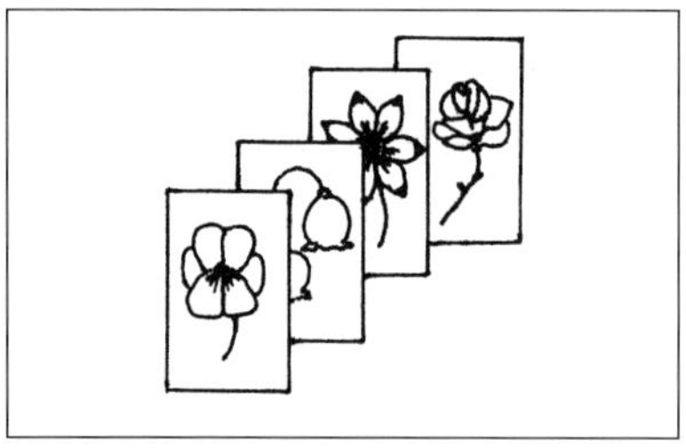
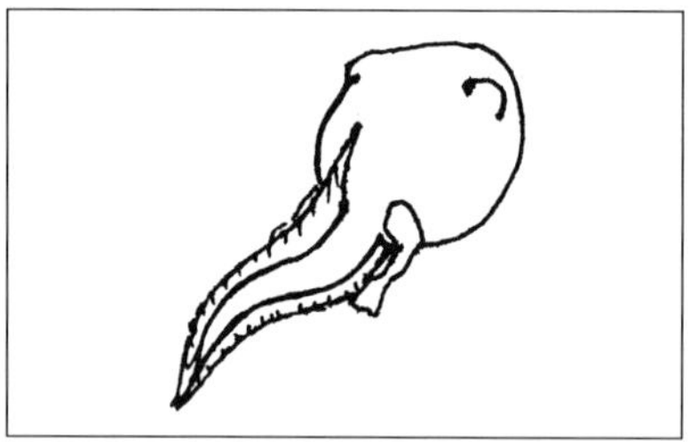
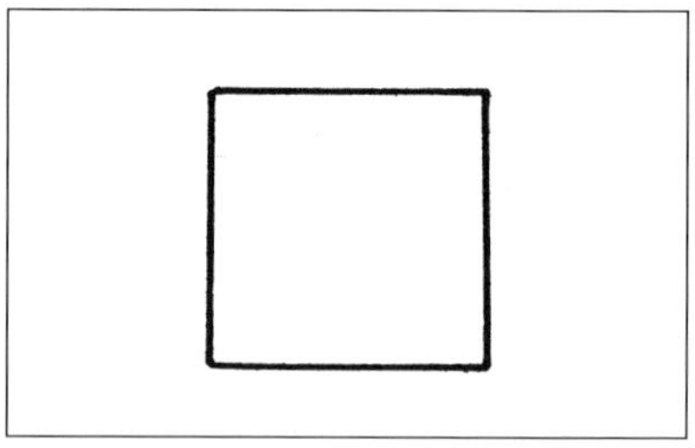

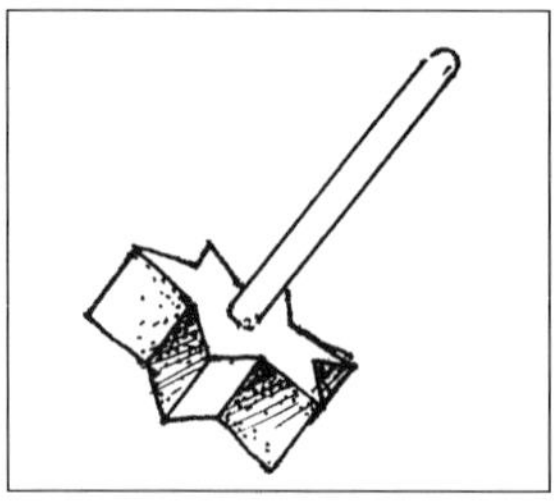

Qu oder Kl?

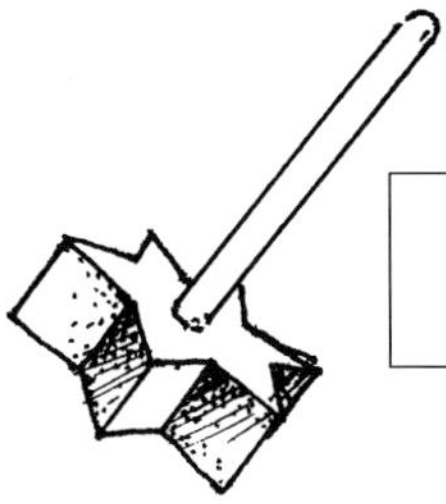

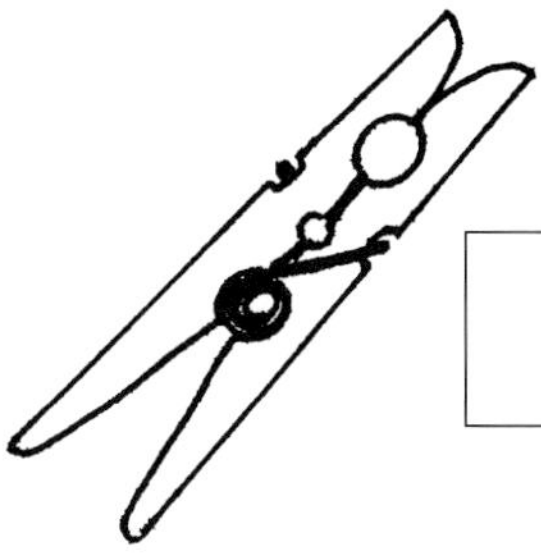

Mache unter Qu/qu den Bogen! Lies!

Qu	Qu	Qu	Qu
Qua	Qua	Qua	Qua
Qual	Quar	Qual	Quat
	Quark	Qualm	Quatsch

Qu	Qu	Qu	qu
Qui	Que	Qua	que
Quir	Quell	Quall	quer
Quirl	Quelle	Qualle	

Qu	Qu
Qua	Qua
Quad	Quar
Quadr	Quart
Quadra	Quarte
Quadrat	Quartett

Qu 3

Wer macht was?

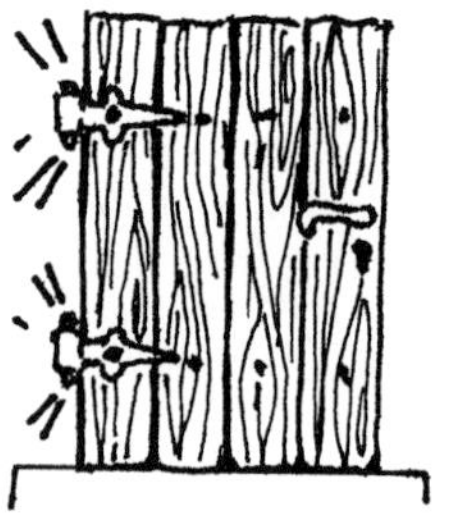

quetschen

quieken

quaken

quietschen

Quizfragen für Schlaue

1. Welcher Hund frisst keine Knochen?
   (Der Seehund)
2. Welche Birne kann man nicht essen?
   (Die Glühbirne)
3. Jch habe viele Häute und beiße alle Leute.
   (Die Zwiebel)

Froschkonzert

Heut ist Konzert bei den Fröschen am Teich,
große Frösch', kleine Frösch' quaken zugleich.

Quak, quak, quak, quak, quak, quak, quak, quak.

Quirin, der Quakfrosch

Quirin Quisquam
heißt der Quakfrosch,
der am Quell im Walde sitzt.
Wie er hinkommt?
Ja, da ist er
einst als Kaulquapp hingeflitzt.

Sieben Kinder
quicklebendig
quaken, quengeln, quietschen froh,
tanzen quirlig
Quakfroschtänze
einmal so und einmal so.

(Ursel Schäffler)

Süßes zum Selbermachen:
Quark-Äpfel

Du brauchst dazu:

4 Äpfel, 250 g Quark, 1 Banane,
2 Esslöffel Milch, Zimt, Vanillezucker,
3 Esslöffel Kokosflocken, Schoko-streusel

1. Halbiere die Äpfel.
2. Entferne das Kerngehäuse.
3. Mit einem Teelöffel löst du Fruchtfleisch heraus, so dass eine Vertiefung entsteht.
4. Schneide dann das Fruchtfleisch klein.
5. Rühre die Milch in den Quark.
6. Mit der Gabel zerdrückst du die Banane.
7. Mische sie dann unter den Quark.
8. Gib die Apfelstückchen dazu.
9. Mische auch die Kokosflocken dazu.
10. Würze mit Zimt und Vanillezucker.
11. Fülle die Quarkmasse in die ausgehöhlten Äpfel.
12. Streue Schokostreusel darüber.

4.2.36 Lautzeichen Y/y — Yak

Lautbildung und Abgrenzung:

Y ist ein selten gebrauchter Buchstabe ohne eigenständigen Lautwert. Entweder wird Y wie /ü/ oder wie /i/ ausgesprochen. Die Kinder sollen die Buchstabenform erfassen und von V, W und J unterscheiden können. Des Weiteren lernen sie die beiden Möglichkeiten der Aussprache kennen und im Lesen anwenden.

Arbeitsblatt — Y 1

Tier: Yak

Lauteinführung:
- Yak, ein Tier, das einem Rind ähnlich ist
- Aussprache Y = Ü/linke Spalte
- Aussprache Y = I/rechte Spalte
- Begriffsklärungen im Spiel oder im Gespräch

Arbeitsblatt — Y 2

Lesetext:
- Ferien auf dem Ponyhof
- Kinder berichten von ihren Erfahrungen mit Pferden/Ponys
- Kinder erzählen zum Bild
- Text inhaltlich und lesetechnisch erarbeiten
- Kinder erzählen, was sie selbst in den Ferien tun werden oder getan haben

Y y

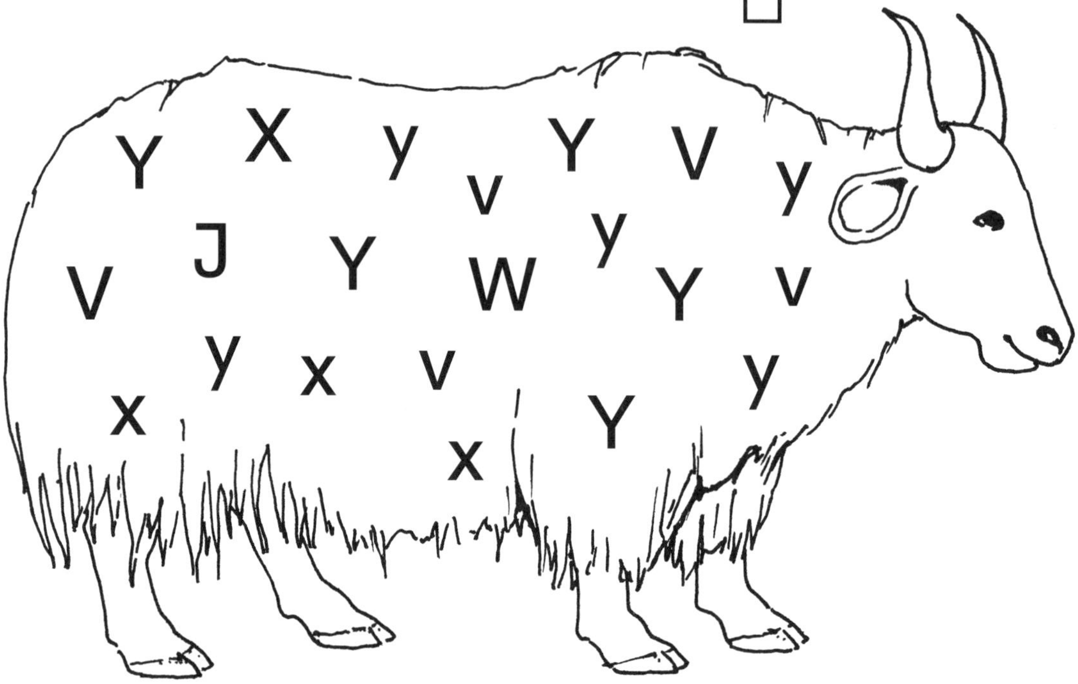

Y/y wird wie ü gesprochen.

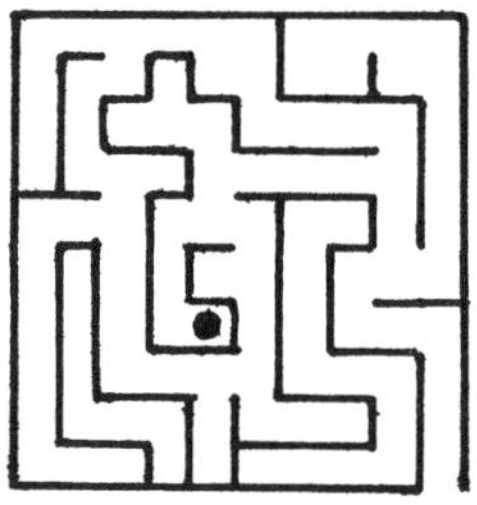

Labyrinth

Y

Ypsilon

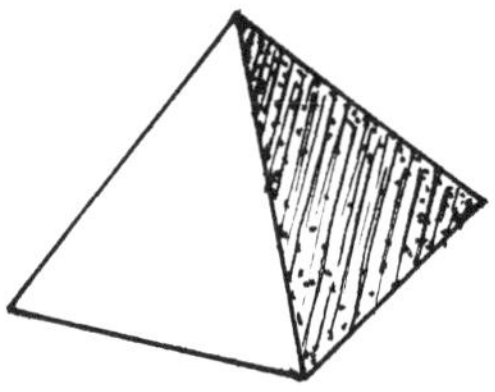

Pyramide

Dynamo

Y/y wird wie i gesprochen.

Pony

Teddy

Baby

Yvonne

Y 2

Ferien auf dem Ponyhof

1. Bald sind Ferien.
2. Familie Meyer will auf einen Ponyhof fahren.
3. Dort gibt es viele Ponys.
4. Jn der Nähe ist auch ein See.
5. Alle freuen sich schon auf den Urlaub.

6. Sylvia freut sich auf die Ponys.
7. Reiten ist nämlich ihr Hobby.
8. Yvonne will viel im See schwimmen.
9. Sie macht auch gern Gymnastik.

10. Mutti und Vati werden oft mit dem Baby spazieren gehen.
11. Vielleicht machen sie auch eine Fahrt mit einer Kutsche.
12. Jedenfalls kann Familie Meyer es kaum erwarten, bis die Ferien endlich beginnen.

4.2.37 Lautzeichen C/Ch — Chamäleon

Lautbildung und Abgrenzung:
Die Lautzeichen C/c kommen in der deutschen Schriftsprache fast nur in Kombination mit anderen Buchstaben vor (Ch, ch, ck, sch). Eigenständig ist C am Wortanfang nur in ganz wenigen Wörtern, die meist aus anderen Sprachen stammen. Die Aussprache entspricht dem Laut /k/. Nie repräsentiert der Buchstabe C in einem deutschsprachigen Wort das Phonem /ts/.
Ch gibt es auch als Anlaut von Wörtern. Die meisten dieser Wörter sind ebenfalls fremdsprachlichen Ursprungs. Mögliche Anlautungen sind: /k/ (Chor, Chaos, beide griech.), /tsch/ (Chippendale, Chopper, beide engl.) und /sch/ (charmant, Chauffeur, beide franz.). Bei der Aussprache des Ch gibt es regionale Unterschiede: In manchen Gegenden wird anlautendes /ch/ wie /k/, in anderen Gegenden wie /sch/ ausgesprochen (z. B. Chemie/China in Bayern: Kemie/ Kina, in Sachsen: Schemie/Schina). In der Hochsprache setzt sich aber die Aussprache, der Schreibweise entsprechend, mit ch 1 durch.

Arbeitsblatt — C/Ch 1

Tier: Chamäleon

Sonne:

(Ein Tier, das sich verfärben kann)

- Anfangslaut: /k/ Kinder vermuten, welches der erste Buchstabe sein könnte
- Anlautmethode: Wort Chamäleon erscheint an der Tafel, Kinder leiten ab, dass Ch den Laut /k/ bezeichnen müsste.
- Zielangabe: Viele Namen fangen mit Ch an: *Christian, Christine, Christoph, Christa, Christel*
- Vielleicht kennst du ein Kind, das einen von diesen Namen hat.

Mond:

Wörter mit Anlaut /k/ lesen:

- Zusammengesetzte Substantive mit *Christ- (-fest, -baum, -kind, -rose)*
- Begriffsklärung *Chor,* Wer singt im Chor?
- Zusammengesetzte Substantive mit *-chor (Schulchor, Kirchenchor, Kinderchor, Opernchor, ...)* selbst finden

Stern:

Wörter mit Anlaut /sch/ kennenlernen und lesen: *Chef, Champignon* (Begriffsklärungen notwendig)

Arbeitsblatt — C/Ch 2

Die Kinder erfahren, dass der Buchstabe C sehr häufig, aber meist nur in Verbindungen vorkommt und *keinen eigenen Laut* repräsentiert. Die fremdsprachlich abweichende Lesart muss konkret besprochen werden.
Einstimmung: Alle Wörter wie /k/ aussprechen!

Sonne:

Namen mit C/c: *Claus, Claudio, Carlo, Carmen, Cornelia, Carola, Nicole, Clemens*

Mond:

Andere Wörter mit C: *Creme (auch Kreme), Clown, Cola, Computer, Cowboy, Camping*

Arbeitsblatt — C/Ch 3

Sprechanlass: Schulfest
Lesetext: *Hurra, es ist Schulfest*

- Aussprache der *C/Ch-Wörter* konkret erarbeiten und im Setzkasten setzen

Hinweis: Im Text sind auch Namen, die mit C beginnen. C wird wie K gesprochen.

- Beim Vorlesen auf korrekte Aussprache achten
- Alle Zusammensetzungen mit *Eis* heraussuchen (erklären, warum Eiskaffee, aber Eiscafé)

Ch

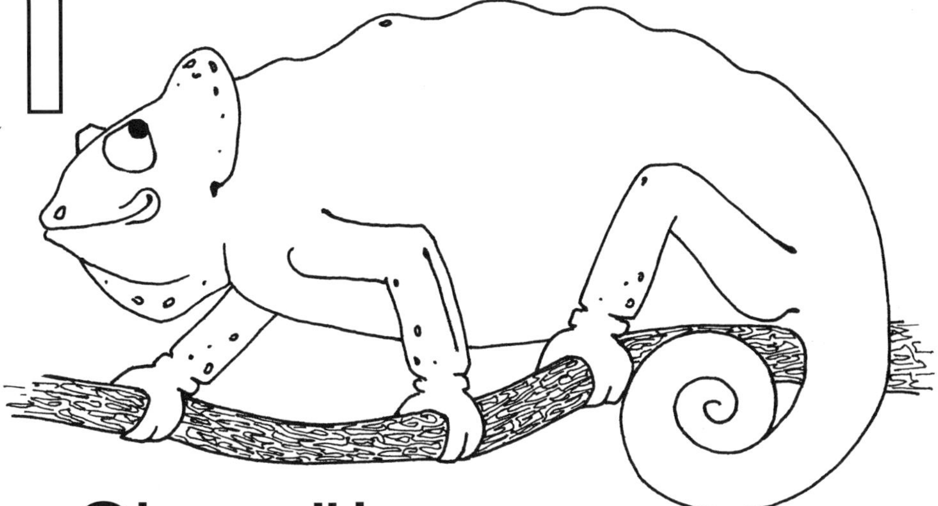

Chamäleon

Ch wird auch wie K gesprochen

Namen mit Ch

Christian Christine Christoph

Christa Christel

Christ – fest, baum, kind, rose

Chor

Manchmal wird Ch auch wie Sch gesprochen.

Chef Champignon

C

C wird wie K gesprochen.
Diese Namen kommen oft aus anderen Ländern

viele Namen

Claus | Claudio | Carlo

Carmen | Cornelia

Carola | Nicole | Clemens

andere Wörter

Creme

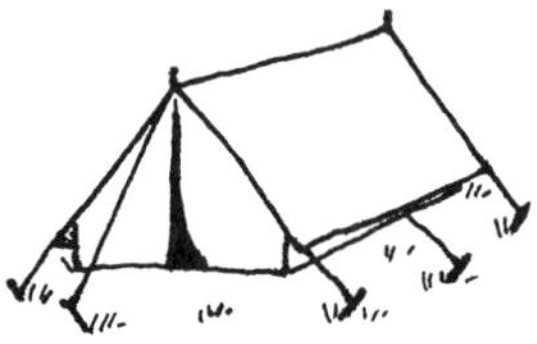

Computer

Clown

Cowboy

Cola

Camping

Hurra, es ist Schulfest!

1. Einmal im Jahr feiern wir ein Fest.
2. Jede Klasse hat eine Überraschung vorbereitet.
3. Claudia und Christian aus der 4. Klasse haben ein Eiscafé aufgebaut.
4. Für die Kinder gibt es eisgekühlte Cola und für die Eltern Eiskaffee.
5. Außerdem verkaufen Nicole und Carlo selbstgemachte Eiscreme.
6. Es gibt Moccaeis und Maracujaeis.
7. Clemens und Claudio aus der 3. Klasse machen ein Spiel auf dem Computer.
8. Cornelia und Christine aus der 2. Klasse haben ein Wettspiel vorbereitet. Wer ist der schnellste Cowboy?
9. Carola und Christof aus der 1. Klasse sehen lustig aus.
10. Sie haben sich als Clown verkleidet, laufen auf Stelzen und machen viel Quatsch.

4.2.38 Lautzeichen X/x

Lautbildung und Abgrenzung:

Der Laut /ks/, der durch die Buchstaben X/x verkörpert wird, ähnelt den Affrikaten. /k/ und /s/ sind zu einem eigenen Lautwert verschmolzen. Für diesen Laut gibt es noch die Schreibweise „chs“, die ebenfalls eingeführt wird.

Zur Lautbildung: vgl. Anleitungen zu K und S.
Die häufig gestörten Grundlaute wirken sich auch auf /ks/ aus, d. h. sowohl bei Störungen des /s/ als auch des /k/ ist immer auch /ks/ mitbetroffen und sowohl hinsichtlich der Wahrnehmung als auch der Artikulation zu berücksichtigen.

Arbeitsblatt **X 1**

Max und Moritz

- Einstimmung: Kinderbücher/Geschichten wahlweise vorlesen
- */x/-Laute* bewusst wahrnehmen: *Max, Hexe, Abraxas, Asterix, Obelix, Idefix*
- Buchstabe X/x wird wie k und s gesprochen, Artikulation mit Handspiegel beobachten

Arbeitsblatt **X 2**

Sonne:

- Wörter lesen, mit Bildern verbinden
- Wortbedeutungen klären
- Sätze bilden

Mond:

- Einführung chs als weiteres Schriftzeichen für /ks/. Wörter deutlich artikulieren
- Buchstabenverbindung wie /ks/ lesen
- Wort-Bild-Zuordnung

Arbeitsblatt **X 3 / X 4 / X 5**

- Kinderbuch „Max und Moritz“, kurze Zusammenfassung der sieben Streiche
- Max und Moritz leben weiter: *Jetzt kommt der 8. Streich*
- Text erarbeiten
- Starke Leser lesen selbst, im Übrigen differenzierte Aufgabenstellung nach Leistungsstand.
- Kinder äußern Ideen und malen den 9. Streich.

X x

Was gibt's bei X/x ?

Max und Moritz

Die kleine Hexe
mit dem Raben Abraxas

Asterix und Obelix
und der kleine Jdefix

X/x wird wie ks gesprochen.

Taxi | Nixe | Hexe

Max | Xylofon | Mixer

mixen | Boxer | boxen

fix

Auch chs wird wie ks gesprochen.

Fuchs | Ochse | Büchse

Eidechse | wachsen | sechs

wechseln | verwechseln

Gewächshaus

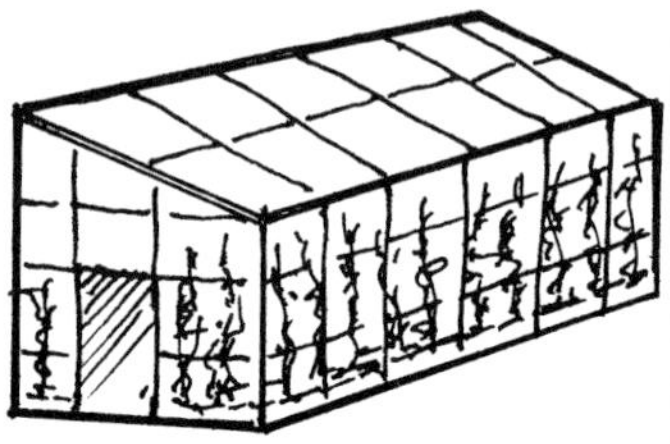

X 3

Max und Moritz

Achter Streich

1. Max und Moritz, diese beiden,
   können Xaver nicht gut leiden.

   Denn der Mann von nebenan
   schaut sie immer böse an,
   wenn sie ihre Faxen machen
   und dann über Xaver lachen.

2. Xaver hat in seinem Garten
   sieben Stöcke mit Tomaten.
   Max und Moritz denken nun,
   was ist hier jetzt wohl zu tun?

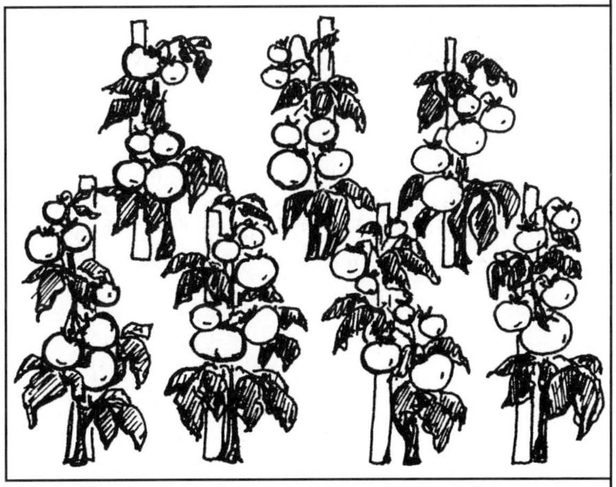

X 4

3. Ganz geschwinde eins, zwei,
drei, holen sie den Korb herbei,
während Xaver in der Stadt
etwas zu besorgen hat.

4. Max und Moritz pflücken fix.
„An den Stöcken, da bleibt nix“,
ruft der Max dem Moritz zu,
„vorher gibt es keine Ruh“.

5. Als der Xaver kommt nach Haus,
steigt dann aus dem Taxi aus,
schleichen sich die zwei grad weg,
heimlich leise um die Eck.

6. Xaver geht gleich in den Garten,
um zu düngen die Tomaten.
Doch was sieht er, ach du Schreck!
Die Tomaten, die sind weg!

X 5

7. An den Stöcken hängen nur
grüne Blätter und die Schnur.
Keine Frucht ist mehr zu sehn.
Ach, wie konnt das nur geschehn?

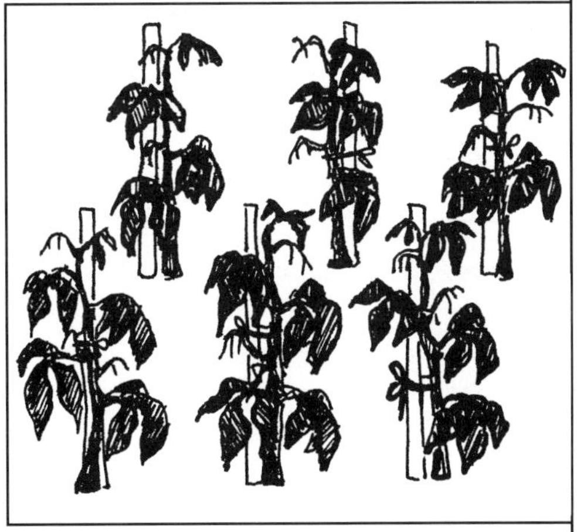

8. Während Xaver tobt und schreit,
sind die Buben gar nicht weit.
Mit dem Mixer, o wie fein,
machen sie Tomaten klein.

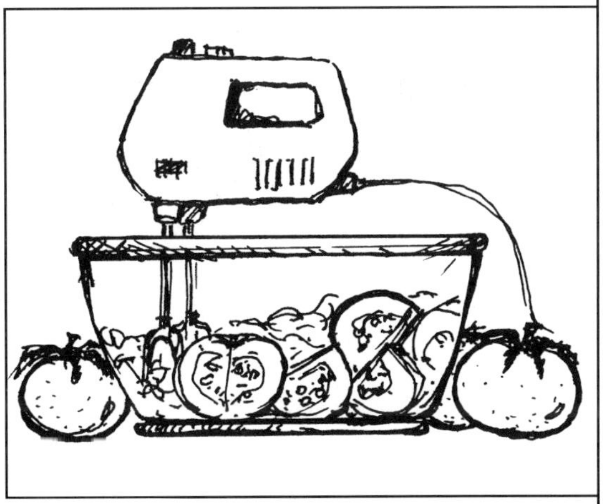

9. Dieses war der achte Streich,
und der neunte folgt …
vielleicht.

Male den 9. Streich!

5. Literaturverzeichnis

Anton, Norbert (Hrsg.): „Sprech-Stunde“. Diagnosegeleiteter Unterricht und Sprachförderung, edition bentheim Würzburg, 1998

Breitenbach, Erwin: Material zur Diagnose und Therapie auditiver Wahrnehmungsstörungen. Verlag Maria-Stern-Schule, 1989

Breuer, Helmut und Weuffen, Maria: Lernschwierigkeiten am Schulanfang. Beltz Praxis, 1993

Führing, Maximilian et. al.: Die Sprachfehler des Kindes und ihre Beseitigung (7. Auflage). Österreichischer Bundesverlag für Unterricht, Wissenschaft und Kunst, 1978

Franke, Ulrike: Artikulationstherapie bei Vorschulkindern. Ernst Reinhard Verlag, 1990

Gaß-Tutt, Anneliese: Tanzkarussell, Fidula Verlag

Klein, Richard Rudolf: Willkommen, lieber Tag / Band 1 und 2. Diesterweg Verlag

Kossow, Hans-J.: Zur Therapie der Lese-Rechtschreib-Schwäche. Deutscher Verlag der Wissenschaften, 1979

Knister/Maar, Paul: Frühling, Spiele, Herbst und Lieder. Otto Maier Verlag, 1981

Mauer, Werner: Differenzierungsübungen mit sprachauffälligen Kindern. Volk und Wissen Verlag, 1991

Petermann, Gertraud: Vorschulkinder lernen Sprachlaute differenzieren. Volk und Wissen Verlag, 1986

Radigk, Werner: Lesenlernen unter besonderer Berücksichtigung der Arbeit mit lernbehinderten Schülern, 3. Auflage. Carl Marhold, Verlagsbuchhandlung, 1979

Regelein, Silvia: Lernspiele für die Grundschule. Prögel Verlag, 1984

Regelein, Silvia: Spielen in Unterricht und Freizeit. Prögel-Verlag, 1988

Regelein, Silvia: Spielen im Deutschunterricht. Prögel-Verlag, 1988

Rolfs Kinderliederbuch. Musikverlag, Hans Sigorski

von Schwerin, Adelheid: Sprache haben, sprechen können. Herder Verlag, 1987

Stadler, Bernd: Sprachspiele in der Grundschule Exempla Reihe Nr. 49. Auer Verlag, 1986

Wagner, Elisabeth: Quaki, der kleine Frosch. Don Bosco Verlag, 1994

Wängler, Hans-Heinrich: Grundriß einer Phonetik des Deutschen. N. G. Elwert-Verlag, 1974

Weigt, Ralph: Lesen- und Schreibenlernen kann jeder. Luchterhand Verlag

Weinert, Herbert: Die Bekämpfung von Sprechfehlern. Verlag Volk und Gesundheit, 1982

Zotter, Gerri (Hrsg): Das Sprachbastelbuch. Verlag Jugend und Volk, 1981